ALPHONSE KARR
prince de l'esprit

Il est impossible de plaire à tous.
J'ai donc décidé
de ne plaire qu'à moi-même.

A. K.

AUTRES OUVRAGES DE
CHARLES-ARMAND KLEIN

Monsieur Sécurité Sociale raconte et conseille, Téma, 1976 (épuisé).
La terre dans les veines (les gens de Huisseau 1905-1970), Fayard, 1978, le Clairmirouère du Temps, 1985.
Chambord, écrin des folies du maréchal de Saxe, le Cercle d'Or, 1981.
Le Paysan dépaysé, C.L.D, 1983 (épuisé).
Les Discrets Châteaux de Sologne, le Clairmirouère du Temps, 1985, H. de Froberville, 1993.
Denis Papin, illustre savant blaisois, C.L.D, 1987.
Robert-Houdin, prestigieux magicien de Blois, C.L.D, 1988.
Maréchal Maunoury le soldat exemplaire, H. de Froberville, 1989.
La vie multiple d'Alphonse Karr, H. de Froberville, 1990 (livre du Centenaire du père des *Guêpes*).
Les Pensées des Boulevardiers, le cherche midi éditeur, 1994.

Théâtre :

La Terre dans les veines. Tirée du livre, cette pièce a été jouée pour la première fois en 1979 par le théâtre de la Rose d'Orléans.
Le Paysan dépaysé. Tirée du livre, cette pièce a été jouée pour la première fois en 1982 par le théâtre de Huisseau-sur-Cosson.
Rose et le sanglier (Dernier Caprice du maréchal de Saxe).
Le Président est en Sologne. Cette pièce a été jouée pour la première fois en 1984 par le théâtre de Huisseau-sur-Cosson.

Les textes du *Paysan dépaysé* et du *Président est en Sologne* ont été réunis en un recueil édité en 1985 par le Clairmirouère du Temps.

Charles-Armand Klein

ALPHONSE KARR
prince de l'esprit

BIOGRAPHIE

COLLECTION « DOCUMENTS »
DIRIGÉE PAR
PIERRE DRACHLINE

le cherche midi éditeur
23, rue du Cherche-Midi, 75006 Paris

AU LECTEUR

A Saint-Raphaël dont il a été
le Christophe Colomb, une avenue, un collège, une stèle,
un cimetière portent le nom d'Alphonse Karr.
Venu me fixer dans cette ville à fleurs,
je m'interroge sur un tel cumul de pouvoirs.
Alphonse Karr signifiait pour moi l'homme d'esprit aux
aphorismes toujours actuels, dont le brûlant et
contesté : « Abolissons la peine de mort je le veux
bien, mais que Messieurs les Assassins commencent. »
Cependant qui était-il ?
J'ai englouti sa profusion d'ouvrages, parmi
lesquels les savoureuses *Guêpes*. Piqué au jeu,
j'ai voulu mieux le connaître. Puis le ressusciter.
Sa vie vaut un roman.
C'était suffisant pour que je l'écrive en empruntant
sa voix, le plus souvent possible, car tout au long de
son œuvre, Alphonse Karr a raconté Alphonse Karr,
sans jamais s'épargner.

C.-A. K.

MARDI 23 SEPTEMBRE 1890.

Dans la matinée, un violent orage a éclaté sur Saint-Raphaël. Alphonse Karr est sorti dans son jardin. Tête nue, en bras de chemise, sous la pluie. Il veut réparer sans tarder les dégâts de l'ouragan, et passe en revue aubépines, rosiers, bambous, chrysanthèmes, lauriers-roses, aloès, lotus, les fleurs modestes ou exotiques, les feuilles, les branches fragiles des tamaris. Il examine les attaches, protège, redresse, caresse les pétales. L'eau lui coule du visage dans la barbe, glisse le long de son cou, se répand sur son torse, colle contre sa peau la chemise et le pantalon de toile. Qu'importe, son unique souci de jardinier (ne se dit-il pas le dernier ?), est de panser les blessures causées par cet orage méridional et têtu.

Mouillé jusqu'aux os, Alphonse Karr n'en décide pas moins d'aller jusqu'au rocher du Lion de Mer relever ses lignes, que les gens d'ici appellent des palangres. Sans se changer, il quitte le merveilleux pêle-mêle de son jardin. En deux pas, il gagne la plage et monte dans l'un de ses trois canots, aux prénoms de ses petits-enfants. Et, maniant les rames avec une vigueur de jeune homme, il se dirige vers le roc rouge.

Quand il rentre, sa fille Jeanne et son gendre l'attendent, inquiets. C'est d'une inconséquence folle d'être resté dans cet état, d'avoir conservé sur soi des effets trempés. Il les rassure : au contraire, la pluie est un excellent composant pour maintenir la santé. D'ailleurs son teint hâlé, ses épaules, son corps athlétique, n'illustrent-ils pas les préceptes de l'école de Salerne : diète, gaieté, activité ? En réalité le précepte dit : repos, mais il ne sait pas tenir en place.

« Il est imprudent d'avoir une telle conduite, surtout à votre âge. »

Il s'insurge :

« Je ne suis pas quelqu'un qu'on doive traiter en vieillard. J'ai toujours été confronté au vent, à la pluie, au soleil, ils m'ont accompagné jusqu'aujourd'hui, où j'ai atteint un âge qui dépasse de beaucoup la moyenne de la vie humaine. »

Et avec une assurance obstinée, Alphonse Karr persiste à garder à même la peau ses vêtements mouillés.

Le restant de la journée s'écoule dans une grande douceur de température. Le soir, après avoir dîné en famille, il écrit devant sa fenêtre ouverte sur la mer et la nuit, parmi les senteurs proches d'un datura et d'un rosier grimpant. Peu, car sa vue fatigue à la lueur de la bougie.

Alors il rameute ses souvenirs, les insérant dans la masse de livres, de journaux, de revues, d'articles découpés, éparpillés sur sa longue table de travail. Il y puise la sève de sa réflexion. A dix heures, il se couche, ayant caressé ses deux énormes chiens fauves allongés sur le tapis.

Dans la nuit, il est pris d'une forte fièvre.

S'il s'en remettait à la sagesse il en conviendrait : les conseils de prudence de ses enfants portent la marque du bon sens. Cependant soupçonnent-ils les exploits physiques de l'adolescent qu'il a été ?

C'était dans la Seine, à Saint-Ouen, en plein hiver. Malgré la glace qui recouvre les deux rives, sans hésiter il se jette à l'eau. Saint-Ouen... l'oncle Antoine... il habitait Saint-Ouen.

I

LES MIENS

Je suis né trop libre pour
m'astreindre à être maître.

L'Oncle Antoine, l'un des six frères aînés de mon père.

Cher père. Balzac a si bien su en parler dans son livre *Les Parents pauvres*. Allemands ralliés à la Révolution, tous les frères s'étaient voués à servir la France. Comme l'oncle Antoine, capitaine de hussards, longue moustache, maudissant les Bourbons.

Mon père, lui, toujours a été libéral, pianiste, compositeur, artiste, et père accessoirement. A sa manière romantique. Ayant en vue le bonheur de ses deux fils, sans vouloir en supporter les soucis d'éducation. Cela ne répondait pas à sa physionomie riante et ouverte d'avoir à traîner des tourments. Nature heureuse, héritée de l'arrière-grand-père musicien à Metz. Transmise par le grand-père Ludwig, conseiller, maître de chapelle, ami du grand-duc de Zweibrücken, un état d'opérette du Palatinat rattaché alors à la Bavière. Faut-il chercher ailleurs ce sentimentalisme bavarois, qu'à ton tour tu m'as légué ?

Cher père, comme tu as dû lutter ! Vingt-deux ans, mère et sœur à charge, ne sachant pas un mot de français, partant pour la Terre promise, Paris. Et là, elle aussi attachée aux Karr : la chance grâce aux frères Érard qui découvrent ton talent, l'apprécient et le proposent au public, tu deviens essayeur des pianos Érard.

Tu n'auras guère tardé à t'imposer. Habile dans ton jeu d'une élégante facilité, tu charmes amateurs et clients. Les pianos Érard vivent sous tes doigts. Brillant, souriant, triomphant, tel tu étais et restais encore, quand tu jouais clandestinement du Beethoven à la maison devant Eugène et moi. Un prestigieux faire-valoir, voilà ce que tu aurais pu te contenter d'être. Mais les pépites d'or des mots français roulent sous tes lèvres. Tu les relies à une mélodie jaillie spontanément sous tes doigts. Aussitôt naît une chanson. Le public aime et chante tes jolis airs, faciles, sans prétention. Ils passent de l'un à l'autre et sans plus s'en apercevoir que l'action de respirer, ils font des succès.

> Laissons au caprice des flots
> Dérouler lentement notre barque légère
> Respirons, joyeux matelots,
> Tous les parfums, tous les parfums de la terre.

Toi, tu humes ceux de la renommée. Tes compositions, leçons, fantaisies musicales s'accumulent. L'argent accompagne la célébrité. Une femme, bientôt, entre dans ta vie. Ma mère.

Qui de mes parents était le plus raisonnable des deux, ou le moins fantasque ? Rue de Bondy où je suis né, rue du Temple, vers le Jardin des Plantes, dans le quartier du Luxembourg, nous avons emménagé et déménagé, Eugène et moi, au gré des fantaisies maternelles. Et que penser de toi, cher père, voletant des tulipes à fond blanc que tu avais semées, aux fleurs de la société conquise par ta musique ? Lorsque tu rentrais tard, parfois au-delà de minuit, Eugène et moi, sommeillants, subissions la colère mêlée d'inquiétude de notre mère.

« Vous dormez, vous, tandis que votre père est peut-être assassiné à cette heure ! »

Eugène balbutie :

« Pauvre papa... assassiné. »

Moi je discute :

« Il n'est pas si tard, il va arriver, puis il est armé.

– Mauvais enfants, sans cœur ! »

Pauvre mère, qui n'a jamais compris ni admis les nécessaires envolées de son rossignol de mari.

Par sa profession, ses affinités, en compagnie de quelques amis comme lui fous de musique, le rossignol a charmé notre enfance.

A la maison, notre cousin Habeneck, qui dirigera les concerts du Conservatoire, le père du grand Adolphe Adam, Méhul, Tulou, Baillot... Ils jouaient Beethoven – alors dédaigné du public – Schubert, Mozart, *Plaisir d'amour*, de vieux airs naïfs, de délicieuses mélodies. Une musique sans mélodie est comme une perdrix aux choux qui ne se composerait que de choux.

Cette éducation m'a permis plus tard d'apprécier Rossini, Donizetti, Bellini, quelques beaux Verdi, et *La Muette, La Juive, La Dame blanche*. De même les bératitudes, comme je les appelais, de mon bon Bérat, dont la *Normandie* a su s'ancrer dans les mémoires jusqu'à ne plus en sortir.

J'irai-revoir-ma Nor-mandie...

D'autres images, moins heureuses, ont troublé mon enfance. Celles, bouleversées, de la fin de l'épopée napoléonienne. Les soldats alliés défilant sur notre boulevard. Autrichiens et Anglais, impeccables. Les cosaques et leurs lances s'avançant en désordre sur de petits chevaux à longue crinière. Mon père pleure de rage pour la France après avoir fait le coup de feu. L'oncle Antoine, au coin de la cheminée, plus anti-Bourbons que jamais. Puis, devant Eugène et moi, le corps d'un marchand de vin, un voisin de notre quartier, tué lors de la défense des Buttes-Chaumont. La guerre à travers mes yeux d'enfant de six ans.

Le plus merveilleux cadeau de mon père a été de m'offrir le monde. Le véritable monde, constitué par la campagne, les bois, les prairies, les rivières. Il a aimé les fleurs. J'en ai la passion. Il m'a initié à la pêche. Je l'ai pratiquée en professionnel. Il a eu de solides distractions. J'en ai conservées deux ou trois. Comme la solitude, la nage. En ce temps-là, le plus sérieux de nos plaisirs à Eugène, mon père et moi, c'était l'escapade au pont de Saint-Maur, près de l'arche où pousse un églantier.

Nos parties de pêche étaient organisées comme une expédition. Le fiacre, l'auberge pour une nuit afin d'être prêts dès l'aube, les oiseaux réveillés par trois lève-tôt, quelle fête ! Saint-Maur, mes meilleurs et mes plus douloureux souvenirs. A cette époque, le ciel me paraissait toujours bleu.

Dans le quartier non plus la vie n'a pas été triste. Comme mon père avait les siens, j'avais un ami, Léon Gatayes. En fut-il de plus constant depuis que nous avons été élevés ensemble ? Élevés est impropre. Professeurs, l'un de piano, l'autre de guitare et de chant, nos pères ont plus souvent habité hors de chez eux. Deux tempéraments artistes engendrant dans l'une et l'autre famille deux fils indociles. Seul Eugène a cultivé un caractère logique et mesuré. Sans doute escomptait-on de l'école des grands qu'elle nous assagisse et apaise nos humeurs vagabondes. Las ! la graine était semée quand, à treize ans, en octobre 1821, j'ai franchi l'entrée du collège Bourbon, l'ancien collège Bonaparte. Dieu sait pourquoi, nous habitions alors au bas de la rue Rochechouart. Une nouvelle fois ma mère nous avait entraînés dans sa transhumance.

Personne jamais n'a pu me dire : « je veux » ou « je ne veux pas ». J'en prends à témoin le collège Bourbon tout entier : l'élève Jean-Alphonse Karr a été remarquablement indiscipliné – donc libre. Même en classe à son banc, même au cachot au pain sec. Pourvu seulement qu'il ait les poches pleines de ses auteurs anciens, mes complices favoris.

Ai-je été un mauvais sujet, un cancre ? Certes pas, mais mon désir d'apprendre coïncidait peu avec les règlements de l'université, où l'on enseigne le grec et le latin, les deux seules langues que personne ne parle. J'ai été en permanence frondeur, fugueur, incorrigiblement assoiffé d'espace et de mouvements. Ce n'est pas faute d'avoir de bons exemples sous les yeux. Le collège Bourbon a été une pépinière de jeunes pousses qui ont tenu leurs promesses. Ernest Legouvé est de l'Académie française, Eugène Sue a eu des succès populaires, Nadar inscrira son nom dans la postérité, Sainte-Beuve, que je n'aimais pas, était talentueux et sénateur. Et combien d'autres, Haussmann, Morny, le fils du maréchal Berthier, les frères de Lesseps, Schœlcher ont docilement suivi, appliqué, les conseils et les consignes, pour finalement briller aux meilleures places de la société. Leurs prix et accessits sont le piédestal de leur réussite. Leur ouvrage, déjà ils l'avaient façonné là. Sans vanité, moi aussi. Avec éclat même, puisque je me suis forgé une sorte de célébrité dans la révolte.

« Votre leçon ? – Je ne la sais pas – Votre devoir ? – Je ne l'ai pas fait. » Et pensums de pleuvoir. Néanmoins, sans méthode, à mes heures, par mon ardeur à apprendre plus et mieux, dès 1823 en classe de 5e j'obtiens le 4e accessit de thème latin et le 2e prix de version latine. Je ne m'occupe pas moins d'exercices, d'autant plus attrayants qu'ils ne sont pas inscrits au programme. Un herboriste situé en face du collège nous vend des feuilles de mûrier. Nous les conservons fraîches entre les feuillets des dictionnaires trempés dans l'eau et elles nous servent à élever des vers à soie.

Quant aux dictionnaires, transformés à l'état de canards, désormais ils sont juste bons à devenir des bateaux de papier. Ils ne m'empêchent pas de surmonter ce qui apparaît pour beaucoup, encore aujourd'hui, comme d'âpres difficultés. Car lire, écrire, compter, il faudrait savoir cela comme on est vacciné.

En 4e ma récolte enfle par le nombre et embellit en qualité : 1er prix de thème latin, 3e accessit de vers latins, 6e accessit de version grecque. C'est à cette époque où, logeant en interne dans une pension de la rue Sainte-Anne, j'ai connu Louis Blanc ce Petit Poucet de la tribune. Un bien bon valseur dans le monde et dans la politique.

Je me surpasse en classe de 3e, si l'on excepte une fugue de dix jours. J'étais parti seul, dans le but d'aller voir la mer au Havre, payant le voyage en vendant mes prix de collège.

Au retour, jamais le professeur n'a accepté de croire que j'y étais allé sans avoir été emmené par mes parents. Quelle gloire parmi les élèves ! Encore mon escapade avait été limitée. Il s'en est fallu de peu : j'étais prêt à gagner la Grèce pour admirer les lauriers-roses, y renonçant à la nouvelle qu'ils existaient aussi à Marseille. Jusqu'où n'enfièvre pas la lecture des bons auteurs, dans les têtes d'enfants assis et enfermés pendant des heures !

Grand, fort, ardent, avec Gatayes nageant, pêchant, canotant, patinant l'hiver sur les étangs de la Bièvre, plus assidu à l'école buissonnière qu'au collège, je me soumets mal aux règlements comme aux remontrances.

En seconde, ma moisson de prix et accessits reste sur pied. J'y avais mis un terme par un échange de coups dans la cour avec mon professeur monsieur Foy. L'expulsion. Mon année scolaire prématurément achevée, mes études prennent fin à seize ans. Je crois ainsi avoir évité en ne les poussant pas plus avant dans leurs formes traditionnelles, ce que le philosophe antique Ménédème dénonçait déjà de son temps : « Sains de corps et d'esprit et d'assez sages qu'ils arrivent aux écoles, les jeunes gens deviennent philosophes, de philosophes, sophistes, de sophistes, idiots. »

Il est vrai qu'entre-temps je viens de contracter l'amour. Une matière qui ne contribue pas peu à vous rendre bête.

Il n'est pas temps de parler d'Elle. Il faut murer sa vie privée.

En 1827, je suis « dans la rue », le moins entravé des hommes sous le règne de Charles X qui a promis la croix d'honneur à mon père. Lequel s'est séparé de ma mère pour incompatibilité d'humeur. Le Ciel ne donne-t-il pas aux jeunes gens des parents pour apprendre comment ils ne doivent pas, plus tard, se conduire avec leurs enfants ? Très jeune, cette constatation m'est déjà une philosophie.

J'ai donc pris appui sur moi seul. Je me mets en pension chez monsieur Barthélémy dont l'établissement dépend du collège Bourbon. N'ayant pas le sou, je le convaincs d'échanger mon hébergement en contrepartie de leçons et de répétitions aux petites classes. Quant à moi, j'assumerai ma rhétorique en indépendant. Aménageant mes heures entre les cours, où je donne à faire et corrige les exercices des autres, et les récréations où je sacrifie aux miens. Je m'en tire non sans honneurs : 1er accessit de version latine, 1er prix de discours français. Mes derniers lauriers.

C'est l'époque où je puise encore assez d'exaltation pour écrire.

Des milliers de vers tombent de ma plume. Abordant tous les genres, tragédie, poème épique, élégies, drames en vers, je ne doute de rien ni de la gloire. Je rime pour Elle, seul public capable à mes yeux de sentir l'abondance de mon inspiration. Elle accapare si bien mon temps, qu'il m'en reste fort peu à consacrer aux compositions et aux concours. Pourtant, les cours de rhétorique du vénérable et réputé professeur qu'est monsieur Planche sont dignes des meilleurs. Mais l'expression même de « faire des devoirs » m'insupporte. Pauvre père Planche ! avec sa bonne et grosse tête, sa voix si ronflante dans les basses, honnête, distrait, jamais pressé dans la rue. Son savoir, et les créanciers le harcelant jusqu'à la porte de sa classe, m'ont incité à travailler comme pour le dédommager des petitesses. Travail à ma façon certes, mais vite, sérieusement, assidûment. Après un bout de route en compagnie des philosophes, à dix-neuf ans je les juge définitivement embaumés.

En réalité, j'hésite sur le rivage. L'école est derrière moi, l'immensité de la vie devant, et le présent terriblement incertain. Quelques rares leçons particulières assurent mal mon écuelle quotidienne. Farouche et fier, je ne veux pas être redevable à mon père, que je rencontre peu. Je ne saurais l'être de ma mère que je vois moins encore, toujours ici ou là, en province le plus souvent, selon une convention qu'ils avaient conclue. Alors je subsiste. Un repas par jour, des projets plein la tête, parfois des idées noires comme des nuages d'orage.

Dans un de ces moments-là, je me suis abandonné à l'idée de devenir fonctionnaire. Si l'on veut gagner sa vie, il suffit de travailler ; si l'on veut être riche il faut faire autre chose. Moi j'en étais seulement à chercher une situation un peu possible. Aussi je me décide à postuler un emploi d'éclusier. Éclusier, le rêve ! Une maisonnette au bord de l'eau, la nature à l'entour, les arbres, les oiseaux, des loisirs. Et luxe suprême, la sécurité à six cents francs l'an. Sans relation, la demande n'aboutit pas. Il m'était refusé d'inscrire sur une plaque : Alphonse Karr, éclusier. Je paie mon indépendance par la pauvreté, partagée avec deux camarades de pension aussi démunis. En opposition avec ma mère qui me rêvait notaire, je désire être poète. L'un de mes camarades s'imagine millionnaire, et secondairement pharmacien puisqu'il est étudiant en pharmacie. Un autre s'en tient à la fonction – semblable à la mienne – de donneur de leçons à d'éventuels élèves. Nous sommes trois pauvres. Nous n'en sommes ni humiliés ni même fiers. Toutefois malgré notre gaieté, le plat répétitif de pommes de terre frites – notre unique repas – ne nous satisfait que médiocrement. Les jours fastes, réunissant nos sous, nous nous accordons une côtelette de porc frais à la sauce. Nous partageons tout. Mais l'âge auquel on partage tout, est généralement l'âge où l'on n'a rien.

Pour l'heure je me nourris surtout d'illusions et je gave mes compagnons avec la lecture de mes vers. Moi si je dévore, c'est des yeux, au théâtre, Elle, que j'entrevois dans sa loge une fois par semaine. Que d'économies nécessaires dans le but d'obtenir cette royale vision ! Elle m'aime, me l'a dit, m'attend, m'espère. Il suffirait que j'aie au moins une position, avait dit son père. Quant à Camille... Murons, murons la vie privée !

Un jour, une lettre de ma mère. Une place de professeur est vacante au collège de Châlons-sur-Marne. Mon frère suit dans cette ville les cours de l'école des arts et métiers. Eugène, mon cadet de deux ans, ressemblait par le visage, les mouvements, les attitudes, à mon père dont au piano il jouait si joliment les mélodies. Comme il n'a jamais mordu au latin, il est placé à l'école professionnelle de Châlons. Son esprit de rigueur et le sérieux de ses études le prédisposent à devenir ingénieur civil. Il ne se contente pas de pratiquer, il innove, perfectionne, invente. Dans l'industrie métallurgique, il construit des usines, améliore l'outillage, monte les forges de Coly près de Monpont en

Dordogne, avant d'en être nommé directeur. Il dirigera d'autres usines en France et en Espagne.

S'il s'intéresse à la matière, Eugène n'oublie pas les humains et leurs aspirations. Après la révolution de 1848, Louis Blanc pérore devant les délégués des ouvriers qu'on appelle des travailleurs – surtout quand ils ne travaillent pas. Il leur distribue paradoxes, promesses, démagogie. L'orateur-comédien ne connaît absolument pas les ouvriers. Mon frère me demande pour lui un entretien d'une heure avec Louis Blanc pour l'éclairer. L'entrevue a lieu, sans résultats. Celui sous les pieds duquel on glissait de gros livres afin qu'on pût le voir, lorsqu'il pérorait à la tribune, ne s'est pas déjugé. Le poison de sa doctrine a continué d'entraîner les honnêtes et les naïfs, au nom d'un républicanisme de circonstances dont la tricherie la plus sûre a été de tuer la République. Il faut se défier des mots sonores, rien n'est plus sonore que ce qui est creux.

Donc cette fois-là mon frère et moi sommes ensemble à Châlons. J'y suis accueilli chaleureusement par un jeune homme que j'avais connu pion à Paris. Ici, il jouit du titre de censeur des études. Du haut de sa réussite sociale, il me couvre de sa protection. Gracieusetés, promesses, un air de fête : « Je m'occupe de tout, laissez-moi faire. »

Je l'ai laissé faire et il s'est occupé d'un autre. Je ne le sais pas encore, et durant ce court séjour à Châlons, je me baigne dans la Marne. Le samedi 25 juillet 1829 – date mémorable – je me mets à l'eau en compagnie de quelques amis de rencontre. Sur l'autre rive des cuirassiers lancent le défi qu'aucun de nous ne devra être à l'eau en même temps qu'eux. Nous y répliquons en nous y jetant. A ce moment-là, une clameur. La Marne avait grossi pendant la nuit. Des soldats perdent pied, sont rattrapés par leurs camarades faisant la chaîne. Mais l'un d'eux est emporté plus au large. Il va se noyer. Je nage vers lui, le saisis, il m'échappe, il coule, je plonge, le ramène. D'abord à la surface, puis sur la berge. Non sans des difficultés extrêmes tant est puissante l'emprise d'un homme qui ne veut pas mourir, se débat, s'accroche, tire son sauveteur vers l'abîme. Enfin je l'ai sorti d'affaire.

Une affaire qui me vaudra la médaille de sauvetage. Et je reviens à Paris toujours sans profession et pas davantage de moyens. Les hypothétiques élèves devaient être ou très instruits ou ne voulaient pas l'être, car je n'en rallie guère. Même au tarif de vingt sous par leçon, ce qu'on donne à un commissionnaire pour une course. J'ai bien du mal à vendre à la génération qui me suit l'ennui que m'a vendu la génération qui m'a précédé – et encore plus de mal à ne pas perdre sur ma marchandise.

Ici se situent deux épisodes gris et roses de cette période. La jeunesse face à la sottise, la jeunesse face à la bonté. L'échec de Châlons m'a laissé amer et dans une pauvreté frisant la misère. Pas de logis, point de repas. Solitaire, et n'osant ni ne voulant quémander à quiconque. Un sauvage, a-t-on dit de moi. Un sauvage qui loge à la belle étoile, et accepte l'aubaine de la première offre venue : maître d'études à la pension Vasseur.

C'est une mauvaise petite pension de la rue Rochechouart, plutôt boîte à soupe. Il est convenu que j'y enseignerai le latin et surveillerai l'étude du soir. Je suis cloîtré – dans la cellule me servant de chambre – mal nourri, sans appointement, et libre un tiers de journée par semaine. Comment ai-je eu la patience de supporter de pareilles conditions d'un patron injuste, irascible et buveur ? Un soir, sous l'empire de l'ivresse, il vient me provoquer avec deux pistolets. Une discussion houleuse. Je réplique à l'arme dirigée sur moi par un coup de chaise. C'en est fini de ma collaboration à la pension Vasseur !

Une fois encore, je passe la nuit dehors sous un ciel étoilé et d'extase. En face de sa maison. A elle pour qui je veux travailler, espérer, réussir. Avoir du génie, à défaut, du talent, pour le moins un avenir.

Les apôtres deviennent rares, tout le monde est Dieu. Mon épisode rose s'applique à la première moitié de mon aphorisme – quotidiennement vérifiable.

Ce matin-là, j'ai très faim. Or l'homme, surtout jeune, est comme une horloge : il se remonte par la nourriture deux ou trois fois par jour. Je n'avais pas été remonté depuis le déjeuner de la veille. Avec le peu d'argent qu'il me reste, je prélève de quoi acheter deux chaussons aux pommes. « Sortant du four » en théorie. En réalité à peine tièdes, et révélant à l'intérieur de la pâte des épluchures et des morceaux de pommes gâtées. On peut être trompé sur la qualité, on ne peut tromper sa faim.

Je suis sur le point de dévorer le second chausson, lorsque je rencontre le sévère monsieur Clerq, censeur du collège Bourbon. Dur mais juste, il avait eu à me juger lors de ma rixe avec le professeur Foy. Je veux l'éviter. Il vient à moi, me tend la main, s'intéresse au chausson aux pommes que je tiens – « mon dessert – votre dessert ? » – il me scrute, je rougis. Il désire me parler, et m'entraîne dans son deux-pièces de fonction à Bourbon, où je reprends pied pour la première fois depuis mon exclusion. Il me fait asseoir et subir un interrogatoire. Il y perce de sa part une bienveillance et de l'intérêt alors que j'aurais pu m'attendre à des reproches, de la morale. Il m'informe qu'il s'est souvent inquiété du sort de cet élève à la fois si glorieux en latin et si indocile. Ramassant en une formule les deux aspects de celui que je fus : *Amo in adolescente quod resecari possit !* « J'aime que dans un jeune homme il y ait à émonder ! »

Bref, il ne me félicite pas d'avoir boxé un collègue ; néanmoins la rude franchise de mon caractère ne lui déplaît pas.

« Que faites-vous maintenant ? »

Je ne souhaite pas lui avouer quel sombre combat je mène. Pudeur de pauvre. Il devine. Il me réprimande en censeur, mais en homme de cœur, m'invite à partager son modeste repas. A l'issue d'une suite de questions-réponses, il me propose la seule voie dans laquelle j'avais quelques compétences, s'y emploie, associe le proviseur à sa démarche et me voilà, moi l'indiscipliné de naguère, professeur suppléant de cinquième. La chance devait avoir en réserve une bonté à octroyer puisqu'un professeur se disant malade, sa classe m'échoit en titre.

Monsieur Clerq a magnifiquement œuvré. D'un seul coup je suis riche de cent cinquante francs – mon traitement d'un mois dont il m'a fait l'avance malgré mes réticences.

Dès le surlendemain, je distille le savoir. Ce n'est pas une mince affaire d'enseigner par procuration. De surcroît, d'avoir à dispenser une éducation absurde par son contenu, ses principes et ses méthodes. Sans parler des élèves employant mille ruses au détriment du remplaçant que j'étais, pour au début le tromper sur les noms, les leçons et les devoirs. Il m'est bien difficile d'effectuer le tri entre les bons et les cancres qui vont à reculons ou de côté. Heureusement, je n'ignore rien des coulisses du sérail. Je m'adapte à la situation.

Envers les fortes têtes j'inflige des pensums. Peu, car j'éprouve contre ces derniers la haine de celui qui en a subi beaucoup. J'imagine plutôt des exercices physiques, comme parcourir pendant les récréations le périmètre de la cour un certain nombre de fois. Les petits criminels compensent en vigueur corporelle les défaillances de leur cerveau. Ainsi, je ne rends pas leur peu d'intelligence anémique et j'évite d'en faire des bossus.

J'innove dans la manière d'enseigner. Et par là même dérange. Mon expérience récente d'ancien élève aidant, j'observe vite qu'on n'enseigne pas au collège ce qu'on est censé y apprendre. Tout est orienté comme si, dans une classe de soixante élèves, il ne devait y avoir que de futurs écrivains, peintres, médecins, avocats. Alors que dans la société il faudra cinquante-neuf lecteurs, clients, malades, plaideurs... Or les professions libérales sont livrées à la foule qui les encombre et les obstrue. De tout temps en France, le ministère de l'Instruction publique a changé le rythme des heures de classe et de récréation, fixé le maximum des pensums (deux cents ou trois cents fois *La Cigale et la Fourmi*), modifié la forme des concours, mais n'a jamais préparé à affronter l'existence par une éducation réelle. Et si la France a beaucoup de bacheliers, il est à craindre qu'elle n'ait pas assez d'hommes.

J'introduis dans mes cours des méthodes très personnelles. Point de leçons à réciter, très peu de versions à faire, pas plus de thèmes, guère de pensums. Rompant avec la routine universitaire, je parle aux élèves dans un silence quasi religieux de sujets les concernant. Aussi, ma classe est-elle bientôt exempte de paresseux, de turbulents, et de punis. Ce qui ne manque pas d'intriguer, puis de me déconsidérer lorsqu'on apprend le contenu de mes diaboliques leçons. En réalité, je leur enseigne à percevoir la plus grande analogie entre Lucien, l'auteur du *Dialogue des Morts* – qui est au programme – et Voltaire qui ne l'est pas.

Je leur dis : « On remarque entre l'auteur grec et Voltaire, gloire de la France, la même finesse, la même élégance, la même force d'ironie. Hélas ! vous êtes trop jeunes pour avoir lu Voltaire. »

Je m'attends à leur réaction : beaucoup d'entre eux ont croqué Voltaire comme dans un délicieux fruit défendu. Bref, je suis résolument moderne. Et très à l'avant-garde quand j'explique le parallèle entre le premier *Dialogue des Morts*, par la lecture préalable d'un des plus jolis contes voltairiens *Jeannot et Colin.* Ou quand j'aborde les sciences naturelles, ou le rôle de l'écrivain dans la société. Je suis littérairement dans le vrai, mais dans la plus totale impiété. Mes élèves sont ravis, l'autorité scandalisée. Elle établit un rapport contre moi. On m'accole les épithètes de républicain et d'athée. Je dois être sanctionné. Monsieur Guizot, ministre de l'Instruction publique, me signifie d'avoir à renoncer sans retard à mes procédés qualifiés de subversifs, sous peine de destitution.

A vingt-deux ans on tient à ses idées. Je saisis la première occasion pour ne pas renier les miennes. Je démissionne, m'étant toujours élevé contre le conservatisme de l'enseignement.

Si prenantes que soient mes activités, elles ne m'écartent pas de la littérature. Je poursuis mes desseins de poète plein d'espérance. J'ajoute à mes vers des nouvelles et, furtivement, le soir, j'en dépose quelques-unes dans la boîte à lettres du journal d'opposition *Le Figaro*. Bouteilles à la mer qu'aucune main ne recueille. J'ai l'opportunité d'écrire un drame suite à une proposition qu'on me fait. On ne lit guère, mais tout le monde écrit.

Je suis resté en rapport avec mon ami le pharmacien, toujours étudiant et pas encore millionnaire. Par son entremise, j'obtiens d'assister à la première représentation de *Henri III et sa Cour*, d'un inconnu, Alexandre Dumas. Ce dernier appartient à la cohorte des copistes au service du duc d'Orléans, le futur Louis-Philippe. La pièce obtient un succès foudroyant. J'ai aperçu l'auteur, je conçois qu'un tel triomphe a de quoi tourner les têtes. La sienne, d'abord. Celle des autres employés du duc d'Orléans se considérant tout aussi capables de trousser cinq actes. Puis la mienne, enfiévrée de la gloire de ce Dumas, auquel allait bientôt me lier une amitié de près de cinquante ans. Et lorsqu'on veut m'associer au projet – sans suite – d'un drame, je ne m'étonne pas, cela paraît si facile d'avoir du génie.

Écrivain, c'est le seul métier avec l'art de gouverner, qu'on ose pratiquer sans l'avoir appris.

Donc j'ose écrire. Chaque dimanche, j'espère dans un cabinet de lecture, le miracle de la publication d'une de mes nouvelles dans les pages du *Figaro*. L'année 1830 en est à sa première moitié. Le tumulte de *Hernani* et la crise politique secouent Paris. Je vais sur mes vingt-deux ans, j'enseigne, je ne suis rien – et une jeune fille m'attend.

A cette époque, je suis presque devenu acceptable. Ce qui représente un indéniable progrès eu égard à mon ancienne apparence physique. J'étais laid, très maigre, avec de grandes oreilles, des joues creuses. Du jour où j'ai porté la mouche, puis la barbe en pointe, où j'ai pris mes deux repas quotidiens, des épaules larges m'ont poussé sur une taille haute. On a écrit de moi – par la suite, et en dérision – que je me comportais en dandy par mon accoutrement. A la vérité Chindet mon tailleur m'a affublé en vert-bronze, parce que ma bourse ne pouvait s'offrir de la diversité, et qu'il avait une pièce de ce drap-là dont il ne savait comment se débarrasser. C'est ainsi que du gilet au manteau, du pantalon à la redingote, du haut en bas j'étais vert-bronze. Ce qui passait peut-être pour du noir, mais à coup sûr pour une élégance hardie.

Tel quel, j'étais un homme. Dans la vie de qui surviennent, en juillet, des événements décisifs et inattendus dans leurs effets.

Un jour de flânerie, je découvre, sur le versant de la butte Montmartre face à Paris, une sorte de bois entouré de murailles. Le lierre et les ronces les ont à demi détruites. A l'entrée, une grille rouillée soutenue par deux piliers de pierre. Sur l'un d'eux :

TIVOLI MONTMARTRE
Prix d'entrée pour un cavalier
qui pourra amener une dame : 50 centimes.

Dans cette solitude, une habitation, plutôt une bicoque, comprenant une chambre et un carré infime, au milieu de grands arbres, de buissons, de pelouses, d'une grotte. L'endroit a un air mystérieux et charmant qui me ravit. Je m'informe. Le logis aurait servi à déposer les cannes des danseurs si l'on avait pu danser dans ce lieu. Or il reposait sur des carrières, d'où les risques d'éboulement. Je loue pour trois ans ce Tivoli abandonné d'où la vue s'étend sur tout Paris.

La solitude y est le plus bel avantage. N'ayez pas de voisins si vous voulez vivre en paix avec eux. Les Parisiens me parviennent comme la rumeur de la mer, surtout la nuit, et je ne les vois pas.

J'emménage. C'est tôt fait. Je plante deux clous et j'attache un hamac de marin. J'ajouterai bientôt une table, un fauteuil, puis une malle recouverte d'un tapis que je désigne comme fauteuil à mes rares visiteurs, deux ou trois camarades peu exigeants sur les commodités.

Un beau jour, comme on dit – serait-il le jour où on se casse une jambe – je descends sur la capitale. Ce dimanche 9 juillet est vraiment beau. Soleil, ciel bleu et pur du matin. Comme tous les dimanches, je me dirige au cabinet de lecture habituel, l'un des quatre cents de Paris, afin de parcourir tous les *Figaro* de la semaine. Je guette une ligne de moi. Chaque fois mon espoir a été déçu et cependant, lisant les articles des autres, je n'ai pas à rougir de ma prose. Ce matin-là, *Le Figaro* en main, j'ai la stupeur non pas de lire mon nom au bas d'un article – l'usage voulait qu'on ne les signât pas – mais de reconnaître un de mes titres. On m'avait volé ! Pas seulement le titre, mais aussi l'idée. Et même le texte. Je recouvre mes esprits pour m'apercevoir que la totalité de ma nouvelle est imprimée. Mieux, tournant les pages, j'ai l'insigne honneur de figurer trois fois dans *Le Figaro*. Quelqu'un a eu l'heureuse idée de m'admettre aux premiers échelons de la gloire, dont le journalisme m'était apparu comme l'une des étapes obligées.

On doit à Jules Janin, une de mes solides relations de plume et d'amitié, cette vérité : « Le journalisme mène à tout à condition d'en sortir ! »

Le soleil du 9 juillet n'aurait jamais dû se coucher. *Dies festus !* Jour de fête ! Une seconde surprise m'est réservée. De retour à ma cahute de Montmartre, une lettre m'attend de monsieur Bohain, directeur du *Figaro* : « Venez nous voir nous avons à causer. » Lorsque le destin favorise des rendez-vous on accourt. Mes multiples obligations au collège, les cours, les études, m'ont obligé à différer le mien d'une semaine. Néanmoins la rencontre a eu lieu. Elle m'a valu d'entrer dans le Journalisme. J'ai dû me séparer de mes rimes, si riches qu'elles en étaient ruineuses. On m'imposait une révolution. Comme la France allait bientôt en affronter une, Paris l'ayant abusivement décidé au nom du pays – pour combattre tous les abus.

Même aux yeux des moins clairvoyants, il apparaît qu'un volcan est en train de s'éveiller. Paris bout. Le couvercle des impatiences se soulève dangereusement. Le 27 juillet, il explose. La capitale s'est insurgée. Mal conseillé par son entourage – tout parti a ses ultras et c'est par les ultras que tout parti finit par périr – Charles X et son ministre Polignac font appel à la troupe. Engrenage infernal : manifestations, répression, insurrection, des morts, des barricades.

Ce matin-là je dois assurer la surveillance d'une classe. Je rédige aussi des articles bucoliques pour *Le Figaro*. Le propriétaire Bohain m'a engagé à ne plus frayer avec des vers. Plutôt avec la politique. « J'aime mieux me pendre que de mettre un seul vers dans mon journal. » Ne voulant pas que Bohain se pende, je me suis séparé des uns sans encore oser m'immiscer dans l'autre. Ainsi tout en étant de cœur avec le peuple, je ne « fais » pas de politique. Elle vient à moi. Rue de Courcelles, des dépaveurs m'enjoignent de les aider à élever une barricade. Grand et fort, je ne peux faire moins que de mettre la main à la pierre. D'où un retard involontaire, des mains sales et l'habit plein de poussière lorsque je me présente devant mes élèves. En outre, la petite rose que j'ai coutume de porter à la boutonnière a souffert.

La mèche de cette révolution de 1830 s'est allumée devant moi, sans que je sache vraiment de quoi il s'agissait. De mon domicile perdu à Montmartre, je ne descends que professionnellement vers ce Paris bouillonnant. Les événements me dépassent. Je ne suis pas le seul à éprouver ce sentiment, lors de ces journées troublées, appelées « Glorieuses » par la suite.

Monsieur Planche, mon ancien professeur de rhétorique, sort, lui, du collège Bourbon, un livre de l'historien grec Polybe sous le bras. Il tombe sur un rassemblement turbulent d'étudiants et de travailleurs, qui s'efforcent de construire une redoute. Cela semble mal engagé, quand un des étudiants reconnaît le professeur. Il lui demande conseil. L'amour du grec l'emporte et ouvrant son livre, Planche traduit à haute voix un passage où, justement, Polybe décrit une fortification. La leçon est aussitôt appliquée, la base de la barricade se façonne. Soudain le proviseur Legrand surgit. Si les révolutionnaires enthousiastes sont prêts à porter le père Planche en triomphe, Legrand le fait enfermer pendant trois jours dans sa classe !

Il est mort en 1853, à quatre-vingt-dix ans. Il avait traversé tous les gouvernements et l'Histoire, sans se monnayer une seule fois. Aussi n'a-t-il eu droit qu'à l'indifférence de ceux à qui il ne rapporta rien : ni médailles, ni place, ni passe-droit. Son enterrement fut modeste à l'extrême. Il avait servi à peu de gens. Pour leur vanité, il n'était rien. Mais je l'ai constaté bien des fois : celui qui n'est rien est l'égal de tout le monde.

Dumas, en voilà un qui s'occupe de la révolution. Il a été des trois jours qu'elle a duré, s'emparant des premiers fusils, jusqu'au dernier coup de canon tiré sur les Tuileries. Plus tard, il a été en droit de fustiger les profiteurs de cette duperie où, comme toujours, des révolutions sont faites non *pour* le peuple, mais *par* le peuple et en son nom. *Nil novi sub sole.* « Rien de nouveau sous le soleil ». Je n'ai pas dit d'autre vérité lorsque l'esprit de jugement me venant, j'ai exprimé en raccourci cette petite phrase qui passe trop légèrement pour spirituelle : « En politique, plus ça change, plus c'est la même chose. » Je l'ai traduite d'une façon plus colorée : « Le succès du gouvernement représentatif, c'est qu'il fait de lui-même une poêle assez longue pour que chacun la tienne un peu. »

Ma mère, être ondoyant s'il en fut, demeure près de moi à Montmartre, dans une maison au milieu d'un jardin attenant à mon bois. Court séjour, pendant lequel je lui verse la pension que lui refuse désormais mon père. Par leur convention, ma mère devait s'exiler dans sa Touraine natale. Alors il payait. La sachant à Paris, il ne débourse plus. J'ai donc endossé la responsabilité de sa survie, lui assurant cette rente durant les trente ans qu'elle vécut encore. Elle s'est éteinte à Cannes en septembre 1860. Triste oiseau errant, elle s'est fatiguée à voleter d'un nid à l'autre sans jamais se reposer.

Mon cher père. Heureux par les succès de sa musique, comblé par la croix d'honneur. Il ne l'a portée qu'une seule année. Bien que redoutant de mourir jeune, il a vécu en bonne santé jusqu'à soixante-huit ans. Un matin de janvier 1843, il sort comme à l'ordinaire. Rentre déjeuner, s'assied, réclame à boire. Lorsqu'on revient le servir, il s'est endormi à jamais, terrassé par une attaque d'apoplexie.

Eugène et moi nous avons respecté scrupuleusement ses volontés. A son enterrement, Victor Hugo et beaucoup d'amis – les miens et ceux qui le liaient à sa musique. Depuis, Eugène l'a rejoint, l'un et l'autre regrettés pour leur caractère et leur talent.

A cette époque je dois préparer la livraison du prochain numéro des *Guêpes*. Le cœur et l'esprit me manquent. Pas les amitiés. A l'initiative de Gatayes, le numéro de février paraît. Riche de la palette des meilleures plumes de ce temps-là. Lamartine, Victor Hugo, Jules Janin, Théophile Gautier, Eugène Sue, Henri Monnier, Gozlan, Méry, Gavarni, Delphine de Girardin qui signait ses chroniques Vicomte Charles de Launay... spontanément, tous ont offert leur concours à soulager ma peine. Tandis que solitaire, je m'efforce, au bord de l'océan, de ne pas trop en vouloir à la Mort.

MERCREDI 24 SEPTEMBRE.

Depuis trois jours les orages se sont abattus sur le midi de la France. Ce matin la décrue s'amorce sous un ciel devenu pacifique.

Après une nuit agitée, Alphonse Karr se lève. Chemise bleue qui dégage le cou, pantalon de toile, des sabots, le voici prêt. Par-delà les deux larges fenêtres de son cabinet de travail, l'immense tapis de soie bleue de la mer. Ses millions de scintillements, les rochers de porphyre rouge du Lion de terre et du Lion de mer que vernit le soleil levant. Une fois de plus, la journée s'annonce d'azur.

Alphonse Karr ne se sent pas dans son assiette. Les averses de la veille l'ont flagellé. Aujourd'hui, il en ressent les coups. Il a pourtant la longue habitude de se colleter avec les éléments. Combien de fois n'a-t-il pas accroché au portemanteau sa troisième vareuse trempée de pluie ? N'est-il plus, comme aimait à le désigner Villemessant, l'ancien directeur du Figaro, *le gaillard à la santé de fer ?*

Il s'assied sur un banc de pierre. Il pourrait convenir : pour songer un peu vaguement, ou admirer le bleu franc d'un plumbago.

Mais pourquoi ne parvient-il pas à adoucir ses réflexions ? A se dégager de cette lassitude qui le grignote ? L'après-midi, il retourne dans son jardin. Là, il y a bien peu de choses qui puissent l'atteindre. Le silence est interrompu de loin en loin par le gémissement des tourterelles ou la voix des oiseaux éparpillés dans les feuillages.

Imiteraient-ils les humains ? Parler, c'est tellement la manie de ce temps-ci. N'est-ce pas, cher Houssaye ? dont la lettre attend sa réponse comme un reproche répété. Il rentre, indifférent au cadran solaire placé sur le pignon, homme pour qui depuis longtemps les heures ne comptent plus.

Alphonse Karr, devant le plaidoyer pour vieillards de Houssaye, répond d'une plume qu'il voudrait forte mais qui traduit sa lassitude :

« Votre écriture fine et régulière me fait espérer que vous vous exagérez un peu l'état de vos yeux. Tous nos amis et contemporains sont partis devant nous. Nous ne sommes plus ni de ce siècle ni de ce pays. Il me semble que nous ne sommes plus que nous deux de notre temps... »

Il s'interrompt, repris par cette rêverie fade dans laquelle il s'est plongé toute la journée. Comme des ombres légères, des personnages passent devant ses yeux. Il les connaît par cœur, avec leur pose, leur visage. Ils sont là, sur le mur, dans le grand cadre à trois panneaux, familièrement vivants, sur leur photographie jaunie, piquetée par le temps. Accompagnant chaque photo, une lettre, un billet, un dessin, une dédicace, parfois une simple signature. Même si, depuis, il s'est brouillé avec plus d'un – n'a-t-il pas dit « trop d'amis et plus guère d'amitié » – il a devant lui le plus bel ornement de la génération 1830. Un demi-siècle d'intimité avec les illustres, les célèbres, les créateurs d'hier ; aujourd'hui, des classiques et des maîtres.

Un absent. De taille : Balzac. Lui aussi aurait dû figurer sur le panneau des géants. Sa femme, la polonaise Hanska, a souhaité rassembler les documents pour un livre. Le livre n'a jamais paru, les documents n'ont jamais été renvoyés. Mais un dieu est présent, Lamartine. Un des sept grands hommes du siècle, disait justement Arsène Houssaye, avec qui il a fêté des noces plus que d'or de vieille et constante amitié.

II

LES DIEUX

Il n'y a rien de si féroce que les passions douces.

Lamartine. J'ai droit à être compté au nombre de ses amis.

Je l'ai vraiment connu en 1847, au sortir d'une soirée chez Victor Hugo. Je n'avais pas attendu cette date pour apprécier le poète et l'homme public. Bien qu'alors il n'ait pas encore mis le pied à l'étrier de la gloire, d'où les loups humains n'ont pas manqué de le précipiter vers l'ingratitude puis l'oubli.

Le défaut du caractère français : ne savoir ni admirer ni mépriser.

Aujourd'hui, plus de vingt ans après sa mort, Lamartine redevient une figure à la mode auprès de la jeunesse. Et il a des statues. On reconnaît volontiers les services et la gloire des gens quand ils ne sont plus là pour en humer l'encens. Mais de lui, moi qui ai pratiqué l'orateur et l'homme d'État journellement durant la période historique de 48, je peux dire : il était sans tache au cœur, sans tache aux mains.

Quand la révolution de février survient, chauffée par les scandales, l'incurie, l'« Enrichissez-vous » de Guizot, la misère du plus grand nombre, il a choisi son camp.

En quelques mois, il érige le rempart de la nouvelle légalité. Membre du Gouvernement provisoire, il l'incarne à lui seul.

Le 25 février – la date est inoubliable et la réplique légendaire il lance, debout sur les marches de l'Hôtel de Ville, aux insurgés armés qui veulent imposer le drapeau rouge : « Je n'accepterai jamais ce hideux drapeau rouge. Le drapeau tricolore est le drapeau de la France, il a fait victorieux le tour de l'Europe. Votre drapeau rouge n'a jamais fait que le tour du Champ-de-Mars, dans la boue et dans le sang français. »

Je me rappelle. L'émotion, l'enthousiasme. Les porteurs du drapeau rouge s'enfuyant sous les huées. Une heure après, une énorme foule de bourgeois et d'ouvriers arborent des rubans tricolores. Durant ces journées, Lamartine s'est révélé comme un héros, intrépide comme un soldat, convaincant et républicain comme nul autre.

La population, dans le flux et le reflux des rassemblements, des clubs, des discours aux coins des rues, où des orateurs l'enflamment, la grugent, la tiraillent de tous côtés politiques, la population se rue à l'Hôtel de Ville et à la Chambre des députés. Elle se porte en masse là où la rumeur la pousse. Elle veut, exige, impose, par le moyen de quelques furieux agissant comme des boutefeux, que l'Assemblée se plie aux idées émises par les clubs. On assiste à un nouveau Quatre-vingt-treize avec ses excès et ses folies. L'Assemblée est envahie. Buchez, le président de la Chambre aurait dû être ferme, s'opposer à l'émeute. Il lui obéit. Il signe l'ordre des émeutiers, de se plier à leurs exigences de devenir maîtres de Paris et du pouvoir. C'est alors que je vois Lamartine s'élancer à la tribune :

« Assez de demi-mesures, assez de discours, il faut agir ! Vite, un cheval et un fusil ! »

Il se précipite hors de la salle, saisit le cheval du premier officier qu'il rencontre, part à l'Hôtel de Ville. L'avocat Ledru-Rollin, qui caresse le peuple tantôt dans le sens de l'apaisement, tantôt dans celui des excès, le suit sur un autre cheval. Je perds l'un et l'autre dans cet océan humain. En ces instants Lamartine court les plus réels dangers. N'importe quel égaré peut le tirer comme un lapin, visible comme il est au-dessus des têtes et obligé de marcher au pas. Parvenu à l'Hôtel de Ville, il harangue la foule, écarte par son éloquence l'anarchie et la terreur, rétablit l'autorité qu'il faut chaque jour affermir, dans le tumulte, sous des pressions, dans la fatigue, lors de séances houleuses et interminables. La foule assiste aux débats, et sans cesse les députés laissent à Lamartine le soin d'apaiser, d'expliquer. Louis Blanc est là aussi, petit, pressé, étouffant presque, au point que, un jour, tout à coup il se trouve mal et qu'on doit l'emporter. Tandis que Lamartine, superbe, s'adresse à ses collègues, à cette foule, et au-delà au pays inquiet et instable. Une fois encore son avis prévaut, son verbe subjugue. La France, alors, c'est lui.

Au soir de ce nouveau combat, sans doute pour se soulager de son énorme fardeau, il laisse tomber, ce qui n'est pas sans contraste dans cette belle figure :

« Ce sacré Jean-foutre de Louis Blanc ! En s'évanouissant il a bien failli me faire manquer une péroraison ! »

La France de 1848 est comme une maison qui brûle. Chacun a le devoir de participer à la chaîne pour aider à éteindre l'incendie. Je n'ai aucun goût pour les fonctions politiques. Néanmoins quand dans l'arrondissement du Havre où j'habite, on m'engage à me porter candidat à la Constituante, j'accepte. Je ne peux refuser d'y aller de mon seau d'eau.

L'idée ne m'effleure pas que dans la comédie politique, le premier acte d'adhésion et de conviction peut conduire le dernier à une pantalonnade.

Lamartine m'encourage : « Présentez-vous hardiment aux habitants des côtes de la Normandie, qui vous estiment, qui vous aiment comme un des leurs. » C'était vrai. Je jouissais parmi les pêcheurs et les marins dont je partageais la rude existence, d'une amicale popularité. Je me porte officiellement candidat. Peu de jours après, Lamartine me soutient d'une lettre à l'en-tête du ministère des Affaires étrangères dans laquelle il se dit heureux de ma décision. Les affiches et les journaux locaux publient mon programme. N'appartenant pas au parti républicain, je défends la République pour laquelle je veux tous les droits avec tous les devoirs. Une égalité qui élève. Une fraternité sans hypocrisie. Envers le peuple, des actes, non des mots.

Mais déjà on me tend la première chausse-trape. Né, élevé à Paris, n'étant jamais sorti de France, je ne suis pas Français. On l'annonce à grands cris dans la coterie adverse. Il fallait renvoyer le bavarois monsieur Karr en Bavière, d'où mon père était sorti autrefois – pour n'y jamais rentrer. Une simple mesure de police peut certes m'y contraindre. Étranger, je suis exclu de toute fonction publique.

Ce remous parvient jusqu'à Lamartine. Dans la nuit, il fait rédiger le décret qui me confère la citoyenneté française. Cette fois je suis légalement en droit de parler dans les réunions, où quand je commence : « Mes amis... » les contradicteurs patentés me lancent : « Dites "citoyens" ! » Où on me traite de républicain du lendemain, à quoi je réponds aux républicains de la veille. Où je proclame mon bon sens à un administrateur du chemin de fer du Havre accusant mes *Guêpes*, dans lesquelles je blâmais le chemin de fer qui justifiait le titre funèbre de convoi.

Je suis titillé, épluché, je démasque, on m'attaque, je réplique. En visant surtout des concurrents dont l'un est un négociant riche mais républicain, qui manœuvre un ouvrier-guignol. Il est alors de bon ton électoral d'avoir à soi un ouvrier.

J'obtiens dans ma circonscription le plus grand nombre de voix. Un comité de républicains de circonstance, comité Morlot, présidé par Morlot, sur l'avis de Morlot, présente Morlot. Qui étale un programme d'impudentes promesses, où il est écrit que le miel coulera des arbres et le vin des fontaines. Il forme une coalition contre moi. Je ne suis pas élu. Au second tour, on sollicite ma soumission. J'avais déjà démissionné. Je repars cultiver mon jardin. J'en ai assez de l'escobarderie du scrutin de liste. Il ne faut que quelques grelots au bonnet de la liberté pour en faire le bonnet de la folie. Ce qu'il y a d'odieux et de bête à la fois dans ce qu'on appelle la politique, c'est qu'elle rend les uns monstrueusement injustes et les autres souverainement crédules.

De retour à Paris je rejoins l'entourage de Lamartine. Dans un rôle sans nom, sans titre, sans fonction, sans traitement. Je lui sers de garde-fou là où les affaires sont les plus urgentes, les plus difficiles. Ministre des Affaires étrangères, il lui incombe de rassurer l'Europe sur les intentions pacifiques de la France. C'est un de ces matins-là que, sous sa dictée, j'ai écrit le *Manifeste aux puissances étrangères.*

Notre amitié solide et franche m'oblige à le mettre en garde :

« Les soi-disant républicains commettent des sottises en votre nom. Ledru-Rollin et ses amis laissent dire que vous avez passé un traité secret d'action pour vous partager le gouvernement avec le titre de consul. Nombreux souhaitent vous voir les débarrasser d'une république au mépris de vos engagements. On cherche à vous déborder, à vous renverser. Il faut dessiner plus nettement votre position. Groupez quelques-uns autour de vous et faites justice des autres. »

Je ne me souviens plus ce qu'on mangeait. Le plat devait être succulent, tous les convives n'avaient d'yeux que pour leur assiette. Ils semblaient être sourds et ne pas m'avoir entendu. Lamartine a pris une mine sévère. La mienne est rude. Lui et moi nous nous levons. Lamartine m'embrasse :

« Vous savez mon amour sincère de la vérité, mon amitié pour vous. Mais vous êtes trop absolu. Vous n'admettez pas certains ménagements nécessaires. »

Ménager, jamais ! Ma tâche est terminée. Je reviens à Sainte-

Adresse, à mon bateau, à mon jardin, à mes fleurs. Nous étions en désaccord, nous restons toujours amis.

Mes prévisions ont vite été confirmées par les événements. Sublime et populaire pendant des mois, bientôt écarté, dénigré, puis oublié, Lamartine retourne à sa plume.

Peu à peu les années finissent par le meurtrir, son corps se voûte, son esprit se perd. Un an avant sa mort, au moment de prendre le train pour Paris, il refuse de monter dans le wagon. Il résiste sur le marchepied, veut s'enfuir. Malheureuse vieillesse. Pourtant les vieillards sont des amis qui s'en vont et qu'il faut reconduire avec un peu de tendre politesse.

Heureux temps ces années 1830-1840, où Victor Hugo habite, en roi des Lettres, place Royale !

Je ne suis pas hugolâtre, je ne l'ai jamais été. Je ne comprends de place que la première. Ni mes talents ni ma position ne m'ont permis d'y aspirer. Ne voulant pas de place sur un échelon inférieur, je me suis tenu à côté de l'échelle. Et j'ai admiré, aimé Hugo, avec l'indépendance d'un homme, libre de dire comme d'écrire son enthousiasme ou ses réserves.

J'ai rencontré Hugo à propos d'un article que j'ai écrit dans un journal, et pour lequel il m'apporta sa carte avec quelques mots de remerciements. Ça a été le début de notre longue amitié, dont le souvenir m'est précieux. Cependant je dois convenir que cette communion d'idées fidèle et sincère de part et d'autre, n'a pas recueilli mon indulgence. Voici ma vérité sur Hugo.

D'abord je répète comme tout un chacun, car j'en suis profondément convaincu : Victor Hugo est le plus grand des poètes. Parce qu'il avait du génie, Hugo a dû subir quatre défaites avant d'être élu à l'Académie française. Toujours un plus grand génie que lui postulait au fauteuil. L'un des plus florissants est

Flourens, un physiologiste qui peint les canards en bleu. Cette particularité a si singulièrement enthousiasmé messieurs les académiciens, qu'ils ont laissé Hugo à la porte pour admettre Flourens. A cette occasion, j'ai écrit qu'il ne serait pas mauvais de nommer des écrivains à l'Académie.

Hugo m'a répondu par une lettre au milieu de laquelle j'ai tiré ce poisson. « L'Académie a été une grande chose et peut et doit le devenir, grâce aux vrais poètes, aux vrais écrivains – grâce à vous mon cher Alphonse qui serez de l'Académie un jour. »

Je connais mon Victor. Je lui écris aussitôt sans détour : « Mon cher Hugo, si je me présentais à l'Académie, il y a une voix que je n'aurais pas : la vôtre. » Hugo n'a rien répliqué à cela.

Lorsque je l'analyse un peu, je le considère comme le plus prestigieux magicien de mots, d'antithèses, et d'images. Et un piètre penseur. Je le situe sur un plan bien inférieur encore en politique. Je ne lui reprocherai pas ses conversions de royaliste à libéral, de libéral à républicain, pour finir par être démocrate. Il a été sincère dans chacune de ces périodes, suivant par là les modes et les conventions. Les couleurs politiques sont comme les couleurs du peintre, elles n'ont qu'une surface mince et cachent toutes la même toile.

Mais ce Napoléon des lettres a surtout péché en s'obstinant à vouloir tenir l'étrier au Louis-Napoléon président. Pair de France, familier de Louis-Philippe et de la Cour, il briguait une position brillante auprès du neveu de l'empereur. Quelque chose comme ministre de l'Instruction publique. Pitrerie ! Les ministres sont comme des chiens dans un tournebroche. Il suffit qu'ils remuent les pattes pour que tout aille bien – la broche tourne et le dîner est à peu près mangeable. Hugo ministre : l'instruction et l'éducation auraient peut-être gagné du relief. Au détriment probable du poète, avec qui j'ai fait de longues promenades sur les boulevards, en parlant de la nature à l'heure où Paris dormait.

Hugo, journaliste, juge dans son journal *L'Événement*, que le Prince-Président – qu'il soutient par des articles dont il est l'inspirateur – lui marchande cette nomination. Il mordille, il grogne, il avertit. Louis-Napoléon alors se dévoile. Il jette en prison Charles Hugo pour un article contre la peine de mort (un sujet sur lequel j'ai eu plus que mon mot à dire). Madame Hugo est désolée. Avec la famille, je vais dîner dans la geôle où l'on comprend, enfin, qu'il est temps de brûler celui qu'on avait candidement adoré. Victor Hugo se déclare républicain. Cette position, je l'avais adoptée et défendue depuis des années. Et j'avais soutenu par *Le Journal*, que j'avais fondé, la candidature du général Cavaignac opposée à celle de Louis-Napoléon.

Cavaignac, le républicain, a été battu. Les Français à qui j'avais prédit : « Grenouilles, vous serez mangées », lui ont préféré l'illusion d'un nom. Béranger et Hugo ont été pour beaucoup dans cet enfièvrement envers le souvenir de Napoléon Ier. Le neveu en a bénéficié. Hugo qui, à la tribune, n'a pas encore baptisé le président de « Napoléon le Petit », un soir, peu après l'élection, est enflammé d'une ardeur de converti. Je nous revois, lui et moi, chez le sculpteur Pradier, en présence de Cavaignac.

Hugo parle, s'emporte, entame une espèce de chant de triomphe. Son zèle a ici quelque chose de déplacé. Cavaignac et Pradier ne soufflent mot. Il y a comme un froid, on se regarde. J'interromps Hugo :

« Messieurs et amis, une motion ! Convenons de ne pas parler de politique par égard... pour les vainqueurs. »

Tout bien observé, lu, écouté, je suis à même de définir Victor Hugo, de le louer, de le blâmer, de le plaindre. Je ne refuse pas le péché d'immodestie, quand il m'écrit à propos des *Guêpes* : « Vous faites un petit livre avec un grand talent. » Toujours son penchant à fabriquer l'antithèse. Mais lorsqu'il ajoute : « Il y a tant de cœur dans votre esprit, tant de poésie dans votre ironie, tant de rêverie dans votre souvenir, tant d'amour pour la nature... », je ne peux m'empêcher d'y sentir une caresse à la Hugo. Tant de tant... c'est trop ! La louange littéraire étouffe la sincérité. C'est le même qui m'annonçait : « Je n'oublie rien, vous le verrez quelque jour. Vous avez votre place dans un volume d'épîtres ébauché. »

Rien ne rend aimable comme de plaire : Hugo a oublié l'épître.

Plus sérieusement, notre amitié m'autorise à lui reprocher de consentir à être promené comme un tabernacle. Il sert d'alibi à des médiocres. Qu'est-ce que la politique ? sinon l'art de profiter des sottises des autres et de s'en faire des rentes.

Néanmoins, j'ai aimé Victor Hugo. Et je considère légitime que la France ait eu la délicate inspiration de l'accompagner au Panthéon, réservé aux dieux humains.

Chez madame de Girardin où je me trouve ce soir-là, en compagnie des maréchaux de la littérature moderne Lamartine, Hugo, Dumas, Gautier, Sue, il y a Balzac. Et s'il faut continuer de parler comme Balzac, littérateur également mais officier d'ordonnance, le critique dramatique Méry.

Balzac, comme toujours, est brillant. Il cause, il charme, émerveille. Il en rajoute beaucoup. Balzac en société ne passe pas inaperçu. Physiquement il n'est pas grand. Épais, gros cou, forte poitrine, ce qu'on appelle une robuste charpente. Mais Balzac a une figure parlante, des yeux noirs perçants, « des yeux de dompteur », disait Gautier, une voix retentissante. Et surtout sous la crinière de ses cheveux qui flottent – contrairement aux miens que je porte ras – un front d'où jaillissent comme d'une source une multitude d'idées et de paradoxes. Quand il parle, on ne l'arrête pas. Il monologue comme s'il écrivait une page, au fil d'une pensée pleine de chimères, de systèmes, dans un flot de paroles hardies, contradictoires, convaincues. On l'écoute – ou on part. Je suis d'accord sur deux points précis avec lui : son dédain envers les avocats et les journalistes. Ces derniers, n'étant que des avocats qui écrivent.

J'ai vécu deux ou trois ans très familièrement avec Balzac. Je l'ai pratiqué dans ses hauts, les illusions et les projets – et ses bas, la recherche perpétuelle de la fortune.

Littérairement, ce très puissant romancier est celui qui survivra le mieux aux injures des ans. Je suis assez fier d'avoir publié de son vivant, alors même que nous étions brouillés : « L'Académie de ce temps-ci veut avoir aussi son Molière à ne pas nommer. »

Balzac a eu le million facile, et cette maladie l'a tué.

« Je vais acheter une boutique bien placée dans Paris, me dit-il un jour.

– Pour y vendre quoi ?

– Des ananas. L'ananas est un fruit de luxe, mais le peuple ne doit pas être écarté de ce plaisir sous prétexte de cherté. J'en vendrai beaucoup ce qui en diminuera sensiblement le prix à la consommation. »

Je lui objecte qu'il lui faut d'abord les acquérir, les importer, les conserver, les distribuer.

« Je les produirai moi-même sur un vaste terrain.

– Sans être expert en ananas, je crois savoir qu'il faut attendre trois années avant leur maturité. »

Sans se démonter le moins du monde, il répond avec solennité :

« On ne réussit rien si on doute. Il est impossible que je ne découvre pas un moyen de les faire produire plus tôt. »

Balzac n'a plus parlé de son projet, et les Parisiens ont été privés d'ananas. La raison, avec certaines gens, c'est comme les preuves avec certaines femmes : qu'est-ce que ça prouve ?

J'ai vu Balzac chez lui. Serré dans sa robe de moine, hirsute, les yeux battus par une nuit entière passée à écrire. Roi dans des salons, en habit de redingote de drap noir, gilet de piqué blanc, pantalon de nankin. Ensemble lui et moi sur le boulevard, il porte des gants glacés paille, promène sa fameuse canne de chez Falize. Au *Café anglais*, il arbore au doigt une bague de souverain provenant de Porchelot-Perry. Dandy plus qu'aucun d'entre nous, il a eu des fureurs pour les porcelaines, les reliures, les tapis, la rocaille Renaissance. Mais toujours, quoi qu'il entreprenne, les dettes l'ont accompagné de leur sinistre vocabulaire : billets, échéances, escomptes, obligations, usuriers.

Il envie Eugène Sue qui hérite de millions, et est de surcroît l'un des mieux payés grâce à ses grosses ventes en librairie. Il cherche à conjurer le sort en publiant *Les Roueries d'un créancier* et *L'Art de payer ses dettes et de satisfaire ses créanciers sans débourser un sou.*

Lamentables expédients. Pareil à ces marchands de tisane, qui font une réclame orgueilleuse de leurs produits mais n'en boivent jamais. Balzac ne redresse pas sa situation financière. Au contraire son déficit va s'aggravant jusqu'à tripler de 1834 à 1839, l'année où paraît le premier numéro des *Guêpes*.

Balzac eût déconcerté un coup de tonnerre. Mes *Guêpes* s'édifiant sur un assez joli succès, je réalise de confortables bénéfices. Cette considération suffit à Balzac, qui s'en ouvre à Dutacq, l'éditeur des *Guêpes*. En accord, ils sortent *La Revue parisienne*, une publication qui se veut sœur jumelle de mes petits livrets. Après le troisième numéro, les huit mille exemplaires invendus ont tout mangé. La comptabilité accuse un déficit tel que Dutacq arrête les frais. Le beau papier, les caractères neufs, les annonces coûteuses, un bureau somptueux, les articles très remarquables de Balzac, n'ont pas réussi à enlever l'adhésion du public. Pire, sa tentative malheureuse manque de peu d'entraîner *Les Guêpes* dans leur ruine. En représailles, elles lui administrent une petite volée de dards. Sous cette forme piquante qui enchantait mes lecteurs – et qui correspond à un métier de toréador : « Je remercie M. de Balzac de ce qu'il a bien voulu m'emprunter récemment le format, le prix, les sommaires et le mode de publication des *Guêpes*. M. de Balzac a eu la bonté d'être si sûr que je n'avais rien à lui refuser, qu'il ne m'a rien demandé. »

L'ultime souvenir que je veux conserver de Balzac se situe en prison. Comme moi-même, il s'accommodait fort peu d'avoir à délaisser sa plume et ses créations. S'épuiser à remanier jusqu'à vingt fois ses épreuves, il l'acceptait. Assurer son tour de présence obligatoire de garde national, plutôt la prison ! Il y alla. Pour une semaine. Escorté d'un sous-officier et de deux gardes, dont en vain il avait essayé d'acheter la consigne militaire.

Ça a été d'abord la honte – lui, Honoré de Balzac... – et la colère – que de temps perdu ! Puis l'artiste et le mondain prenant le dessus, à peine en cellule il obtient quelques menus privilèges comme celui qu'on aille porter une lettre à son éditeur Werdet. La lettre contient une demande d'argent, un repas pour sept et des invitations à le partager. Je suis l'un des convives avec, je m'en souviens, Jules Sandeau et le critique Gustave Planche.

En tunique du dimanche, gants blancs, le gardien nous a servis. Le repas fut des plus fins et délicats. Au dessert, les gants blancs ont remis à monsieur de Balzac des messages de sympathie, des bouquets d'admiratrices, un petit colis. Après l'avoir ouvert dans le silence religieux des convives, Balzac en a tiré une tresse de cheveux blonds passés dans un anneau orné d'une émeraude.

Chaque jour il a répandu la même munificence envers de nouveaux invités. A l'issue de son emprisonnement, Balzac a prié les traiteurs d'adresser leurs additions fastueuses à Werdet.

Gestes du seigneur qu'il croyait être, pendant l'un des rares moments de répit dans l'œuvre dévorante et titanesque de ce dieu. A qui je disais tu et qui me tutoyait.

Dans la maison que j'habite à Nice en mai 1860, on vient me prévenir du débarquement d'Alexandre Dumas de son yacht *l'Héléna*. Le père des *Trois Mousquetaires* ne se déplace pas seul. Il a dans sa suite une quinzaine de personnes, comédiens, artistes, littérateurs, et même des photographes. Alexandre partait découvrir la Grèce et il fallait qu'on le sût. En réalité, il n'a pas été plus loin que Monaco. A Nice alors, séjournent quelques-uns de mes amis, parmi eux Théodore de Banville et des dames françaises, anglaises, russes. Je décide de réunir mes hôtes pour un déjeuner d'au moins trente couverts, afin qu'ils en conservent longtemps les miettes du plaisir.

C'est au milieu d'une orgie de couleurs et de parfums que j'accueille mes invités subjugués par ces splendeurs. Installés autour de la table à la nappe damassée, nous savourons là des instants inoubliables. Alexandre est éblouissant, tirant de ses propos la matière de ses prochains livres. Lui-même en est le héros cravaté et gileté de blanc. Énorme ventre, rire à l'avenant, heureux de vivre dans cette nature, sous ce soleil.

Une jeune comtesse russe paraît enchantée. Elle porte un toast « à l'esprit ». Par son initiative elle montre qu'elle n'en est pas dépourvue. Voulant sauvegarder un souvenir de cette fête, elle nous demande à Dumas, Banville et moi, de graver nos noms sur sa coupe avec le diamant qu'elle retire de son doigt. Chacun des convives a exprimé le même désir.

Toute la troupe repartie, je me suis empressé de rendre à ses propriétaires l'argenterie empruntée et de rembourser en nombre égal les verres gravés et emportés. Quant au diamant, la comtesse en fit cadeau à Dumas.

Mon amitié pour lui a duré plus de quarante ans. Jusqu'à sa mort, que j'appris à *Maison close* par un billet de son fils Alexandre. « Vous êtes la dernière personne dont il ait parlé. Il faut dire aussi que vous êtes celui de ses amis qui s'est inquiété de lui le plus souvent. »

Alexandre l'amoureux n'est pas moins savoureux. Il épousera la belle Ida après qu'ils eurent vécu ensemble plus de vingt ans. Lorsqu'on lui a demandé pourquoi il s'était résolu à se marier, il a répondu : « C'est pour ne plus entendre parler de ma femme. » Elle avait été une actrice intelligente de la Comédie-Française. Leurs disputes conjugales se ressentaient du milieu littéraire dans lequel ils baignaient. Cela commençait comme une scène de ménage et finissait comme une scène de théâtre. En amour, je n'ai jamais vu celui qui fuit ne pas remporter la victoire.

Dumas a publié des milliers de pages. On a dit de beaucoup d'entre elles : c'est de la littérature facile. Voulant sans doute inférer que ce n'était pas de la vraie littérature – difficile – comme celle de Hugo, Lamartine, Balzac ou Vigny.

Pour moi, j'ai en littérature et en arts une opinion que je puis traduire par un avis sur le poisson : au point de vue de la cuisine il n'y a que deux sortes de poisson, celui qui est frais et celui qui ne l'est pas. D'ailleurs Alexandre Dumas a fourmillé d'idées et de projets. Son poisson était frais. Il restera dans la mémoire du public comme il l'est encore dans la mienne. Par cette jovialité d'écriture et de mise en scène, dont il a su enrichir sa vie.

Un jour chez lui, alors que je viens à peine d'entrer :

« Alphonse, tu arrives à propos. As-tu de l'argent ? »

Je réponds oui. Il insiste :

« Est-ce bien vrai ? C'est que j'en ai. Si tu en manques... »

Je réponds non. Alors il ouvre un tiroir et candidement il me déclare :

« Comment se fait-il que nous ayons de l'argent tous les deux à la fois ? C'est fâcheux ! Ç'aurait été ça de sauvé. Maintenant ça va bien vite disparaître. »

Tout ce passé m'est présent. J'ai suivi par son fils les étapes de la maladie d'Alexandre Dumas. Il s'est détaché graduellement des choses humaines, sans rien apprendre des cruelles destinées de la France en guerre. Ce qui est cause de sa fin quasiment inaperçue. On mourait beaucoup alors. Lui s'endormait, la pensée tout occupée de fleurs, de brins d'herbe, de coucher de soleil.

Dumas-Porthos s'achevait en Dumas-poète.

Je les ai aimés tous les deux. Presque davantage, celui qui m'adresse un jour ce message belliqueux : « Mon cher Alphonse. Je me trouve insulté par M. Johannet. Je lui demande satisfaction de ce que si je fais faire mes romans par les autres, il verra que je donne mes coups d'épée moi-même. Soyez mon témoin. Nous nous battrons demain à une heure assez avancée : quand je me bats le matin, cela me met d'une humeur massacrante. » Sa lettre en poche, je vais chez Dumas.

« Dites donc, combien avez-vous déjà eu de duels ? »

Il réfléchit, puis laissant éclater son bon gros rire :

« Ah ! par exemple ! Jamais, mon cher ami, je n'ai eu de duels ! »

Je lui lis le passage : « Quand je me bats le matin... »

« C'est dommage, la phrase était jolie. »

Il en a lancé bien d'autres, aussi finement théâtrales. Comme dans sa comédie, où Halifax disait avec la bonne humeur de l'acteur Lafont :

« Le matin je me lève. Je sonne mon domestique.

– Vous avez donc des domestiques ?

– Non, mais j'ai une sonnette. »

Parmi les demi-dieux beaucoup sont mes amis.

Gérard de Nerval, à la figure douce et intelligente, ce grand poète imprévisible, arrive au *Figaro* que je tente de réanimer. Gérard vient de l'atelier impasse du Doyenné près du Louvre. C'est à cette époque son domicile officiel, partagé par la bohème. A moins qu'il ne surgisse de chez le peintre Célestin Nanteuil rue de Vaugirard, de chez Camille Rogier rue des Beaux-Arts, ou de chez Théo rue de Navarin. Quand il ne dort pas à mon septième rue Vivienne, où je demeure à cette saison de la jeunesse qui est celle de tous les partages.

Tels les sylphes, Gérard ignore l'espace et les frontières. Il m'écrit de Vienne : « Tuez un veau, je reviens dans dix jours. » Il franchit – à pied comme un simple mortel – le Wurtemberg, le duché de Bade. Un jour à Heidelberg ou Weimar, un autre à Baden, le voilà soudain boulevard des Italiens. Ou de plus en plus souvent hélas ! à Montmartre rue Norvins, à la maison de santé du docteur Blanche.

L'homme s'accoutume à tout excepté au repos et au bonheur.

Ce presque dieu ne croyait plus au sien. A l'une de nos joyeuses, frugales et poétiques agapes chez Hugo place Royale, Gérard un soir dit froidement :

« Tout va mal et tout va aller en empirant. Moi seul je sais pourquoi, parce que ça m'a été révélé. »

Puis, après un instant de silence :

« Dieu est mort. »

Les plus jeunes d'entre nous ont ri. Hugo et moi nous avons échangé un triste regard. Déjà se déclarait le trouble qui s'insinuait dans l'âme de Gérard. Une semaine plus tard il entrait à la clinique du docteur Blanche.

Dans la période où ses livres et ses articles étaient recherchés, Gérard a été riche. Aussi s'est-il offert dans l'île Saint-Louis un appartement, meublé incomplètement mais somptueusement. Un superbe lit Renaissance, des panneaux signés de Corot, des tapisseries, des tableaux, dont le portrait en pied de Théo vêtu à l'espagnole, deux buffets. J'en ai possédé un, une pièce remarquable sculptée de trois femmes et de trois satyres, avec des ovales de peinture du temps sur les portes.

Ces merveilles achetées à l'intention d'une divinité rousse, l'actrice Jenny Colon qu'il adorait, ont fini par l'aigrir. La déesse n'a jamais franchi le seuil. A-t-il jamais souscrit à cette vérité que je crois assez sûre : toutes les femmes sont la même, il n'y a de variété que dans les circonstances ? Cela l'aurait dispensé d'avoir à écrire : « Mon amour pour vous est une religion. »

Le logis est donc resté désert. L'ameublement a été dispersé. Gérard a continué de dormir là où ses pas le portaient selon l'heure et l'endroit. Parfois à la prison Sainte-Pélagie, où on le retenait pour cause de tapage nocturne.

Je suis né de caractère indépendant. Gérard bannissait les contraintes plus farouchement encore, s'il est possible. C'est à son intention que Gautier avait affirmé : « Toi et moi étions nés pour ne rien faire et quand nous travaillons nous contrarions les desseins du bon Dieu. »

Gérard n'était pas malléable. Mais chaque fois où j'ai eu recours à son délicieux savoir-faire, il a prouvé son extrême conscience. *Le Figaro* et, en 1848, *Le Journal*, sont remplis de ses articles pétillants dans lesquels se révèlent sa fantaisie et son refus de pacager dans la banalité. Je ne pouvais compter sur lui que pour certaines rubriques, mais je le pouvais absolument. Il a même eu de touchantes initiatives à mon égard, jusqu'à se charger de la relecture et de la correction des épreuves.

Je me rappelle la répugnance de Gérard de Nerval pour la politique. Cela ne l'empêche pas d'écrire dans des journaux d'opinions diverses. Il a confirmé par son indifférence, mon expérience sur le peu de valeur des journaux : ceux qui soutiennent et défendent le gouvernement – quoi qu'il fasse. Ceux qui le critiquent et l'attaquent – quoi qu'il fasse. Hormis ces deux sortes de carrés de papier, comme je les nomme, la presse soi-disant libre n'est qu'un leurre pour appâter les abonnés. Il y a un genre d'amorces auxquelles ils mordent toujours : c'est l'anecdote. Gérard lui-même s'est laissé asservir par cette mode. Au moins une fois, à mes dépens. Étant à Vienne et à court de quelques louis d'or, pour se « refaire » il accepte de rédiger un portrait de moi dans un journal humoristique. Le trait était forcé, outré, barbouillé d'invraisemblances, peu digne du délicat talent de Gérard. Je lui en ai voulu assez longtemps – et pas assez pour ne pas lui envoyer à Bruxelles un louis dont il avait le plus pressant besoin. Je me souviens comment par punition il s'était appliqué à lui-même un de mes mots. « Tout le monde veut avoir un ami, personne ne s'occupe d'en être un. » Pauvre Gérard ! Il publiait à tous vents : « Je n'ai pour créanciers que des amis. J'ai trop d'amis ! » Il a également des admirations, que lui valent ses dons d'écrivain un peu vertigineux.

En 1852, peu de temps avant mon départ de Paris, je l'ai croisé sur le quai Voltaire. Ç'a été notre ultime adieu. Trois ans plus tard, il mettait un terme à une existence errante. Il avait écrit avec une prémonition de poète :

> Et quand vint le moment où, las de cette vie,
> Un soir d'hiver, enfin l'âme lui fut ravie,
> Il s'en alla disant : « Pourquoi suis-je venu ? »

Il a effectivement quitté cette terre dans le terrible hiver 1855. Paris était sous la neige et frissonnait par moins dix-huit degrés. Théo a vu Gérard une semaine auparavant. Il n'a pas de paletot. Le 24 janvier il passe la nuit au « violon ». Le 25 il s'annonce au *Théâtre-Français* que dirige Arsène Houssaye, lequel est absent. Ensuite il commande un repas dans un cabaret des Halles. A l'aube du 26, il se pend rue de la Vieille-Lanterne.

Encore une fois adieu, l'ami « qui dînait d'un bon mot étalé sur son pain ».

Fussent-ils aux deux extrémités de l'Europe, Gérard et Théo formaient comme les deux doigts d'une main.

Théophile Gautier, nous l'appelions Théo, m'a été présenté au *Figaro* par Gérard de Nerval. Ils se fréquentaient depuis Charlemagne – leur collège à tous deux. Dumas disait que Gautier « était né ami ». Il l'est resté de chacun de nous, particulièrement de Gérard qui a dormi chez Théo le plus souvent.

Théo n'a existé et respiré que pour le mot. Incomparable ciseleur, sa langue est ferme, pure, imagée. Les meilleurs orfèvres, Baudelaire, et Théodore de Banville dont le recours m'a été précieux, l'ont prise comme référence. Le dictionnaire est sa Bible ; la poésie, sa passion. Le journalisme, il l'a pratiqué magistralement durant quarante ans. Sous sa plume, ce métier devenait un art.

Pourtant ses débuts n'ont pas été fortunés. A preuve sa lettre, où voulant me rencontrer il s'en déclare empêché par l'état de ses bottes. Ce qui, dit-il, ne serait pas s'il avait eu le luxe d'en posséder des non percées, chose possible en buvant la sueur du peuple à pleins godets ou en se vendant au pouvoir. Et il signe : « Homme pur et incorruptible dont les bottes sont crevées. »

Las ! il lui eût fallu ne pas aller plus avant dans les années s'il voulait éviter le flagrant délit de courtisanerie. La plus évidente des vérités n'est-elle pas un mensonge qui nous plaît ?

J'ai publié dans *Les Guêpes* de décembre 1840 une mise au point à ce propos. Théo désirait et a obtenu la croix d'honneur. Ses mérites littéraires le dispensaient de tout prétexte. Mais on a exigé qu'il composât une grande ode sur le baptême du comte de Paris et qu'il coupât ses très longs cheveux.

J'ai vu l'ode et les cheveux coupés – de « l'homme pur et incorruptible ».

Je n'en ai pas eu les nerfs agacés : chaque homme possède trois caractères, celui qu'il montre, celui qu'il a, celui qu'il croit avoir.

Je dois aussi le confesser, Théo me doit funestement son premier cigare. Depuis, j'ai choisi d'abandonner toutes les sortes de fumeries. N'hésitant pas à m'aventurer aux avant-postes de la ligue anti-tabac, tant il est vrai, selon Hugo, que : « Toute fille de joie en séchant devient prude. »

Perché à mon septième étage de la rue Vivienne, dans l'engouement que produit alors mon roman *Sous les tilleuls* Arsène Houssaye m'amène le jeune Théo. J'avais trois ans de plus que lui. Tout en causant littérature et surtout des femmes, je lui offre un cigare. Il n'avait jamais fumé. Par la suite lui et moi nous n'avons pas dédaigné de tenter plus avant.

Il vient une fois chez moi partager un peu de l'illusion que procure l'opium. Je possédais une pipe au tuyau en bois de cerisier muni d'un champignon de porcelaine. Par une petite embouchure, j'aspirais la fumée à l'odeur de parfums d'Orient. Théo s'assied sur mon divan de lampas jaune, saisit la pipe et fume. Nous baignons dans une atmosphère irréelle, tandis que brûle une bougie malgré qu'il soit grand jour. Cet apparat et cette influence de mollesse, joints aux couleurs imaginaires créées par les vitraux de ma fenêtre, conduisent à deux effets. Soit ils vous agitent nerveusement, soit au contraire, ils vous assoupissent dans une somnolence que l'on prétend béatitude. A ces expériences la tête ni le corps ne gagnent rien.

Une cruelle maladie, quelques heures d'agonie, ont suffi à terrasser ce géant, doux comme un enfant. Nul n'a su orner sa notice avec l'éclat et le scrupule dont il enrichissait celle d'autrui – même quand il y avait peu à en dire.

Jules Janin n'a plus que deux années à vivre. Janin, encore un rameau de ma jeunesse. Vers 1835, il a un peu plus de trente ans, on lui en donnait à peine vingt. Figure poupine et rose, yeux à fleur de tête, cheveux retombant en boucles sur le cou, toujours un sourire que rien n'assombrit. Surtout pas son embonpoint naissant, alors joyeux. Avec cela de la verve, de l'entrain, sans cesse parlant, rédigeant. Si pour muse, Théo avait choisi le dictionnaire, Jules Janin avait opté pour la grammaire.

Ce Prince avait un « mot » ajusté à chaque situation. Je suis dans le Salon de madame de Girardin le soir où elle lit sa comédie *L'École des Journalistes*. Quelque chose de cruel, de vif, de spirituel, bien dans sa manière d'être et d'écrire. Tous les feuilletonistes de Paris ont été conviés à entendre les sentences, les épigrammes, les injustices. Je m'estime fort aise de n'avoir été qu'un journaliste de passage. Mais Janin en prend pour sa plume de colibri. Et le martyre de se poursuivre au fil des scènes « contre ces faiseurs d'opinion, monstres sans esprit, arrivistes cupides, puisant leur conviction dans les festins et le champagne ». Toute la soirée fut un déversement de pareilles douceurs. Puis chacun a remercié l'hôtesse de la grâce qu'elle a eue, de distribuer avec son talent habituel de si jolis coups d'étrivière. Non sans qu'il y eût ici ou là de la mauvaise humeur.

De ce jour et pendant longtemps, Janin n'a pas manqué un seul matin, après son déjeuner composé d'une tasse de chocolat et d'un verre d'eau, de dire à son domestique : « François, enlevez les restes de cette orgie. »

J'ai su de lui une autre repartie au moment de l'arrivée du roi de Prusse lors de l'Exposition universelle de 1867. « Pourvu que nous ne le revoyions pas un jour ou l'autre, revenir nous voir avec une suite de 300 000 hommes. »

Janin était douloureusement obèse. Je le savais malade. Apprenant qu'il y avait un mieux et Gatayes voulant lui demander quelques lignes de dédicace, nous sommes allés lui rendre visite dans son chalet de Passy. Notre présence l'a ravi. Et pourtant il n'était plus capable de nouer deux phrases ensemble :

« Attendez donc ! Je sais bien ce que j'ai à vous dire. Mais c'est que les mots ne me viennent pas. »

La situation avait cela de pathétique, qu'en le regardant, je pensais à toute cette jovialité d'antan. A nos disputes, à notre réconciliation singulière. A ses inimitiés comme à ses enthousiasmes. A son influence de critique au milieu de tant de chefs-d'œuvre contemporains signés Hugo, Lamartine, Vigny, Balzac, Sand – où il naviguait au gré de ses coups de cœur d'une manière toujours étourdissante. Ses dernières paroles, peu de temps après notre visite, ont été :

« Je n'entends plus les oiseaux. »

Janin a étourdi tous les imprimeurs par son écriture, en comparaison de laquelle les hiéroglyphes égyptiens paraissent un jeu d'enfant. La sienne était légendairement indéchiffrable. A telle enseigne, que des compositeurs peu accoutumés à le traduire se sont déclarés en grève de douze heures et sont partis manger une gibelotte à la barrière. Après quoi, ils sont revenus affronter ses papyrus.

Donc Gatayes et moi avions revu J. J. pour la dernière fois – mais nous ne le savions pas, constatant en lui un mieux trompeur. Nous le déridons, évoquant un épisode, puis un autre, tirant de lui des sourires. L'ambiance est des plus plaisantes. Gatayes en profite pour présenter sa requête de dédicace. François le domestique apporte plume et encre, se penche à l'oreille de Janin : « Tâchez de bien écrire. » Je lui dis :

« Mon ami, épargnez-vous ce souci : votre maître n'a jamais su écrire de sa vie. »

Et Janin de faire entendre à nouveau son bon rire d'autrefois.

J'associe madame Sand aux très prolifiques auteurs.

Quelle femme écrivit plus et mieux que cette « lionne du Berry », comme l'avait surnommée Balzac ? Incroyablement besogneuse, de livre en livre elle a rempli près d'un demi-siècle. Je l'ai bataillée à une époque. Ses excentricités de costume et de comportement, ses conceptions pseudo-humanitaires dans lesquelles le peuple puisait à pleines chimères, l'avaient assignée comme cible à mes *Guêpes*. Je dois pourtant admettre qu'elle a puissamment contribué à émanciper son sexe, dont, alors, on faisait volontiers un ornement de salon. J'étais contre cela. Je me cite : « Je vote pour le vote des femmes. » C'était, paraît-il, un de mes paradoxes. Pareillement et avant moi, madame Sand a toujours refusé le rôle de chien savant. Elle avait des croyances – rouges – comme Eugène Sue et Pierre Leroux avec lesquels j'ai été en relation d'amitié. Elle a eu le courage de les affirmer. Quitte plus tard à s'en affliger publiquement lorsqu'elle a constaté leur peu de sève, dans le grand verger aux doctrines semées par les démagogues bavards, ramasseurs de bouts de phrases.

J'avais croisé madame Sand, par la plume, à l'époque du *Figaro* première manière en 1831. Je la découvre en 1853 quand, après avoir quitté la France pour l'Italie, je reviens à Paris où m'honore un procès de presse qui m'est intenté.

Madame Sand séjourne également dans la capitale. Je lui

écris : « Français vivant à l'étranger, je serais mal vu de ne pas avoir eu l'honneur de vous connaître. » Par ailleurs, je ne lui cache pas combien je suis admirateur de son talent. De son côté elle est très disposée à m'accorder un entretien, et l'exprime dans son style attachant : « Je pars aussi et fussé-je à moitié plongée dans une malle, je me dépêcherais bien vite d'en sortir, si vous veniez me tendre la main. »

Je la lui tends, 3, rue Racine, où nous aurons ce tête-à-tête – unique – de deux heures. Elle a un menton déjà redoublé mais pas un cheveu blanc, pas une ride. Toute sa séduction tient dans ses yeux noirs et sa conversation. Le décor n'a rien d'un salon. Appelons cela un fumoir, une salle à manger, au mieux un cabinet de travail. Madame Sand me confie y avoir accueilli Musset, Balzac, le poète allemand Heine. Delacroix est venu là, et surtout les prophètes des questions sociales : Michel de Bourges, Pierre Leroux qui a vécu et mourra pauvre, Lamennais qu'elle porte aux nues. Alors que j'y vois surtout un prêcheur de désordre, d'anarchie, de haine et de guerre.

Nos différences ne nous empêchent pas d'aborder d'autres sujets, chers à l'un comme à l'autre. Elle me raconte :

« Vous avez remarqué comme dans cet appartement je suis logée à mauvaise enseigne. Mais à Nohant, j'arrive à obtenir un caractère artiste, quoique disparate. Pourquoi ai-je accroché la *Femme adultère* de Rembrandt ? Pourquoi un Christ en ivoire, des fauteuils gothiques, une glace de Venise, voisinent-ils avec des poignards ? Et même une collection de pipes ? Croyez-vous que leurs fumées m'apportent l'excitation nécessaire à l'écriture ? Je n'ai pas besoin de cet expédient. Il me suffit d'être à ma table de travail, l'inspiration me fouette les tempes. Pour moi, la nuit est l'heure de la tâche. »

C'est seulement dans ses dernières années que pour se tenir éveillée elle aura recours au café. Elle avait dans cet excès des devanciers célèbres en Balzac, Ernest Feydeau et Henri Murger.

Je suis reparti à Nice, elle et moi nous promettant de poursuivre des rapports épistolaires. Promesse fidèlement respectée par l'un et l'autre dans un échange de lettres toujours cordiales. J'ai été heureux de ces instants passés en compagnie de celle que les manuels honorent du nom de George Sand. Des amis communs, ou se considérant tels nous avaient sournoisement éloignés. On me l'avait dépeinte tout en défauts et excès. On lui avait ressassé que je la détestais. Je suis assez éclairé sur la valeur de la langue française pour ne pas, à son sujet, avoir utilisé servilement ce mot pour un autre. Les amis d'une femme n'en font jamais d'autres. Je n'ai jamais détesté la femme. Je me suis insurgé contre la romancière quand elle prônait un mahométisme retourné.

Désormais la corde était renouée. En février 1860, George Sand m'écrit à Nice à propos de ma pièce de théâtre publiée dans *Les Guêpes*. « Je viens mon grand frère, de lire *La Pénélope normande*. Je trouve cela... » Suivent des éloges, des remarques pertinentes et ces phrases révélatrices : « Je vous ai toujours compris et aimé. Vos *Guêpes* sont plus abeilles que guêpes. Elles font plus de miel que de blessures. » De tout ce qu'on a dit ou écrit sur mes *Guêpes*, rien d'aussi court n'a été aussi pertinent.

Si la postérité consent à m'assigner une place d'auteur dit « spirituel », je n'en aurai pas plus de fierté que de ce jugement de madame Sand.

C'est par un sentier naturel, remontant à la souche, que Jules Sandeau se présente. Madame Dudevant lui emprunte son nom de Sand et n'a pas eu à le restituer. Ensemble, ils étaient venus renforcer l'équipe du *Figaro*. Ensemble, ils ont publié *Rose et Blanche*. Après quoi ils se sont séparés au temps de la bohème. Évitant de se rencontrer tout en demeurant au même numéro rue du Bac, la raison ayant eu raison du cœur.

Quand George Sand livre au public, avec un immense succès, *Indiana*, Sandeau de son côté fait paraître le premier de ses romans. Les uns à la suite de l'autre ont, depuis, formé un chemin d'honneur qui l'a conduit à l'Académie. Aussi a-t-il été en droit de mettre sur un écriteau à l'intention des Allemands envahissant la France :

« Messieurs les Prussiens sont prévenus que cette maison est le résultat de vingt ans de travail. »

Et les Prussiens ont respecté sa très jolie résidence à Bellevue.

Avec Sandeau j'ai dîné gaiement. Il y a là Werdet, notre éditeur commun, Balzac dans un fauteuil doré, Paul de Kock à qui on demande de vider coup sur coup plusieurs verres de champagne et qu'on couronne de pétales de roses.

Sandeau s'est excusé de s'être approprié une réminiscence après la lecture de mon roman *Fa dièse*, et d'en avoir étourdiment tiré une histoire que de bonne foi il a cru inventer. Je ne pouvais lui tenir rigueur de ce brigandage involontaire.

Sandeau est la gentillesse même, il a un cœur excellent, beaucoup de talent. Ses livres sont fêtés à leur apparition, souvent réimprimés, et il restera quelque chose de lui grâce à *Mademoiselle de la Seiglière*. Les critiques et le public sont unanimes sur ce roman. Par excellence il est le « romancier pour dames », comme George Sand fut le « romancier pour femmes ». Il y a beaucoup de justesse dans cette nuance, que je crois de Gozlan. Sandeau a de l'esprit. A quelqu'un qui lui exprimait son regret de n'avoir pas vécu dans l'intimité d'Alfred de Vigny, très seigneur et très enfermé dans sa noblesse, il répondit : « Personne n'a vécu dans l'intimité de Monsieur de Vigny – pas même lui. »

Et Sandeau a de la sagesse. Car il a dit : « Les amis sont pareils aux pierres d'un mur ; la première qui se détache entraîne toutes les autres. »

Longtemps comblé, se contentant d'une aisance modeste et d'une gloire d'époque, il perd son fils. Le voici d'un coup immensément seul. De ce jour, la mort était sur le seuil. Il se laisse glisser vers elle, vieillard alourdi, négligé dans son vêtement, indifférent au-dehors. Se revoit-il encore, beau, jeune, pimpant, le cigare aux lèvres, sortant de quelque déjeuner fin du restaurant Véry ? Et nous plantant là, Balzac, Planche et moi, pour courir à un rendez-vous de l'actrice Marie Dorval ?

Il s'en est allé emportant, comme on dit, son secret. Malgré de vieilles et solides amitiés qu'il n'a pas marchandées, jamais il n'a évoqué ses relations avec George Sand. De son côté, elle a protégé dans l'ombre cette partie d'elle-même. Sans indulgence sur Musset ou Chopin, elle a préservé ce merveilleux passé, que même *Rose et Blanche*, l'œuvre commune qu'ils avaient signée Jules Sand, recouvre d'un silence pieux.

Ils ont été heureux. Cela doit suffire aux autres.

On recommande souvent de respecter le malheur – et le bonheur donc ! C'est lui qui est rare.

Eugène Sue. En voilà un que la politique, cette folie régnante, a écarté du bonheur. La destinée lui avait fait don de tout ce qu'elle a de plus agréable dès les commencements.

D'abord un peu chirurgien, puis un peu marin, Eugène Sue a eu tout de suite une grande occupation : digérer la jolie fortune que son père lui avait léguée en mourant. A partir de là, sa vocation chancelante s'est affermie. Après un essai en peinture et des voyages autour du monde, il se tourne vers les lettres.

Nous confrontons ses jugements dans les salons parisiens où il fait le spectacle. Ce dandy vêtu de drap fin, dentelles au col et aux poignets, affirme haut que la révolte des canuts de Lyon est justifiée, que les peuples asservis se libèreront dans nos colonies où les Européens se conduisent comme des forbans. Ce langage répond aux thèses d'*Atar Gull*, l'un de ses livres-brûlots. Ces derniers obtiennent de gros succès de librairie, qui lui rapportent plus d'argent qu'il n'en a dilapidé avec les femmes, les chevaux et un train de seigneur dans son château de Sologne. C'est de là, cloîtré comme un Balzac dont il est d'ailleurs l'un des familiers, que sont sortis *Les Mystères de Paris*. Leur popularité, succédant à celle fabuleuse du *Juif errant*, projette Eugène Sue vers les sommets. Messieurs les éditeurs paient à prix d'or la moindre de ses lignes. Si tout réussit à cet héritier de la fortune, de surcroît l'un des hommes les plus riches de Paris, c'est grâce à son travail et son talent.

Pour son malheur, Eugène Sue a des idées. Elles l'ont conduit aux aberrations dont se nourrissent les nouveaux convertis. Ses romans dernière manière sont des réquisitoires ; leur conclusion, des sentences. L'écrivain en vient à décapiter la société. Membre élu de l'Assemblée nationale en 1850, au nom de l'amour du peuple il rêve d'un autre 93. L'orgue des églises, il le traite de « grande serinette ». Il veut qu'on distribue aux pauvres l'argent destiné à rétablir celui de Saint-Eustache. Dans son amour du peuple, pense-t-il que les ouvriers qui fabriquent les orgues font partie du peuple et ont droit de travailler comme les autres ? Suivant cette logique étroite, pourquoi ne pas proposer Saint-Eustache comme magasin de fourrage, et donner aussi aux pauvres le prix de la location ? Pourquoi ne pas abattre les marronniers des Tuileries pour y planter des pommes de terre ? Ce serait un beau champ de betteraves que les Champs-Élysées.

Bref, il se nourrit de politique. Dès lors il est perdu pour l'art – sans renoncer à ses amis. J'étais à Nice, il désire venir m'y voir. Pour prouver, m'écrit-il « quel prix j'attache à notre amitié vraie ».

Brutalement, alors qu'il voyageait en Savoie, la rupture d'un anévrisme a mis fin à ses jours.

Eugène Sue me reste cher. Ma joie a été de contribuer à ce qu'il comprenne et aime les fleurs, en admirant davantage la nature que les hommes. J'ai été en cela l'ambitieux rival d'un incertain auteur, qui avait écrit *L'Art de rendre les femmes heureuses*. Une seule édition. Et qui s'était rattrapé par *L'Art d'élever les lapins et de s'en faire 3 000 francs de rentes*. Huit éditions ! Ses lapins l'ont consolé des femmes.

Bourbon n'a pas seulement produit des fruits amers ou sauvages. Il a fait germer de séduisantes espèces, telles que peut en féconder l'université bien apprise et admise.

Ernest Legouvé était souvent le premier de la classe. Élève exemplaire, il avait pourtant une faiblesse. Qu'il a bien su entretenir et défendre contre l'oubli, malgré des obstacles, l'absence, des voyages, puisqu'il a épousé la personne de son choix, dont la trace des pas ou le frôlement de la robe lui avaient longtemps chaviré le cœur.

Son existence a été et continue d'être un modèle conforme à la voie qu'il lui a tracée au collège. Le bon élève s'est prolongé dans l'auteur dramatique réputé. Presque toutes ses pièces ont rencontré le succès. L'auteur s'est vu offrir un fauteuil à l'Académie à quarante-sept ans. Et, déjà septuagénaire, il n'a pas refusé de Jules Ferry la direction des études en vue de former des jeunes filles à l'enseignement secondaire. Il a ainsi bouclé le cycle universitaire, toujours fêté, toujours premier.

Par une étrange similitude d'esprit, les femmes nous ont fourni à tous deux nombre de nos sujets. Scrutant leur comportement, leurs réflexes, leurs agissements, j'en ai parlé congrûment. Sans indulgence ni flatterie. Ni la sévérité hébraïque des rabbins anciens, à qui leur demandant : « Combien de temps faut-il pour qu'une femme, seule avec un homme autre que son mari, soit considérée par lui comme adultère et traitée comme telle ? » répondaient : « Le temps de faire cuire un œuf et de l'avaler. »

Le bonheur n'est pas un gros diamant, c'est une mosaïque de petites pierres harmonieusement rangées.

J'ai tenu ces petites pierres toutes les fois où Léon Gatayes a été à mes côtés. Et même quand il ne s'y trouvait pas. Depuis longtemps je réfléchis sur la qualité à accorder au mot *ami*. Gatayes a été le seul dont j'ai pu affirmer : « Enfin j'ai un ami », sans avoir à compléter cette phrase par une seconde : « Et lui en a-t-il un ? » qu'engendrent la plupart des rapports humains.

Je crois pouvoir affirmer que notre complicité a duré jusqu'à sa mort en 1877. J'étais lui, il devenait moi. Jamais l'un sans l'autre en pensées ou en actes.

Gatayes était sec et très grand. Quel marcheur il a été, lui qui ne marchait plus guère dans ses dernières années. Quand il ouvrait le compas, selon sa formule, il faisait au moins le double d'un pas ordinaire. Mais là ne résident pas ses seules performances. Gatayes est le modèle d'une belle éducation. Il a hérité, sur le plan musical, du fin doigté de son père.

Si le mien brilla comme pianiste, le sien – fils naturel du prince de Conti et de la marquise de Silly, voisin amical du révolutionnaire Marat – fit merveille en pratiquant la guitare et surtout la harpe. Un instrument d'où Léon Gatayes, à seize ans, tire les plus beaux effets dans la meilleure société. Il se produit dans le monde solennel de madame Récamier, à laquelle il donne des leçons de harpe en petit auditoire, sous le regard bienveillant de monsieur de Chateaubriand vieilli et infirme.

Lorsque se termine sa soirée mondaine vers minuit ou une heure, il me rejoint dans l'île de Saint-Ouen où je loge dans un moulin. L'été, je couche dans mon bateau dont le fond est garni de foin odorant. Un coup de sifflet convenu, je vais le chercher. Nous soupons de goujons ou de moules, nous pêchons, nous nageons, nous causons de l'avenir.

Le sien a déjà l'avance que lui procure sur moi ses trois années de plus. Il porte des bottes, fréquente la société, est papillon quand je suis encore chrysalide. Il exerce un métier d'artiste – il en aura plusieurs : compositeur, harpiste, écuyer, supérieur à l'escrime, du talent pour les lettres, la peinture, la critique musicale. Il a, comme je l'ai dit plus tard, « plusieurs cordes à son harpe ».

Il est doté d'un goût, d'une érudition, d'une science de bien dire, d'une impartialité franche avec des pointes d'une ironique gaieté. Enfin il est mon ami. D'une loyauté à toute épreuve. Toujours manifestée aux différentes périodes de mon livre de bord – une comédie de la vie quelquefois très sombre.

Une circonstance me revient. Un soir nous étions réunis lui, Juliette Drouet et moi. Je n'étais pas beau, maigre, rugueux, farouche. Gatayes lance une boutade dans la manière humoristique qui est la sienne. Je ris presque.

« Vois, lui dit Juliette, comme Alphonse a un joli sourire.

– Bien sûr, ai-je répondu, il est tout neuf, il n'a pas encore servi. »

Témoin de ce qu'il faut bien appeler mes fredaines, il le fut officiellement à mon mariage. Le 10 février 1834, il y assiste en compagnie de mon frère Eugène et de mon éditeur Abel Ledoux dans l'église Saint-Germain-l'Auxerrois. Ce jour-là j'aurais mieux fait d'aller pêcher des écrevisses, au lieu de me laisser empêtrer comme elles dans des filets qu'on me fit prendre pour des devoirs.

En janvier 1843, j'ai la douleur de perdre mon cher père. Je n'ai plus le goût ni la force morale de préparer la prochaine livraison des *Guêpes*. Les lecteurs m'auraient sans doute accordé les circonstances atténuantes, mais j'aurais perdu les bénéfices de ce numéro.

Gatayes ne l'a pas voulu. Usant de l'amitié qu'il partageait avec nos amis communs, il alla les solliciter un à un. Tous – et non des moindres – ont répondu à l'appel. C'est ainsi que sans moi le numéro des *Guêpes* de février parut, à son heure, enrichi d'articles de poètes, journalistes, romanciers, auteurs dramatiques, critiques, historiens. Chroniques signées de tout l'Olympe littéraire. Chacun me vouait assez d'affection pour abandonner son ouvrage et faire bénévolement le mien.

Pierre Larousse, l'auteur du fameux dictionnaire, dit de moi à la biographie consacrée à Léon Gatayes : « Alphonse Karr lui inocula son dédain misanthropique. » Monsieur Larousse se trompe. Gatayes et moi – moi plus que lui – avions une soif démesurée d'indépendance. Elle n'allait pas jusqu'à dédaigner les relations avec autrui. Nous fréquentions volontiers la bonne compagnie et, tous deux en particulier, le salon de Mélanie Waldor qui venait de publier un volume de vers : *Poésies du cœur*. Je ne jurerais pas les avoir lues – ce qui m'évite le reproche de les avoir oubliées.

Nous côtoyons chez la poétesse le Tout-Paris des lettres et des arts, à commencer par Lamartine, Hugo, le brillant Dumas, l'affable Sandeau et mon ex-voisin Gavarni, toujours le crayon à portée de main comme d'autres le couteau.

A propos de couteau je viens à peine d'esquiver celui que la Muse Colet voulait me planter dans le dos, lorsque Gatayes survient. Je lui montre l'arme du délit :

« Quel dommage de dépareiller une série, dis-je, maintenant il va manquer.

– Non, répond Gatayes, il n'appartient pas à la collection. C'est le couteau à dépecer. »

Je ne l'avais pas remarqué. Rétrospectivement, j'en ai eu froid dans le corps. Plus tard j'ai fait un mot. J'aurais pu faire un mort.

L'entraide entre Gatayes et moi a toujours été naturelle. Comme au temps où nous nagions, nous courions, nous galopions ensemble, ce qu'il accomplissait déjà avec l'élégance d'un homme du monde.

C'est pourquoi je n'ai jamais pu le convaincre d'abandonner la capitale. De mon Midi ensoleillé je lui criais par lettre :

« Quitte Paris et viens ici t'installer près de moi. A peine arrivé, tu planteras ta canne dans mon jardin et le lendemain, à ton réveil, tu verras qu'il a poussé des roses. »

Le public n'a pas manqué de considérer cela comme un effet de magicien, une génération spontanée florale. Gatayes en a seulement souri – et il n'est pas venu. Préférant achever son périple terrestre en Parisien, près de sa femme et ses deux charmantes filles.

Il n'a pu semer dans le fond de mon cœur que le chagrin de le perdre. Depuis, je respire dans mes roses le parfum vrai de notre longue et belle amitié.

Il arrive un moment où le reste de la vie se passe à dire adieu à ceux qui s'en vont – en se tenant prêt à dire adieu à ceux qui restent.

Plus tôt pour certains, plus tard pour d'autres, l'aiguille du temps s'est arrêtée. Beaucoup trop tôt sur Alfred Johannot, cet illustrateur de grand talent. Entre lui et moi on constatait une extraordinaire ressemblance de visage – quand j'étais jeune. Mais lui, continuellement enfermé dans son atelier de la rue du Rocher que j'habite en partie, avait une mine pâle, pendant que mon teint se burinait et brunissait grâce à ma vie presque toujours aux champs, dans l'eau et sur l'eau.

Alfred est très attaché à son frère Tony, également peintre et dessinateur. Les deux Johannot forment un duo d'artistes admirables. Au chevalet comme au plaisir, ils sont inséparables, souriants, actifs. Trop actif quant à Alfred « qui n'a pas le temps de s'amuser » à l'extérieur. Connaissant son état, il sait combien son existence sera brève. Il exécute, dans les dix-huit derniers mois, tableaux, aquarelles, eaux-fortes, gravures au burin, dessins à la plume, à l'encre de Chine. Son œuvre est prodigieuse. Il entreprend, multiplie, travaille à tout. Le voyant quotidiennement, j'assiste chaque jour à une création nouvelle – interrompue brusquement dans l'hiver 1837. Janin et moi, nous nous sommes réconciliés au-dessus de sa tombe.

Tony a pris le flambeau. Pendant les quinze années qui lui sont accordées, il attache son nom aux grands noms littéraires contemporains. Je me rappelle le pittoresque de ses vignettes comme les petits tableaux qu'il a exposés, seul ou avec ceux d'Alfred. Il a été le plus brillant des illustrateurs romantiques. Ensemble, nous avons fumé et causé des heures entières.

Dans un coin de l'atelier il y a un piano. Les frères Johannot en tâtent agréablement, mais le piano est surtout réservé à Bérat. Il vient ici nous jouer ses chansons dernières-nées, avant de les semer dans les salons où elles sont à la mode.

Frédéric Bérat, petit, rond, épanoui, peu ou point de voix. Mais cette dernière est cependant ravissante, quand il chante ses mélodies originales, simples et franches qui fleurent bon sa Normandie natale.

> ...Aucun séjour
> N'est plus beau que ma Normandie,
> C'est le pays
> qui m'a donné le jour.

Il aimait passionnément Paris, il adorait plus encore sa paresse matinale. A propos d'un incident qui aurait pu lui valoir de fâcheuses conséquences et dont je le fais prévenir, il me répond au crayon : « Rien de ce qui se passe avant neuf heures du matin n'a d'intérêt pour moi. Vous m'obligerez en m'avertissant du premier sinistre qui aura lieu entre midi et quatre heures. »

Heureux du bonheur qu'il produisait, ses nombreuses et populaires compositions ne l'ont pas enrichi. Il s'est aisément dispensé de la richesse. Comme son ami Béranger – sur lequel il avait écrit *La Lisette* – il a poliment refusé une pension du roi, la Légion d'honneur et le fauteuil que l'Académie voulait lui avancer. A l'un et l'autre leurs chansons ont été leur passeport pour la postérité.

Alfred, Tony, Bérat, trois amis chers à mon cœur. Disparus, parfois dramatiquement. Je me souviens comme la mort de Tony nous a tous frappés douloureusement par sa soudaineté. Il avait entrepris l'illustration des œuvres de Victor Hugo. Tout à coup il s'est affaissé sur lui-même. Il est tombé à genoux. Une apoplexie foudroyante venait de le tuer. Il était si joyeux, quand lui et moi nous pêchions des merlans à Sainte-Adresse.

La pêche est un plaisir même lorsqu'on ne prend pas de poisson. Ponsard, avec qui pendant le peu de jours qu'il passa à Sainte-Adresse j'ai pêché des maquereaux, en est le meilleur exemple. Il craignait le mal de mer. Or pour la première fois de sa vie il s'amusa en mer, ne sentit aucune atteinte, et de retour à terre mangea de bon appétit sa part de pêche.

Comme ces hommes qui ne veulent pas être heureux, mais veulent être vus heureux, François Ponsard était faible et courageux. Très faible envers l'actrice Marie Dorval qui le menait par le nez. Elle justifiait ses propres paroles : « Je ne suis pas belle, je suis pire. » C'était piquant. Ponsard s'y piqua. Il fut plus faible encore envers le jeu. Entraîné dans un amour violent par une personne très jolie et tapageuse, il s'y adonna frénétiquement. Je l'ai vu porter et perdre en quelques heures le produit de *La Bourse* –, une pièce écrite contre le jeu.

Nullement envieux, l'envie s'est jetée sur lui. Les journaux avaient imprimé un « canard ». Ponsard aurait été gratifié d'une recette buraliste, ces petits cadeaux gouvernementaux dont le produit vous procure l'argent de poche comme jadis les prébendes des abbayes. Cette nouvelle fable offre à Ponsard l'occasion de prouver son esprit. Comme on le félicite en lui demandant dans quel département est située cette recette, il répond :

« C'est dans le département où M. Victor Hugo est receveur général. »

Il est fort difficile d'être juste et encore plus de passer pour l'être.

Les hommes d'esprit composent une grande famille. Et lorsqu'ils se doublent d'un indéniable talent de lettres, ils forment un fleuve de bon sens, où chacun d'eux est un ruisseau d'où l'on tire des filets pleins de jouissances.

Henri Monnier avec qui j'ai eu l'honneur de partager le prix Vitet de l'Académie, se rappelle aussitôt à moi. Monnier était quelqu'un. Tout en un : auteur, acteur, mime, dessinateur. Nous nous sommes croisés à de nombreux détours de la vie. Il a créé un type de bourgeois – qui est sa gloire. Il l'a si fortement façonné qu'il a fini par se fondre dans son Joseph Prudhomme, comme ceux qui ressemblaient à Napoléon dont ils avaient reçu le prénom. Monnier fascinait Balzac comme un personnage de roman.

Dans la force de l'âge, mais déjà désabusé sur lui-même et son œuvre, il m'a écrit : « Nos rangs se sont éclaircis... Nos pauvres amis du collège Bourbon : Adolphe Adam, Eugène Sue, et tant d'autres ! Où sont-ils ceux qui sont encore de ce monde ? »

Ils nous font l'aumône, mon bon Monnier, de leurs souvenirs. Ceux de cette époque où, avec Grandville dans le dessin, vous dans la fine moquerie, vous avez eu la faveur du public, spirituels accusateurs de la bêtise humaine.

Lorsque Grandville a dit : « Je le sens, bientôt je pourrai étudier de plus près les étoiles », il n'avait plus que quelques jours à vivre. Soumis aux coups du sort, perdant enfants et femme, étranger aux agitations du monde, voué à un travail sédentaire dans le silence de son atelier, je sais peu d'hommes qui auraient pu résister à pareil face-à-face avec lui-même. Son caractère l'avait dirigé vers des œuvres d'observation, d'abord légères sans être frivoles. D'où il avait dérivé vers un comique étrange, par des personnages hommes par le corps, animaux par la physionomie. Son style tenait à la simplicité du trait et un très petit nombre de lignes. Des croquis condensés, habilement travaillés, scrupuleusement achevés. C'était un La Fontaine du crayon.

Il a dessiné la couverture de mes *Guêpes*. Le gros insecte flagellant, piquant, épouvantant la foule des grotesques humains, a parfaitement traduit le contenu de mes petits livres. J'ai rédigé le texte de ses *Fleurs animées*, merveilles d'imagination qui ont de la verve et du charme jusque dans les détails. Ayant achevé la publication, il avait dit : « Voici trop longtemps que je me tiens les yeux baissés vers la terre, je veux maintenant les lever au ciel. » Grandville a goûté au succès. Pour autant, il s'en défiait : « On ne me connaît pas encore. Que je vive et l'on verra ! » Son esprit tourmenté l'a empêché de vivre. Et évité que l'on vît à quelles limites il aurait poussé ses caricatures, de plus en plus fantastiques, baroques, funèbres presque. Faisant parler les objets dans ses dessins, son penchant au surnaturel l'a poussé à quarante-trois ans dans l'autre monde. Il a rompu douloureusement d'avec celui-ci, sans s'être enrichi, grand second à côté de Daumier, derrière mon autre ami Gavarni.

J'ai vingt-trois ans. Je me terre dans ma hutte sur le versant sud de Montmartre comme un ermite qu'indiffère la civilisation. Mon voisin le plus proche demeure sur le sommet de la butte. Allant régulièrement à Paris et en revenant, chaque jour il passe deux fois devant chez moi. Parfois il trouve l'endroit très agréable, entre et s'installe pour dessiner. Très observateur, l'esprit aiguisé, à ses débuts Gavarni a orienté son crayon vers le paysage. Les Pyrénées lui ont été un enchantement, et il s'est rappelé particulièrement l'admirable cirque de Gavarnie. Un jour qu'il propose une aquarelle, l'éditeur exige une signature. Alors Chevalier signe Gavarni en ôtant l'« e ».

Joli garçon, élégant et distingué de sa personne, il a créé d'innombrables personnages de tous les milieux. Les Anglais, chez qui il est allé plusieurs années, ont beaucoup apprécié ses silhouettes et l'invention de ses costumes. On a dit de lui : « Il n'y a qu'un homme qui sache dessiner un habit noir, c'est Gavarni. » L'Opéra, la rue, la prison où il séjourne quelque temps pour dettes – étant comme moi piètre administrateur – le dandy, la pauvresse, les illustres et l'intimité, les lorettes et les étudiants, Gavarni a tout croqué en milliers d'images.

Toutes étaient saisissantes de vérité. Toutes des merveilles de petites « bêtises », selon la charmante expression du notaire qui lui signa son acte d'acquisition de sa maison d'Auteuil. Ses légendes valaient son trait. A propos de ses mots, je revois un de ces tableaux « terribles ». Un passant fait l'aumône à une mendiante qui le remercie en ces termes : « Charitable monsieur, que Dieu préserve vos fils de mes filles ! » Cela me ramène à une malheureuse recroquevillée régulièrement au coin d'une rue. Assez jeune, elle implorait : « Un sou pour mon enfant qui n'a pas de lait. » Je donnais. D'année en année, elle répétait la même litanie. Dans un âge fort avancé elle ne l'avait pas variée d'un mot. Si bien qu'en donnant encore, je n'ai pu m'empêcher de lui dire : « Comment ! Il n'est pas encore sevré ! »

Aux hasards de la vie et du journalisme, Gavarni et moi nous nous serrions cordialement la main. Notre jeunesse à l'époque de Montmartre maintenait des liens. J'ai même rédigé l'une des deux seules légendes qui ne soient pas de lui dans toute son œuvre.

Tout monopole est une tyrannie et entraîne des abus. Le pauvre Gavarni en est la pitoyable démonstration.

Assez sauvage par habitude, blasé sur les compliments et les flatteries, il avait voulu sur la pente de sa vieillesse se construire son petit bonheur. Il achète à Auteuil, donc hors de Paris, un assez beau lopin de terre, nu, inculte, couvert de ronces. A force de travail et d'imagination, il le transforme en un paradis terrestre. Mieux, en conservatoire de plantes rares. Il a un cèdre *deodora*, trois espèces d'*araucaria*, un *Wellingtonia gigantea*, de splendides fleurs d'Afrique et d'Amérique. Avec cela, une treille, des poiriers, des parterres de tulipes de Harlem, des allées tracées et signées Gavarni. Un bijou, selon Janin qui est son voisin. Son chalet même ressemble à un musée. Le grand dessinateur oublie là le reste du monde.

Mais ce que le monde vous pardonne le moins c'est de vous passer de lui.

Un jour, survient une armée de 300 000 hommes. La moitié pour démolir Paris, l'autre moitié pour le rebâtir. Sous les ordres du baron Haussmann, cet enragé de l'alignement municipal, ce qui se dressait *extra-muros* par décret devient parisien. Auteuil est menacé comme par un fleuve. Conséquemment Gavarni, son jardin, ses arbres, ses fleurs, sa maison, ses richesses, appelés à disparaître, par ce fléau moderne qu'on appelle l'expropriation pour cause d'utilité publique. Sommation sur papier timbré, le voilà chassé avec indemnisation mince et un chagrin immense. A très peu de temps de là, il meurt. Ayant eu la faiblesse de se fier aux traités des hommes, sage parmi les fous.

Les fleurs dont Gavarni avait si amoureusement, si tragiquement embelli son jardin, ont été la consolation suprême de Roger de Beauvoir.

« Pardon, avait publié Balzac dans un numéro de sa fugitive *Revue parisienne*, M. Roger de Beauvoir ne s'appelle ni Roger ni de Beauvoir. » Si bien que ses amis, ne sachant plus comment le désigner, libellaient leur lettre : « A M. Roger (si j'ose m'exprimer ainsi) de Beauvoir (si M. de Balzac veut bien le permettre). » Et dans l'intimité nous le nommions provisoirement Machin, Chose ou Pssstt.

Roger, comme l'avait chansonné Musset « était bel à voir ». Belle chevelure noire et frisée, habit bleu à boutons d'or, gilet de poil de chèvre jaune, canne en corne de rhinocéros. Le dandy par excellence. En outre grand tutoyeur, grand pourvoyeur de témoins pour une foule d'affaires reposant sur des vétilles. Gatayes qui avait assisté à trente-sept duels, « le premier des seconds » selon le joli mot de Roger qui le sollicitait sans cesse, finit par se lasser de ce guerroyeur velléitaire. Cependant la plaisanterie de Balzac avait froissé Roger à l'extrême. Cette fois, le duel aurait lieu. Attaché à sa vie, Balzac, gros lourd, vite essoufflé, convient de rectifier dans le prochain numéro de la revue... qui parut sans rectification. Et cessa de paraître. Roger continua donc de s'appeler de Beauvoir, lui dont le véritable nom était de Bully.

Il chronique dans de nombreux journaux, brosse des vaudevilles, écrit des romans. Les uns et les autres obtiennent bruit et succès. Improvisateur pétillant, rapide, il lance des mots comme des pétards. Les uns ne partent pas, mais quand ils tombent « face » ils produisent leur effet. Au demeurant bon garçon, ami constant, que ses amis n'ont jamais abandonné.

Il a traîné ses dernières années à peu près ruiné, dans un état pitoyable, cloué dans un fauteuil. J'ai su – étant à Nice – qu'il se passionnait pour les fleurs. Je lui en envoie un magnifique bouquet de mon jardin. Sa lettre d'accusé de réception lui ressemble. Pleine d'esprit « ma vie est devenue un roman ennuyeux comme si Ponson du Terrail l'avait fait », de talent (illustrée d'un joli dessin à la plume), de tendresse. Et de courage. Car la goutte, pareille au supplice de deux mille épingles, le tient assis de jour comme de nuit, et lui interdit de se mettre dans un lit où il étouffe.

J'ai encore sa voix dans l'oreille, lorsque dans un salon il me crie de l'autre extrémité :

« T'en vas-tu bientôt ? Je te ramènerai ! »

Faux-semblant aristocratique : il ne possède ni voiture ni chevaux. A la porte, un fiacre à trente-deux sous. Roger retrouve aussitôt son ton de grand seigneur pour me dire :

« Dis donc, mon bon, tu vas me jeter chez moi... Cocher, rue de la Paix ! »

« J'entends », je « vois » d'autres amis. Ceux-là sont musiciens. Bien qu'en général j'aime mieux la musique que les musiciens, plus ou moins intimement j'ai partagé l'amitié de chacun, tous ayant droit, à divers degrés, de se prévaloir de la postérité. Je me laisse aller, et ma pensée les réunit.

Rossini, peu de temps avant sa mort, m'honore de sa photographie la signant « son nerveux et fougueux ami ». Il réside à *l'Hôtel des Étrangers*, à Nice, où sa musique obtient les plus beaux triomphes. Je le tiens supérieur à Verdi, dont pourtant *Le Trovatore* m'a séduit.

Puis Adolphe Adam. Lettres, photos, enfance, truite dégustée ensemble chez Pradier, tout nous rattache. D'autant plus affectueusement, qu'il est l'auteur de la chaleureuse notice consacrée à mon cher père. Henri Karr ne dépare pas au milieu des grands exécutants, tous mes amis, Habeneck, Seligmann, Tulou et quelques autres.

J'ai bien connu aussi Meyerbeer, distingué, maigre, élancé, la démarche saccadée. Félicien David, si cultivé – et Fromental Halévy venu à Nice fortifier son pauvre corps. Il demeurait à deux pas de chez moi. J'allai assez souvent le réconforter, convié à dîner par sa femme qui supposait ma présence, ma conversation et surtout mon appétit, susceptibles d'améliorer le sien. Les médecins avaient prescrit une nourriture forcée, des viandes saignantes. Il eût fallu prescrire également l'appétit ! Halévy, d'abord, se réjouit. « Êtes-vous heureux de manger ainsi. » Bientôt il m'envie. Enfin une tristesse s'empare de lui, suivie du découragement. Il ne se mettait plus à table. Et dans l'hiver 1862, ce Premier Grand Prix de Rome, membre de l'Institut, l'auteur des superbes opéras *La Dame de Pique* et *La Juive* se tait pour toujours dans sa *Villa Masclet.*

Je place les musiciens au-dessus des peintres ou des sculpteurs, quoique plusieurs d'entre eux, de premier ordre, me soient de surcroît très chers.

A Nice séjournent les plus talentueux, certains comptent sur la beauté du climat pour rétablir leur santé.

C'est le cas de Carpeaux, très malade. Je lui conduis Gudin qui le visite souvent. Et Seligmann, qui par la magie de son violoncelle, endort les souffrances du sculpteur. Il en a subi toute sa courte existence, ayant dû batailler et triompher de la terre, du marbre, du bronze, les moindres obstacles. Mais aussi de l'envie, jamais vaincue ni apaisée, la pire ennemie.

Je fais le rappel des visages, celui de Pradier avec mon vieil ami Gudin, exécutant de si lumineuses marines et dont je possède peut-être la dernière œuvre, une pochade esquissée en quelques instants à *Maison close*. Le cher complice Bertall, et ses caricatures. Hamon peintre des rêves, mon voisin à Saint-Raphaël, comparant sa baie à la baie de Naples. Riou autre peintre et intime. Étex, qui a modelé de moi un médaillon en bronze, comme Carolus-Duran mon portrait de vieillesse. Amaury-Duval et Mégret. L'un au crayon, l'autre par le ciseau, perpétuant celui-ci, ma fille ; l'autre, ma compagne. Vous tous, artistes traversant ou acccompagnant ma vie, vous hantez familièrement l'album de ma mémoire.

Il s'y mêle au fil des ans d'autres noms amicaux. Par une association de mots, je deviens Paul Karr confondu avec Alphonse de Kock. Malice d'un soi-disant journal affamé de nouvelles, telles qu'elles éclosent dans les cafés. Ces endroits où sous prétexte de prendre du café à la crème, on va tous les matins apprendre les niaiseries qu'on répétera dans la journée. Remettons-y bon ordre mon cher Paul, qui avez su rendre populaires vos nom et prénom par des romans joyeux traduits dans toutes les langues. En particulier celles d'Espagne, où personne n'ignorait le signor Paolo di Kock. Les jaloux vous ont accusé – c'était votre faute aussi d'accumuler sans cesse le succès – d'être le romancier des portières, des cuisinières et des bonnes d'enfants. Vous répliquiez : « Cela prouve qu'elles savent lire. » Ajoutons les collégiens. Vous avez fait leurs délices au détriment de messieurs les auteurs grecs et latins.

Les apprentis lettrés ont « leur » auteur en mon ami Théodore de Banville. Théo, ce jongleur de mots, l'avait baptisé Théoville de Bandore. Dans ses *Camées parisiens* il me compare au Pape des Sages, en un portrait plein de verve qui me renvoie mon double ressemblant. Il est vrai qu'à Nice nous nous fréquentions beaucoup, même politiquement. Bien que les Goncourt prétendaient dans leur style un peu précieux : « Banville n'a guère plus d'opinion politique qu'un lézard. »

Je vais commettre un délit de préséance. Non envers un simple mortel, mais à l'encontre des détenteurs véritables du Pouvoir. Dans les tableaux de foule, l'artiste représente au premier plan les principaux personnages. Au deuxième rang, les comparses. Derrière, les figurants et au fond, plus ou moins esquissées, les silhouettes censées constituer le nombre. Dans mon souvenir se sont succédé les dieux, les demi-dieux, les presque dieux. Voici maintenant les silhouettes : mes amis les gens de la Presse. Ma faute n'est-elle pas de les placer en toile de fond quand eux s'ébrouent sur le devant de la scène ?

La presse est un pouvoir qu'il faudrait comparer à Dieu – si on ne connaissait pas les champignons, car il ne procède que de lui-même.

N'est-ce pas, Nestor Roqueplan ? qui m'a mis la plume journalistique en main. Il disait : « Mon rêve est de mourir insolvable et à la mode. » Il a réalisé la première partie.

Buloz, le directeur de *La Revue des Deux Mondes* n'ambitionnait pas la postérité. Sur le couvercle d'une cassette où s'empilent papiers précieux, échange de lettres, autographes de Sand, Musset, Lamennais, Guizot et tant de célébrités, il a écrit : « Bon pour faire, après ma mort, un boisseau de cendres. »

Villemessant, directeur du *Figaro*, m'a situé en une formule : « Notre siècle n'a produit que trois hommes d'esprit : madame de Girardin, Alphonse Karr et Gavarni. » Je laisse l'avenir juger Villemessant.

Je ne peux m'empêcher de revendiquer Nadar, le photographe-aéronaute qu'il est devenu. Nous nous sommes brouillés pour un rien après avoir été tout quand je le recrutai comme journaliste. Un malentendu pour une chose insignifiante qu'un mot de l'un ou l'autre aurait suffi à dissiper. Chacun est resté muet. Les noms et les visages sortent du nombre. Gozlan, qui n'en finit pas d'offrir et retirer sa démission de président de la Société des auteurs dramatiques. Lorsqu'il meurt, ses confrères ont dit : « Il n'est pas mort. Il a donné sa démission de la vie. » D'autres plus caustiques ont répondu : « C'est la seule qu'il ne pourra pas retirer. » Eugène Briffault, mort fou à Charenton – comme Charles Lassailly, à trente-sept ans. Et Alboize de Pujol, Vaulabelle, Louis Desnoyers. Qui a cru bon de fonder la Société des gens de lettres, où l'on passe son temps à préserver de menus privilèges et à serrer des mains.

Certes, sans la politesse on ne se réunirait que pour se battre. Il faut donc ou vivre seul ou être poli. J'ai depuis longtemps choisi de vivre seul.

Confrères avec qui j'ai partagé cette odeur d'encre d'imprimerie, « il n'y a que cela qui me fasse marcher », disait Théo. Chroniqueurs fraternels : Audebrand, Rey-Dusseuil, Reybaud, Ourliac, Alberic Second. Pawlowski qui aurait fait pleurer le papier sur lequel il m'écrivait : « Cet affreux travail du journal qui accable et tue. Toujours tendu sur des niaiseries pour conquérir le pain du jour. » Armand Carrel tué en duel pour une ligne de trop par Émile de Girardin – qui ne fut pas de mes amis – et dont un de ses intimes confiait : « Il se lève tous les matins à quatre heures pour se faire des ennemis. »

Vous tous, fougueux soutiens du *Charivari*, du *Corsaire*, du *Figaro*, du *Journal* à un sou – bon sens, bonne foi – sur quoi j'avais fondé les espérances républicaines, je vous consacre hommes de mérite. Car appartenant à des journaux d'opinion, vous avez porté des fruits d'idées. Après vous, nous a été infligée la période des carrés de papier soumis à des actionnaires. Grattant la peau du journaliste, on n'a plus trouvé qu'un banquier ou un industriel, dès lors, les Français ont été bernés par des chimères – et des « canards ».

Parmi la soixantaine de lettres et de photos collées sur mes panneaux, Jean Aicard ne figure pas. Il est dans mon cœur.

Il réveille dans son affection toutes les vieilles amitiés, élevées à la dignité de bonheurs dans le silence de cette chambre. De ce silence, que j'aime comme le soleil ou la mer, ont émergé tous mes amis. Ensemble nous nous sommes mêlés à ce qui s'est passé de notre temps. Chacun a fait avancer un peu le monde par son ardeur et sa jeunesse.

C'est si triste de n'être jeune que pour soi.

JEUDI 25 SEPTEMBRE.

Debout hier, ce matin Alphonse Karr n'a pas la force de se lever. Toux, frissons, fièvre, courbatures. Malmené, il se résigne à rester couché. Jeanne appelle le docteur Bontems.

Le docteur Victor Bontems est installé à Saint-Raphaël depuis dix ans. Médecin des chemins de fer du sud, médecin en chef de l'hospice raphaëlois, médecin inspecteur des enfants assistés du Var, il a rédigé une plaquette sur les avantages climatiques de Saint-Raphaël. En des termes scientifiques, il rejoint Alphonse Karr, qui a écrit :

« L'air ici se compose d'oxygène, d'azote, de chants d'oiseaux et de parfums. »

Alphonse Karr l'accueille en ami. Cheveux noirs séparés par le milieu, moustache et barbe fines, nœud papillon, le docteur a l'élégance rassurante. Cependant lorsqu'en manière de plaisanterie Alphonse Karr lui dit :

« Je ne me sens pas dans un de mes jours de bravoure, l'auscultation terminée, le professionnel répond :

– Fluxion de poitrine. »

Le diagnostic est formel, Alphonse Karr a joué avec sa santé. Le docteur Bontems agit en sorte qu'il ne la perde pas. Repos au lit en position demi-assise, afin d'éviter l'œdème des bases pulmonaires, ventouses scarifiées, enveloppements humides et chauds, capsules de sulfate de quinine pour arrêter la fièvre, sirop de sève de pin maritime pour combattre la toux. Jeanne est là qui y veillera.

Elle gronde : « Pourquoi ne pas avoir voulu changer vos vêtements trempés, avant de partir pour la pêche ? Pourquoi être demeuré au jardin toute une matinée sous la pluie battante ? »

Alphonse Karr plaide : « Après ces cinq mois de sécheresse, j'avais besoin de surveiller sur mes fleurs cet arrosage du ciel. Il me le fait payer d'ailleurs. »

Le docteur Bontems rassure : « En général, c'est une affaire de huit jours.

– Mais huit jours sans jardin et sans canot. Je vieillis vite, cher docteur. Quand j'étais à Étretat, je ne voyais aucun triomphe qui flattait mon orgueil autant que mes luttes avec la mer.

– Il suffit d'une fois à la nature pour prendre un audacieux en défaut, dit le docteur. C'est votre cas présentement. Mais en suivant ma prescription, vous vous rétablirez. Il ne vous sera pas inutile de vous comporter un peu en paresseux.

– Sex horas dormire satis est *: "six heures au sommeil, c'est assez que l'on donne", recommande l'excellente école de Salerne. Or me voici cloué au lit, et vous me défendez mes joies les plus actives. Il me reste la consolation d'adresser au Seigneur la prière que lui élevait un homme de santé misérable. "Mon Dieu, puisque votre volonté est que j'exerce la profession de malade, accordez-moi du moins une maladie dont le remède consiste dans le pâté de fois gras." Plus sérieusement, vous me privez d'une nourriture plus indispensable, celle de l'écriture. »*

Il y a si longtemps qu'il écrit. Plus de soixante-dix ouvrages, sources de veilles, de doutes, d'espoirs, de déceptions, de bonheurs. Pour essuyer chaque fois l'appréciation publique, la critique souvent acide – voire l'indifférence. Le fils de Dumas a bien dit cela : « La postérité commence à la frontière. » La postérité – pour quoi, pour qui ?

III

LES LETTRES

Des malheurs évités le bonheur se compose.

« Pour arriver, il n'y a que le théâtre », avait dit Janin.

Dumas, si bien parti avec son *Henri III* allait arriver, Hugo le dépasser, Vigny les suivre. Tous par de beaux succès de scène.

J'ai moi aussi une tragédie toute prête, *Les Esclaves*. En vers, en mauvais vers quand je les relis aujourd'hui. Puis un drame, *Guillaume Tell et la Suisse délivrée*, une œuvre mort-née. Reçu au *Théâtre des Nouveautés* le manuscrit a été perdu. Je compte pour rien des ébauches qui reposent d'un sommeil éternel dans mes cartons. Et je n'ai pas les moyens comme le comte Walewski de disposer d'une salle à ma solde, afin que les amis en soupirant : « Comme c'est mauvais ! » m'applaudissent des deux mains.

D'évidence je ne suis pas mûr pour le théâtre. Douloureux constat, mais sans conséquences car je fourbis alors mes armes dans le journalisme.

Depuis le lumineux matin de juillet 1829 où plusieurs de mes nouvelles ont paru dans *Le Figaro*, j'en suis un des rédacteurs. J'affûte ma plume, je m'émancipe. Je rédige de petits articles bucoliques et rends compte des premières théâtrales. Je prends parti dans la guerre de pouvoir qui oppose les directeurs alternatifs Latouche – le Rouge – et Nestor Roqueplan – le Bleu. Je suis pour Nestor. J'ai vingt-trois ans, un domicile, le *Tivoli Montmartre*, où je dors dans le local exigu qui servait jadis aux danseurs à déposer leur canne. Le jour, je fais de délicieuses promenades dans le bois attenant. Ou du canot, à Saint-Ouen en compagnie de Gatayes. Qui est plus riche, plus indépendant, plus heureux que moi ?

Un soir, chargé de la critique d'une nouvelle pièce au *Théâtre-français*, je rencontre Rey-Dusseuil. Monté de Marseille à Paris tenter l'aventure journalistique, auteur de travaux historiques, il avait ses entrées parisiennes. Il me questionne :

« Comptez-vous toujours faire de petits articles pour de petits journaux ? Le théâtre, le roman, ne vous tentent pas ? »

Je lui raconte mes avatars poétiques et la tragédie de mes drames.

« J'ai lu de vous des choses qui me semblent indiquer que le roman serait plutôt votre voie. »

Il m'incite à y penser sérieusement, poussant son intérêt à me proposer pour le lendemain un rendez-vous avec son éditeur Charles Gosselin.

Gosselin est avec Renduel le plus gros éditeur de l'époque. Il doit sa fortune aux œuvres de Walter Scott, alors très en vogue et dont il a l'exclusivité des traductions françaises, ainsi qu'au triomphe des *Méditations poétiques* de Lamartine. Écoulée en deux ou trois jours, la première édition fut suivie de nombreuses autres pendant plusieurs années. Si Gosselin gagna beaucoup avec ses auteurs, ses rapports avec eux ont toujours été marqués de loyauté. Hugo n'a pas hésité à lui livrer *Les Orientales*, *Le dernier jour d'un condamné*, *Notre-Dame de Paris* et Vigny son *Stella* qui sortira avec *Indiana* de madame Sand, la même année que mon roman. Aussi la nuit précédant notre entrevue est-elle pleine d'ébullition, de projets, de fièvre. Une fièvre qui, loin d'être une image littéraire, me brûle et m'empêche de dormir.

Mon esprit travaille, et plein de lucidité, je trouve le sujet, les personnages et le titre de mon roman.

Le lendemain Rey-Dusseuil me conduit chez Gosselin. Accueil chaleureux. Tout de suite le vif des affaires. J'expose mon intrigue : la passion dont je brûle pour Camille, devenue dans le livre Magdeleine, mon titre : *Sous les tilleuls*, nom de la célèbre avenue berlinoise. Contre mille deux cents francs dont je touche la moitié le jour même, j'aurai à produire deux volumes tirés à mille cinq cents exemplaires.

Je signe le contrat sans le lire. J'aurais tout signé.

J'ai quitté mon local de Montmartre pour loger rue de la Ferme-des-Mathurins près de l'église de la Madeleine. Je m'installe chez les frères Johannot qui ont là deux ateliers de peintre et une chambre. Je travaille avec ardeur à mon roman. L'été je le médite dans l'île de Saint-Ouen, au milieu d'un bois de saules et de peupliers. Quelquefois j'en soumets des extraits à Gatayes et un ami. Intéressés, ils se montrent pourtant très réticents : ça ne ressemble en rien à ce qui se fait dans les livres en ce moment – ça n'a pas l'air d'un roman – c'est écrit comme on parle – le ton est banal, les situations quelconques.

Je ne me décourage pas, je passe outre. J'invente des scènes, je glisse des citations de moi au milieu de celles de Goethe, Schiller ou Klopstock. J'introduis des couleurs de poésie champêtre, « La lune qui se lève rouge... glisse ses rayons bleuâtres, monte, blanchit... et fait paraître les peupliers comme de grands fantômes noirs ». Je noue des trames, je mêle une passion pure à un romantisme sauvage. Et j'apporte à Gosselin un manuscrit terminé plus qu'à moitié.

L'éditeur se montre enchanté du titre, lit et donne à lire les pages. Satisfait de ce qu'il a entre les mains, il vient chez moi proposer de traiter pour un second roman payé un peu plus cher.

Jean-Alphonse, me suis-je dit alors, tu es sur le point de toucher au but. De vivre de ta plume, modestement mais honorablement. Tu es désormais en mesure et en droit de solliciter la main de Camille. Comme il faut agir selon les règles, c'est ma tante Sidonie que je chargerai de ma demande auprès de Camille et son père. Gatayes à mes côtés, je pars à cheval lui apprendre toutes mes chances.

Il en est des bonheurs comme des perdrix : quand on les vise de trop loin on court grand risque de ne pas les atteindre.

Depuis des années tous mes efforts, mes espoirs, mon énergie, mes ambitions, se sont cristallisés autour de Camille. Elle représente ce pourquoi j'existais – amoureusement, littérairement. Elle est à la fois la pièce, le public, les yeux de l'auteur, le théâtre de ma vie. Et la toile tombe, et le beau décor se déchire.

Depuis quinze jours, Camille est mariée.

Rien n'est comparable au cataclysme du cœur, et les mots masquent la réalité. S'imagine-t-on la terre qui s'entrouvre ? Le soleil subitement endeuillé et noir ? Le corps se déchirant de l'intérieur par l'effet d'un mal atroce, imprévu, sans nom ? J'avais atteint ce degré le plus bas du désespoir, qui vous pétrifie ou vous rend enragé.

Sous ce coup mortel, je passe par des alternatives de prostration et de violence. Ce qui me sauve, c'est d'avoir mon livre à finir. Je réclame une solitude totale, et en quinze jours mon roman est terminé.

Rien de moins aisé pour un auteur que de parler de son œuvre. Les éloges, même les plus flatteurs, ne satisfont que rarement celui qui les reçoit : il lui semble que ce n'est que justice – et il y manque toujours quelque chose. Mais je crois pouvoir l'assurer : aujourd'hui je le ferais moins mal et pas si bien.

Le roman est l'histoire éternelle du cœur humain. L'histoire vous parle des autres, le roman vous parle de vous. *Sous les tilleuls* paraît dans les vitrines des libraires la première quinzaine de juillet 1832. Une semaine à peine, et la première édition est épuisée. En août, la deuxième édition s'arrache aussi magiquement. Les réimpressions se succèdent, mon roman séduisait, en particulier, la jeunesse et les femmes.

J'avais raconté comme on ne racontait pas. Romantique dans l'âme mais loin des sucreries sentimentales, j'avais misé en Stephen et Magdeleine sur les contrastes du cœur humain et à vingt-quatre ans je possédais déjà une science de la vie. Poésie, émotions, tendresse, mon existence dans ma très petite chambre, paysages d'Allemagne, promenade en barque, la nature comme elle me pénètre, la bohème et la misère comme je les ai connues. Plus la passion, la rage, les désirs de vengeance, de fantastiques scènes dans un cimetière, de tragiques épisodes, une amère volupté, l'extravagance débridée, l'horreur même. Tout ce en quoi s'identifie une génération dans sa période d'amour. J'avais aimé, je souffrais encore. Et désormais, je n'allais guérir d'*une* femme qu'en aimant *les* femmes.

L'enthousiasme énorme produit par mon livre ne fait pas l'unanimité. « Cet ouvrage est un cri d'aliéné. » Telle est l'opinion de Gustave Planche « le Cruel ». L'engouement amène nécessairement le dénigrement.

Il est peu de femmes qui n'aient pas lu *Sous les tilleuls.* Parallèlement, il est peu de critiques qui ne l'aient autant dénigré avec acharnement et mauvaise foi. Or plus on s'ingénie à le harceler mieux il se vend, se colporte, se répand, devient de mode. Je dois dire que la sottise des arguments de mes détracteurs range les lecteurs de mon côté.

On invente. *Sous les tilleuls* est un livre germanique et je l'aurais traduit. Triple niaiserie. Je prouve qu'aucun ouvrage allemand n'existe sous ce titre, lequel est emprunté à une promenade berlinoise. En outre je ne pratique pas la prose de Goethe.

« Si ce n'est d'Allemagne, c'est de Nodier que votre livre est imité ! » Anerie. *Sous les tilleuls* était sorti quinze jours avant le sien.

D'ailleurs, il n'y aurait guère de bon dans le mien que les épigraphes en tête de chapitre, signés d'auteurs illustres. Donc je les avais pillés. Je n'étais pas mécontent de cette accusation stupide. Les vers attribués à Goethe, Schiller et autres grands Allemands, étaient de moi. Pas assez sûr d'être poète, je m'étais abrité sous leur gloire pour glisser mes essais. Sans cesse on clabaude dans certains journaux sur mon succès – lequel se révèle fabuleux de jour en jour. Il était le sujet de conversation de tout

Paris. On disait même que j'avais écrit le livre en vers avant de le transposer en prose.

A quoi tenait qu'il plût autant ? A l'époque ? A une contagion ? A sa sincérité douloureuse ? – J'avais assez payé de ma personne, on en percevait le pouls à travers les pages. A tout cela à la fois. Et à un ton qui mêlait tous les genres, du charme à l'horrible, faisant qu'on éperonnait la lecture. Inexplicablement selon la critique, jugeant mon produit « effréné ». Je m'étais exposé le cœur à nu. Considérant plus tard l'ouvrage lors d'une de ses rééditions, j'en rougissais à distance. Mais de sang-froid, incorrections de style incluses, la cause était entendue : *Sous les tilleuls* a marqué son temps, loué parfois jusqu'à la divagation, blâmé et contesté souvent avec raison – et beaucoup lu. Traduit dans presque toutes les langues d'Europe, jusqu'à paraître en feuilleton dans un journal grec. Théodore de Banville en a dit : « Ce livre a été l'adoration de notre jeunesse. » Gautier, Balzac, Dumas, Anatole France – avant de le rejeter à l'âge où le style comptait pour lui plus que le sentiment – François Coppée, qui m'avouait un quart de siècle plus tard l'avoir dévoré à dix-sept ans quand il était encore « innocent », tous ont convenu d'une emprise sur les sens. Les jeunes gens de 1832 à 1840 y succombent. Les jeunes femmes pleurent et soupirent après Stephen. Par malheur – pour moi – elles m'imaginent semblable à mon personnage. Elles montent à ma chambre, m'assiègent, j'ouvre la porte : « Comme il est laid ! » s'écrient-elles, en m'apercevant si autrement. Ce qui n'empêchera pas les folies, et des maîtresses plus qu'on en a d'ordinaire à cet âge.

La sincérité me fera l'obligation de situer la chose à sa juste mesure.

Depuis la vogue furieuse de *Sous les tilleuls* je n'ai aucune difficulté à inspirer les éditeurs. Je donne à Gosselin mon deuxième roman *Une heure trop tard*, une suite de Stephen sans Magdeleine. Je place encore l'action en Allemagne. Seulement les conditions d'écriture et le personnage diffèrent. Je ne bois plus le lait ni le petit-lait de l'amour. Je hume la crème montée à la surface. Je ne veux plus de « lendemain », ni être trompé, ni trahi, mais une ivresse de vivre. C'est là le fond de l'ouvrage que je compose presque entièrement dans une petite île de Saint-Ouen vis-à-vis d'un moulin. Je serre dans le creux d'un vieux saule mon papier et ma plume. J'écris, je pêche, demi-sauvage, si ce n'est la compagnie de Gatayes. J'apprends d'un batelier à conduire un bateau. J'exerce même le métier de passeur. Et de Magdeleine – morte en moi – je récidive une passion, avec Juliette Drouet, mon héroïne, éblouissante beauté – avec qui je partage une saison enragée.

Je poursuis avec *Fa dièse*, l'année suivante – celle de mon triste mariage. Mon livre en porte l'empreinte découragée. Puis *Vendredi soir*, l'année d'après. Et encore *Le Chemin le plus court*.

Ces romans, goûtés et réédités, m'auréolent d'une certaine réputation dans le public et dans le monde qui la fait. Je m'élève à la position d'homme de lettres, je fréquente des salons. Et bien que parisien de logis, déjà je me sens un peu normand par mon installation à Étretat, fuyant les tristesses d'un foyer mal uni.

Je me regarde comme un auteur un peu particulier. J'ai toujours eu un vif sentiment de la nature, qui m'a distingué de tous les écrivains de mon époque. Sachant peindre le ciel, les arbres, la campagne, les fleurs, je passe pour un connaisseur parmi les littérateurs. Lesquels, gens sédentaires, ne distinguent pas l'avoine de l'orge, emploient la tulipe bleue ou le liseron en grappes, ou annoncent, comme Victor Hugo, un rosier du Bengale « sans épines et sans odeur ». Ce qui est littérairement le contraire de ce que Dieu a fait. J'ai même établi un glossaire des bévues florales, dont se sont rendu coupables madame Sand, Dumas, Sue, Balzac, qui bousculent à leur profit les lois de la Création.

On se plaît, maintenant que je plais, à me demander des articles dans différents journaux. Le cercle des relations s'agrandit. Une renommée s'attache à moi. Mais comme les taons au cou du taureau : avec un cortège de rumeurs sournoises et persistantes.

En 1835, de retour d'Étretat, je loue au peintre Massé un petit atelier, une chambre et une terrasse au septième étage rue Vivienne. Je crée un jardin. Comme suspendu entre ciel et rue, plein de roses dans ses trois mètres sur trois, et des arbustes où viennent siffler les merles. Aux extrémités, deux arbres pleureurs, un saule et un frêne. Là est arrivé un matin Arsène Houssaye m'amenant Théo, dans le bruit énorme que produit alors la sortie de *Sous les tilleuls*. Là encore montent des consolatrices par qui Stephen refuse d'être consolé.

Quelque deux ans plus tard, j'emménage rue de la Tour-d'Auvergne. Du haut de l'immeuble je contemple tout Paris. J'ai encore un jardin, une volière pleine de petits oiseaux des îles, des plantes en caisses, et une pièce d'eau grande comme un mouchoir. Mon terre-neuve Freyschütz en retire les amis, nageurs timides. Un jour que j'avais plongé trop profondément, il me ramène tout ensanglanté en me saisissant l'épaule. Ma chambre était tendue de grands panneaux d'ébène vernis, et au plafond brillaient une rosace et une corniche dorées. On jugera par ces détails que mes domiciles n'ont rien d'extravagant. Mais il est vain de vouloir raisonner la bêtise humaine.

C'est alors qu'un certain Eugène de Mirecourt – de son vrai nom Jacquot – diffuse toutes sortes de niaiseries sur mes prétendus déguisements, mon intérieur, ma manière d'être. Je me costumerais en Turc ou en mandarin. On m'aurait vu coiffé d'un casque de pompier lors d'une « première ». Mes éditeurs, je les reçois la tête surmontée d'une toque à trois plumes de paon. J'écrirais, je mangerais, je dormirais par terre. Il se répète que des ossements humains, des crânes, des hiboux empaillés, garnissent ma chambre. Je couche tout habillé dans une bière entre deux cierges qui brûlent. Bref, je suis un excentrique, outrancièrement original et macabre, avide d'alimenter la chronique dans toute sa démesure.

Le sieur Jacquot, dont mon ami Eugène Sue a également eu fort à se plaindre, avec quelques autres a fait métier de démolisseur. La réalité, la voici. Mon physique n'a jamais été mon atout principal. Dans une assemblée, si mon apparence n'attire pas les regards, elle ne les fait pas fuir. Mais les manieurs de plume noircissent mon portrait qu'ils ont lithographié. Ils m'annoncent et me montrent « très laid ». J'ai l'air d'un criminel écoutant si le jury admet les circonstances atténuantes. Ceci pouvait jeter, dans les esprits, des impressions illimitées. Poussant la chose, je n'aurais pas été autrement étonné d'être arrêté par le procureur du roi sur le seul aspect de ma mine. Ces polissons des lettres n'ayant pas ou plus de souffle ni d'idées, se ruent volontiers sur le dénigrement. On blâme la frisure quand on n'a plus de cheveux et on médit des pommes quand on n'a plus de dents.

Parmi toutes les tentatives que l'on me prête de chercher à me singulariser, il y a eu la période du calembour. Si je hausse le ton ou demande une ferme explication, l'auteur en réfute une partie ou décline sa responsabilité. Il n'en reste pas moins que par les journaux, les allusions ont couru la capitale : Alphonse Karr affiche son nom sur tous les murs de Paris.

Les calembours étaient un passe-temps prisé des hommes de lettres. Hugo et Ponsard ne les dédaignent pas. Balzac en orne une demi-page du *Père Goriot*. Théo m'écrit et commence sa lettre par un badinage :

« Karr-thaginois, Karr-touche, Karr-naval. »

Flaubert qui aimait madame Colet que je n'aimais pas, me dédie ce calembour contestable : « Karr n'est pas beau parce que Karr est laid (carrelet) ». Il avait vingt ans et un talent meilleur que cette boutade. Quant à moi, je ne les goûte guère et je crois en avoir commis peu, sinon une fois par l'un de mes personnages de roman. Pourquoi faut-il qu'on m'en impute une quantité qui devient un gâchis, et dont je ne fus jamais le père prodigue ?

J'ai pu apprécier le peu d'intérêt des chapelles par ma courte expérience auprès de la Société des gens de lettres. J'en ai fait partie lors de sa formation en 1837, cédant à quelques amitiés et à des sollicitations. Depuis le succès de *Sous les tilleuls*, quelques milieux me recherchent autant que je m'efforce de les fuir. Cependant j'avais acquiescé aux statuts. Je crois alors qu'il s'agit d'une ligue du travail. Au bout d'un an j'ai été effrayé. Se frotter à cent personnes inconnues. Cent poignées de mains à donner. Des séances à suivre et des préséances à observer. Je m'abstiens de paraître aux premières, je me lasse des secondes. Trop de sociétaires, de rapporteurs, de délégués, de présidents. Dont mon ex-ami Balzac, qui va même jusqu'à être président d'Honneur avant d'entrer en conflit avec la Société en 1841. Je l'ai précédé dans cette voie en démissionnant deux ans auparavant. En vain avait-on cherché à m'éblouir :

« Mon cher, vous êtes du bois dont on fait les Quarante. »

A quoi je répondais :

« Voyez donc ! un jardinier, un pêcheur de sardines ! un homme qui n'est rien dans rien ! »

Siéger sous la royale coupole du palais Mazarin ne valait pas pour moi le véritable bonheur de vivre dans un jardin ou d'admirer brasiller la mer dans les temps orageux.

Tout épris d'espace et d'indépendance que je sois, j'ai dérogé deux fois à ma règle d'ignorer des futilités que sont les honneurs. Deux fois, où j'en ai subi à dose égale le plaisir d'amour-propre et le poids des contraintes.

En 1837, pour l'inauguration des galeries de Versailles, le roi Louis-Philippe par son aide de camp « a l'honneur de prévenir M. Alphonse Karr qu'il est invité à venir dîner au palais ». Sont précisés le jour, l'heure, le lieu et cette petite formalité : « on ne sera admis qu'en uniforme ». Grand embarras de la plupart des écrivains contemporains invités comme moi. Doit-on se présenter en tenue militaire, nous qui ne le sommes pas ? J'ai opté pour un habit des plus habillés dans les habitudes de cette époque : frac noir, culottes courtes, bas de soie. Certains ont loué à des costumiers ou amis acteurs, et ce fut l'occasion d'une assez jolie collection de marquis Louis XV et de Pompadour. Le roi a parlé comme un automate. D'un débit de robinet, il avait une éloquence incolore et facile. Une ration de mots pour chacun, il tournait le robinet et passait à la fournée suivante. J'étais dans celle de Janin et Gozlan. Le roi me questionne sur ma médaille de sauvetage. Je lui réponds : « Sire, c'est exactement la même chose que la couronne civique que vous avez reçue jadis, pour avoir sauvé un soldat tombé dans la pièce d'eau des Suisses à Versailles. » Il paraît satisfait de ma réponse. Est-ce à cela que j'ai dû le ruban rouge dix ans plus tard ?... Bien que mes *Guêpes*, par des vérités incontestables, n'ont jamais ménagé sa politique, c'est-à-dire celle de ses divers gouvernements.

Certes le roi règne – mais comme la corniche autour du plafond.

La seconde circonstance honorifique se rapporte précisément à la Légion d'honneur. Je ne suis pas plus fier de l'avoir obtenue que de ma médaille de sauvetage. Toutefois, je crois l'avoir méritée sans flagornerie, par mes seuls talents si tant est que j'en eusse.

Monsieur de Salvandy, ministre des Arts et Lettres, succède à M. Villemain qui goûtait peu les arts et avait horreur des gens de lettres. M. de Salvandy, lui, les aime. Il les décore par dizaines. C'est ainsi qu'avec Balzac, Sue, Musset, Sandau, Gozlan et quelques autres, je suis promu chevalier de la Légion d'honneur sur la première liste.

Cette libéralité n'épargne pas les jappements de petits journaux après le ministre. Il avait eu l'imprudence de publier un roman quelconque sous le titre *Don Alonzo*. Aussi les plus fins aboyeurs au lieu de dire : « Allons-y gaiement », ne manquent pas d'écrire à son propos : « Alonzo gaiement ».

On aime, en France, faire la courte échelle à la calomnie. Cette maladie de notre époque : beaucoup de démolisseurs, point d'architectes ni de maçons.

J'en ai été la cible, sans avoir pu noter le côté risible de la chose. Car cela a trait aux médailles. Là où l'on pouvait croire à la considération, je récoltais une foule de *lazzi*.

Je me parais quelquefois, attachée par un ruban orange, de ma médaille de sauvetage. En argent, figurait sur l'avers l'effigie de Louis-Philippe en romain couronné de laurier. Sur le revers : « A Alphonse Karr pour avoir sauvé, au péril de sa vie, un cuirassier du 2e régiment qui se noyait. Châlons-sur-Marne 25 juillet 1829. Décernée en 1833. »

Un soir, j'étais l'un des convives d'un grand dîner dans un beau salon rempli de jolies femmes et d'hommes décorés de la Légion d'honneur. On la répandait alors avec une facilité galopante. Je me souviens que Dumas y assistait. Je sens et j'entends autour de moi des plaisanteries visant ma médaille. J'ai l'ouïe très fine, et suis d'un naturel calme en compagnie. Or le nombre et le ton des railleries augmentant, voulant respecter les bornes de la convenance, je demande à un domestique une plume, de l'encre, du papier. Je découpe le papier en autant de ronds qu'il y a de décorés autour de la table.

« Messieurs, je vais vous faire passer ces fragments. Chacun de vous est prié d'y inscrire la cause pour laquelle il a été décoré. Qui commence ? »

Cette méthode calma les rieurs. Des petites feuilles politico-littéraires n'en continuaient pas moins à propager que j'avais inventé l'histoire du sauvetage de Châlons pour me faire valoir. Au même degré que si ç'avait été l'élixir philosophal, ou le jus de cochon d'Inde, dont on lit les réclames aux dernières pages des journaux.

Je suis l'invité de plusieurs salons. Une renommée assez éclatante m'en avait ouvert les portes. D'ordinaire dans un cercle, une assemblée, je reste volontiers silencieux, tout en étant aussi bavard qu'un autre quand je suis seul avec une femme qui me plaît. De ces femmes, semblables dans un salon, à une rose dans un bouquet. Chez elles, elles sont tout le bouquet.

Je peux aussi témoigner d'une vivacité que l'on me prête sous le nom d'esprit de repartie. J'avise un soir, dans un de ces endroits où les femmes sont dénudées par le haut comme les danseuses le sont par le bas, une personne faisant étalage de ses appâts. Quelqu'un me la désigne :

« Voyez comme cette dame est décolletée.

– Ça, décolletée ? déculottée vous voulez dire ! »

Des maris mènent leur épouse dans les salons, les exhibent et semblent proposer : « Je te parie ma femme contre la tienne », espérant tricher, garder la leur et gagner celle de l'autre. Les lieux bien fréquentés offrent d'ineffables instants. Je me rappelle avec émotion le soir où, chez madame de Girardin, nous sommes réunis Dumas, Théo, Balzac, Sue, d'autres personnes – et Hugo. Hugo nous a dit de sa belle voix grave un de ses poèmes, émouvant cri de père : *A des oiseaux envolés*. Je crois que nous avons tous pleuré.

Dans cette période je verse dans le roman. J'en publie un assez grand nombre, empreints à la fois de sentiments mélancoliques, d'appel à la nature, de philosophie, de bon sens, de cette malignité qu'on me prête comme le fin du fin, et toujours de la présence de la femme. Chaque fois différente – bien que j'aie continué à écrire pour une seule. M'a-t-elle jamais lu ?

Mes livres se succèdent : *Geneviève, Clotilde, Hortense, Clovis Gosselin, Fort en thème.* Je me soucie peu du public. Le public s'intéresse à mes ouvrages. Chacun d'eux connaît des réimpressions, agréable mélange d'amour-propre satisfait et d'inquiétude renouvelée.

Commencer un nouveau livre c'est commencer une nouvelle vie. Où est le dimanche de l'homme de lettres ? Les plus heureux ont sur leur tombe une couronne d'immortelles, qui coûte moins cher qu'un pain de quatre livres et se remplace moins souvent. On a fait assez de tragédies, de drames, de mélodrames, de poèmes et d'élégies, sur les grands malheurs que tout le monde n'a pas eu le bonheur d'avoir.

Ma production a été passée au peigne fin par tous ceux dont la profession consiste à laisser tomber des verdicts comme des couperets. Ils ont consigné les faiblesses, les négligences, de l'affectation. Des situations invraisemblables dans lesquelles il m'advenait parfois de perdre un personnage ou d'en ressusciter un que j'avais enterré quelques pages trop tôt. Ils se sont plu à relever des qualités : de la verve, une poésie naturelle, de la justesse quand il s'agit de peindre le brin d'herbe. Ma sentimentalité en a agacé plus d'un. Mes petites phrases ont dérangé plusieurs autres. Mais tout le monde est tombé d'accord : elles ont fait florès. Si bien que semées et reprises un peu partout sans me citer, les croyant nées de personne, elles sont devenues la propriété de tous.

J'ai eu des satisfactions qui me rendent immodeste. Mon vieil ami Legouvé de l'Académie française – cela pouvant constituer un gage pour la postérité – a proclamé : « *Voyage autour de mon jardin* est un chef-d'œuvre. » Le mot sous la loupe de l'amitié grossit la chose. Néanmoins je crois avoir exprimé, dans ces causeries sur les fleurs, de quoi intéresser assez pour qu'en fermant le livre on ait regretté de le trouver si court.

Cela me console d'Anatole France. Il a décapité *Sous les tilleuls*, se reprochant après coup d'en avoir subi le charme et me le faisant payer d'autant plus injustement. A vingt ans on lit avec le cœur, à cinquante avec une paire de ciseaux.

Il m'est arrivé dans quelques cas d'être comblé par des jugements me concernant. Tels ceux me concédant comme une circonstance atténuante d'avoir su parler de la pauvreté sans bassesse ni niaiserie. Ce qui n'est pas toujours sans conséquence, et justifie la logique de mon aphorisme :

> « Un service que l'on rend est une dette qu'on contracte. »

J'ai eu sous la main un exemple fort, et le voici.

A Étretat vivait Rose Duchemin, de la dure vie des pêcheurs. Femme de Jean, qui, selon la saison pratique la pêche aux harengs et aux maquereaux, Rose aura seize enfants. Bien des soucis et des fatigues de mère s'ajoutent aux travaux d'épouse. Tourner le lourd cabestan pour remonter les barques sur la grève, raccommoder les filets, amorcer les cordes, porter son repas à Jean lorsqu'il travaille à terre entre deux périodes de pêche. Toute une existence de duretés, d'embarras d'argent, souvent de misères quand l'hiver le poisson manque et qu'aucune pêche n'est possible sur les côtes normandes.

Un jour, causant avec M. Fauvel, le maire du village d'Étretat, ce dernier m'apprend que le soir, à la veillée, Rose Duchemin couche sur des bouts de papier son existence de femme de pêcheur.

Je vais la trouver, lui demande de me montrer ses papiers. Elle n'ose pas. J'insiste, je lui propose de me les vendre deux louis. Elle me dit :

« Vous vous gaussez ! L'épicier n'en voudrait pas pour faire des cornets. »

Enfin, elle accepte les deux louis. J'emporte les feuillets que je lis aussitôt. Confus, diffus, une langue impossible, il y avait cependant du naturel et des épisodes dignes d'intérêt. Je coupe, hache, relis, traduis, j'en forme un livre, on l'imprime. Il a du succès et Rose une petite célébrité. Je lui envoie quelques centaines d'exemplaires qu'elle vend aux étrangers, Étretat étant devenu très fréquenté de mon fait et par ma faute. Puis pour la perte de son bateau et de ses filets dans une tempête, elle reçoit, grâce aux *Guêpes*, cinq cents francs de la duchesse d'Orléans.

La voilà dans l'aisance. Elle élève sa maison d'un étage, héberge des gens et du même coup, mon aphorisme apparaît dans sa redoutable réalité. Rose avait épuisé tous ses exemplaires. J'en fais imprimer à Paris. La commission tarde, et je reçois une lettre de Rose Duchemin. Elle réclame, contre l'expédition qui ne s'effectue pas assez promptement à son gré. Ensuite elle s'étonne, de ce que je lui ai versé seulement deux louis d'un ouvrage que « tout le monde » estime si bien, et si peu payé.

A partir de là, les uns ont adopté mon parti, les autres ont plaidé en faveur de Rose Duchemin. Quand elle répand le bruit qu'elle n'est pas loin d'avoir été victime d'une abominable spéculation, je l'envoie paître. Je pense avoir bon cœur, mais je ne suis pas endurant. La vérité : j'ai écrit l'*Histoire de Rose et Jean Duchemin* grâce aux notes de Rose Duchemin. Le débat qui de l'œuf ou de la poule doit prévaloir, n'en était pas moins ouvert. J'étais la poule dont elle avait inspiré l'histoire, et qui, sans moi, serait demeurée à l'état d'œuf.

La propriété est un piège. Ce que nous croyons posséder nous possède.

Cette affaire ne m'a détourné ni d'un principe ni d'un lieu. L'idée, que soit reconnu un droit à la propriété intellectuelle. Je l'ai rédigée ainsi :

> Article unique : La propriété littéraire est une propriété.

Ce combat âprement mené durant des années, j'en ai pu constater l'aboutissement victorieux quand enfin la loi a été votée.

Le lieu, je crois pouvoir le résumer dans cette appréciation : malgré les charmes de Saint-Raphaël, si j'avais la mer à montrer à un ami pour la première fois, ce serait Étretat que je choisirais.

J'ai découvert Étretat en 1833, avec Gatayes. Mais comme Americo Vespucci a « découvert » l'Amérique en lui donnant son nom – après Christophe Colomb. Nous, nous arrivions après les peintres. Eugène Isabey avait été le premier à planter son chevalet de peintre de marine sur la plage d'Étretat. Puis sont venus Le Poitevin, Mozin, Camille Roqueplan, Starfield, un artiste anglais. Tous explorateurs bien décidés à ne pas révéler au monde les beautés de cette terre sauvage.

En octobre 1834, j'ai suivi les conseils de Gatayes de m'y enfouir. Un mauvais mariage, de prosaïques petits chagrins, d'ignobles soucis d'argent, m'ont déterminé à quitter Paris. Un peu de linge et des vêtements dans une valise, quelques centaines de francs, mon chien Freyschütz, par l'impériale des Messageries j'atteins le Havre. De là, un cabriolet peu suspendu m'emmène à Étretat à travers des routes impossibles.

Aujourd'hui, pour une grande part grâce à moi, ayant beaucoup dit et écrit sur Étretat, je l'ai mis à la mode. Des trains de plaisir y déversent par milliers les Parisiens endimanchés. Les pêcheurs eux-mêmes revêtent des costumes folkloriques pour les accueillir. Les mondanités de la station ont dépouillé de leurs aspects naturels le village et les gens.

Plus d'un demi-siècle auparavant, Étretat était une bourgade : quelques maisons en vieilles pierres, une seule auberge, une église. Sur la plage, des caloges, anciens bateaux hors service tirés à terre, recouverts d'un toit de chaume, servent à remiser les voiles, les filets et tous les agrès de pêche. Au besoin on les utilise comme habitation.

Je descends à l'auberge. Elle appartient à la famille Blanquet : un couple de vieillards, Césaire, grand et fort garçon bon à tout, et Bérénice, assez belle fille très laborieuse sachant lire, écrire et compter.

J'ai séjourné neuf mois à l'auberge des Blanquet. J'étais le Parisien ; bientôt, je suis devenu l'ami de la maison et de ses habitués. Les colères de la mer m'ont fourni l'occasion d'être aussi celui des pêcheurs.

Peu de jours après mon installation, un coup de vent terrible s'est élevé. Les lames déferlaient furieusement. Les plus hardis hésitaient à donner l'amarre aux embarcations qui voulaient aborder sur la plage avant de s'y échouer. Voyant les difficultés à mener à bien cette opération délicate d'échouage, je me mets à l'eau. Je pique dans les lames, et je parviens à jeter successivement l'amarre à toutes les barques qu'on a ensuite rivées sur le sable. Ma hardiesse m'a valu l'estime de ces hommes francs, réservés, dignes. S'ils ne dansent pas ou rarement, bien qu'ils ne rejettent pas la gaieté, en revanche, ils prennent la mer à bras le corps dès qu'il s'agit de leur travail ou d'être solidaires.

Je n'ai pas été embarrassé de partager leur vie, et chaque jour près d'eux m'a enseigné ce qu'aucun livre ne m'eût appris.

A l'auberge Blanquet, une fois ma pension fixée à cinquante sous par jour, je me suis organisé. Je sacrifie aux mots devant mes feuillets de papier, le soir et le matin avant le jour. La journée, Freyschütz à mes côtés, je la partage avec les éléments. Le ciel où courent les nuages bas, le vent qui ici est le cri de la mort, la mer, nourricière mais fixant ses rudes conditions. Elle rythme les repas, les occupations, les tâches, les plaisirs, selon la marée haute ou la marée basse. C'est pourquoi à Étretat il n'y a pas d'heure, on y travaille souvent quand l'on dort dans les autres pays.

Les mœurs et la destinée de ces habitants représentent une source d'inspiration. M. Fauvel, chaque matin, hume sur la plage d'où vient le vent. Le curé l'abbé Cochet, lui-même fils de pêcheurs, porte à ses paroissiens une affection filiale et au sous-sol du village une passion d'archéologue. J'entretiens les meilleures relations avec les pêcheurs, à des degrés divers dans l'intimité qui me lie à plusieurs. Ils sont ma famille, je l'ai choisie, ils m'ont adopté.

Pour tous, je suis « Monsieur Alphonse ». Ils disent aussi Alphonche, comme ils disent la « mé » pour la mer et appellent un grand sac une « pouche ».

Je flâne à travers le village. J'entre dans la maisonnette de Valin le garde-pêche, ancien marin de la garde. Ensemble nous fumons, causons en buvant du cidre chaud. Les samedis, je partage les caudraies, ces gais soupers à frais communs composés de poisson, d'œufs et de cidre. Chez l'un, je tire la fève du gâteau des Rois ; chez l'autre, j'assiste au repas de baptême d'un canot. Je participe à des veillées, écoutant raconter les légendes, les récits, les anecdotes, les histoires merveilleuses, assis près de l'âtre, devant des feux confortables que nulle part on ne fait si bien que dans la Normandie.

Si l'on ajoute mes promenades en solitaire. Plus tard, mes chasses dans la campagne. Mes pêches maritimes, du jour où plein de fierté j'ai commencé à compter à bord pour « un homme », remplaçant un pêcheur. (Le capitaine Jean Coquain avait dit : « Jean Fournel malade peut rester à terre, M. Alphonse vient avec nous. ») Et les jours de tempête, quand tout l'océan semblait se ruer sur Étretat, que bateaux et filets allaient être perdus, les femmes et les enfants pleuraient, les hommes disputant à l'eau furieuse et glacée – c'était l'hiver – ce qu'elle leur permettrait de sauver pour gagner le pain de leur famille. Alors on en conviendra, la matière ne m'a pas manqué.

J'en ai fait des romans. Ils ont eu comme résultat d'attirer l'attention des Parisiens sur Étretat. La curiosité publique s'est piquée au jeu. C'est à qui, débarquant sur place, reconnaissait les sites, les types et les mœurs décrits dans mes livres. *Le Chemin le plus court, La Famille Alain, Romain d'Étretat, Devant les tisons*, mes nouvelles, mes contes dont celui pour enfants *Les Fées de la mer*.

Ainsi par mes descriptions et mes articles, attendu qu'ils portaient loin, le péril fut mondain et populaire. Séductions alors inexplorées, du Trou à l'Homme, falaises de la Porte d'Aval – belle comme une cathédrale – d'Amont et de l'Aiguille, Chambre des Demoiselles que Maupassant chantera à son tour, plages des caloges et des cabestans, n'ont pu échapper à l'admiration. Ni au besoin d'en jouir journellement. On veut tout avoir sous la main, posséder. Et l'on se fixe. Anicet Bourgeois le dramaturge, Offenbach, Villemessant, Bertall le dessinateur, mon ami Azevedo, dix autres célébrités construisent ici villas et chalets. Aux peintres découvreurs et discrets succèdent Courbet, Landelle, Diaz, Corot, dont la gloire s'annonce en sonnerie de trompette.

La mode s'en est emparée, le succès est assuré. Étretat se mue en station de bains de mer à la vitesse foudroyante du modernisme. Mes louanges avaient causé sa perte.

Bien que parlant beaucoup des gens et du pays d'Étretat dans mes récits et *Les Guêpes*, je gardais un domicile à Paris. Diverses occasions m'ont pourtant ramené à Étretat. Et autant que je l'ai pu, j'ai conservé intactes les pensées qui m'y rattachaient. Fussent-elles dramatiques, lors des inondations quand retentissait de toutes parts le cri de « Sauve la vie ! ». Politiquement graves, quelque temps après le guet-apens décoré du nom de coup d'État. Ou délicieusement reconnaissantes, lorsque trente ans plus tard, à l'unanimité de ses membres, le conseil municipal d'Étretat m'honora d'une « rue Alphonse-Karr ».

Toujours j'ai détesté l'air enfermé des villes. Si bien que je me contente d'un pied-à-terre dans la capitale, et décide d'habiter la Normandie. Délaissant Étretat – les communications avec Paris y étaient difficiles – je vais à Ingouville pour finalement, au printemps 1841, me fixer à Sainte-Adresse. Dans ce hameau voisin du Havre, j'ai été heureux autant qu'il est permis à l'homme de l'être – dans une époque de bavardage et d'avocasserie.

Tout près de la mer, sur le versant le plus silencieux et le plus caché d'un vallon, la maison se terrait. Basse, petite, à un étage, partie en bois, partie en torchis, elle avait abrité la reine Hortense quelques jours. Au bas du jardin, un ruisseau. En haut, des ormes plus que centenaires et un énorme tilleul. A l'intérieur de la maison j'ai transporté mes antiquités et mes bibelots de toutes sortes. A l'extérieur, de riches embellissements, le bleu odorant de la glycine, des rosiers grimpants, le chèvrefeuille, le jasmin. Ils ont habillé, parfumé, décoré mon logis. Le jardin, je l'ai semé de fleurs simples. Et réunissant les trois sources qui le traversent, j'en ai formé un filet d'eau à l'allure de ruisseau tapissé de sagittaires.

De ce paradis humble et champêtre, est sorti *Voyage autour de mon jardin*. Se sont envolées les *Guêpes*. Dans cet asile de solitude et de sauvage beauté j'ai accueilli parmi d'autres, Hugo, Pradier, Sue, Ponsard, Tony Johannot, le général Cavaignac, Nadar. Bérat a composé là ses chansons. Dumas s'est assis à ma petite table. Alexandre, son fils, y a écrit les premiers feuillets de sa pièce *Le Fils naturel*. Monsieur Thiers vint m'y remercier d'une promenade en mer. Obligé d'attendre la fin d'un orage, j'ai pu apprécier en cette occasion sa conversation spirituelle et scintillante. Il est vrai qu'il ne fut pas question de politique. Ce petit homme taillé en force parlait le premier, parlait le dernier, écoutait peu, mais parlait avec justesse et volubilité.

A Sainte-Adresse, l'une de mes fiertés les plus vives a été la venue au monde de ma fille Jeanne, après que j'aie refait ma vie affective.

L'appel de la mer m'a conduit à devenir le patron convenable de deux petites embarcations. Jardinier à Nice, ici j'étais pêcheur professionnel. Je vivais de ce travail tout en continuant d'écrire. Situation singulière, où j'étais pris très au sérieux par la population d'ici, peut-être moins par les gens de lettres. Dans l'opinion du plus grand nombre je suis tombé bas, en m'affirmant à la fois écrivain et pêcheur, plus tard écrivain et jardinier. Échappant ainsi à tout classement si commode aux critiques. Cela m'a coûté ma place dans le Panthéon des lettres.

J'ai publié plusieurs romans à Sainte-Adresse. J'ai eu quelque succès avec *La Pénélope normande*. Presque contre mon gré, et mes idées sur le théâtre – que j'estime être un amoindrisseur – je me suis risqué à adapter *La Pénélope* en scènes et actes.

Il y a deux sortes de passions : les passions que nous avons et les passions qui nous ont. On triomphe quelquefois des premières.

« Entre nous, m'avait dit un jour Gozlan, vous avez trop d'esprit pour finir en vaudevilliste. » Des vaudevillistes m'irritaient depuis longtemps en puisant la trame de leurs pièces dans mes nouvelles et mes romans. N'étais-je pas en mesure d'exploiter de mes mains mon propre filon ? J'hésitais encore à pratiquer le théâtre. Je me confiais au public à travers un article du *Siècle*. Un confrère me répondit dans les colonnes de *L'Artiste* :

« Monsieur Alphonse Karr étant un talent essentiellement jaseur et descriptif et nullement actif, ses pièces devraient être aussi ennuyeuses que ses romans sont intéressants. »

Rien de tel pour vous pousser à démontrer le contraire. Pour qui ? Quinze bottiers, autant de tailleurs, trois cents marchands, quelques domestiques. Quand tous ces gens sont réunis, vous tombez à genoux devant eux, vous attendez avec une anxiété mortelle ce qu'ils vont décider quant au devenir de votre œuvre. Pour quoi ? Hélas ! il faut le dire : pour gagner un peu plus d'argent.

Je fais mes débuts d'auteur dramatique avec *La Pénélope normande*. En janvier 1860 je viens de Nice à Paris surveiller au *Vaudeville* les dernières répétitions. J'avais accueilli la saison précédente le jeune acteur Lafontaine à qui devait revenir le rôle principal. S'intitulant mon ami, il avait tenu durant mon séjour parisien à m'héberger dans son petit hôtel de l'avenue Montaigne.

Les répétitions ont marché à mon gré. La troupe a été parfaite. N'eussent été les robes et les chapeaux trop élégants de madame Doche, une charmante actrice dont les toilettes ne me paraissaient avoir qu'un lointain rapport normand. Un jour, une résille rouge dans les cheveux. Le lendemain, un châle brodé d'or d'où les paillettes tombent chaque fois qu'elle le met. J'ai rempli mes devoirs en dînant avec Lafontaine, madame Doche et Aurélien Scholl, un humoriste qui livrait des échos pétillants dans *La Silhouette*. Enfin la répétition générale arrive. Et le vendredi 13 janvier, par un soir plein de brouillard – mais je rejette les influences cabalistiques – c'est la première.

Le public était nombreux, relevé par la présence de Lamartine, Gautier (Hugo m'a écrit d'exil son regret de ne pas en être), le Tout-Paris littéraire, journalistique, mondain. Les applaudissements ont fusé. *La Pénélope normande* a obtenu une bonne presse. Ce fut brillant, bruyant. Tout se conjuguait pour un succès durable. Le public vint avec intérêt et constance, pendant un mois. Ensuite les réservations se ralentirent. Mes bottiers, tailleurs et autres marchands me faisaient faux bond. Le directeur s'apprêta à me sacrifier à *La Dame aux camélias*, puis par le refus de madame Doche, au *Roman d'un jeune homme pauvre* d'Octave Feuillet. Lafontaine intervenant de façon formelle, *La Pénélope* a été maintenue quelques jours. Cependant une convalescence ne conduit guère au triomphe. A la trente-cinquième représentation la pièce quitta l'affiche, deux mois après on n'en parlait plus.

Je suis forcé d'appeler entêtement la fermeté d'autrui, parce que je réserve le nom de fermeté pour mon entêtement à moi.

Je ne désespérais pas de conquérir un jour la faveur du public grâce au théâtre. Sans doute était-ce là un regain de vanité.

Et de nouveau le cycle infernal des fatigues, des peines, de l'affolement, pour une joie incertaine. Peut-être l'éreintement. Ce qui ne manqua pas avec *Les Roses jaunes*, comédie sentimentale en un acte et en vers tombée au Théâtre-Français le 29 avril 1867. Quand la première eut lieu, j'étais demeuré à Nice. Décidé à ne pas me déranger pour ces Messieurs de Paris, qui avaient laissé ma pièce languir deux années dans leurs cartons.

Après la cinquième représentation, on la retira de l'affiche. Une demi-réussite et cet échec me persuadèrent de ne plus espérer l'encens du succès, si agréable à respirer. Si j'ai assemblé d'autres matériaux pour la scène, cela s'est joué dans mon esprit, sans théâtre, sans acteurs, sans public. En particulier *L'Homme de paille*, pièce dans laquelle je me proposais d'aligner une suite de vérités aristophanesques, à la manière des *Guêpes*. Il y aurait eu de quoi mettre en l'air tout notre Landerneau.

Je suis vieux. Les clameurs, qui depuis si longtemps ont accompagné mes écrits, ne m'atteignent plus. A mes prétentions émoussées chaque année davantage, je préfère l'émotion mélancolique que procure le coucher du soleil.

Il faut savoir mourir simplement comme les épis savent mûrir. Ce moment surviendra ici, à Saint-Raphaël. J'aurais pu finir à Sainte-Adresse, où j'ai fait le plus de bien qu'il m'a été possible. Ils ont pourtant mangé bien de mon temps au conseil municipal. Mais pouvais-je refuser de menus services à mes chers « pêqueux » ?

De bon cœur et bonne foi, lorsqu'en juillet 1843 les électeurs sont appelés à renouveler leur conseil, je me propose. Je suis élu. Comme chaque conseiller, j'ai prêté serment au roi Louis-Philippe, à la Charte et aux lois. Si je voulais me rendre publiquement utile, je devais en passer par là. Et je le fus, je crois, étant assidu, votant ce qui pouvait remédier au malheur et apporter l'instruction. En mars 1848, j'adhère à la République, dont par ma position et mes idées j'étais depuis toujours partisan pourvu qu'on eût la sagesse et le courage de la faire. En 1846 et 1848, de nouvelles élections m'avaient accordé le plus grand nombre de voix. J'avais laissé la place de maire à M. Thieullent, si souvent réélu à cette charge qu'il honora pendant trente ans.

Je me contentai d'être membre de la commission municipale de surveillance des ouvriers, à qui on faisait extraire du caillou à

1,50 F la journée. Pour ces anciens chômeurs, l'Assemblée avait décidé la création d'ateliers nationaux dans toute la France. Une initiative mal étudiée due à Louis Blanc. S'il était juste de s'occuper des droits du travail, il était imbécile de proclamer le droit au travail. On ne peut promettre du travail que s'il y en a. Or la France, en 1848, ressemblait à un bourgeois qui engagerait un vitrier à l'année, et casserait des vitres tous les matins pour lui fournir du travail.

Cette charité dangereuse, qui consiste à octroyer une liste civile aux fainéants et à tenir prête l'armée de l'émeute, nous a conduit tout droit à l'empire. Contre les rêveries sans limites nées des discours et des promesses, il fallait réagir. Quand j'assiste pour la dernière fois au conseil municipal, en 49, on traite toujours du problème des ouvriers sans travail. La mode était à l'ouvrier. Le gouvernement avait le sien, Albert – ouvrier avec le titre de secrétaire. C'était de la réclame, pas un programme, encore moins une conviction.

Si l'on ne veut devenir soi-même haineux ni méchant, il ne faut rien être dans rien.

Certes il y avait alors, encore, des républicains convaincus d'une république véritable et possible. Ceux qui, avec intelligence et courage, revendiquaient de jeunes pousses, au lieu de l'arbre creux et vermoulu de la royauté de Louis-Philippe, vieux roi entêté. Il suffisait de gratter le vernis de l'année 1847. Sinistre catalogue des scandales, turpitudes, malversations, compromissions, ambitions. Et Proudhon à l'affût, l'escopette au poing. Cette logique de Proudhon qui, comme la balle d'un pistolet, va souvent autre part qu'au but, si l'on a mal visé, mais va tout droit quelque part.

Les cibles ne lui manquaient pas dans le ciel noir de la politique.

En l'espace de douze mois : deux pairs de France, ex-ministres, l'un président de la Cour de cassation, l'autre général, un directeur des mines, un munitionnaire richissime. Tous déférés devant la Haute Cour de justice, convaincus de concussion dans l'affaire des mines de sel gemme de Gouhenans. Un aide de camp du duc de Nemours chassé du Jockey-Club comme filou.

Un ambassadeur du roi se tranche la gorge à Naples dans des circonstances mystérieuses. Un ambassadeur et duc porte le rasoir sous le cou de ses enfants. Un autre duc, pair de France, grand écuyer de la duchesse d'Orléans, étrangle sa femme, avant de s'empoisonner pour échapper à l'échafaud.

Tant d'horreurs discréditent le roi et son entourage. Trop d'injustices criantes et de misères volontairement ignorées. Des clubs publics exclusifs qui distribuent au peuple des tartines de démagogie, où il y a du beurre dessus et pas de pain dessous. Des bourgeois enrichis, un peu durs aux pauvres et qui ont peur. Et voilà la révolution du 24 février, qui s'est faite à la vitesse d'un cheval emballé, mais n'a pas valu ce qu'elle a coûté.

J'ai suivi les événements de très près. Les vrais républicains, Lamartine, Bastide, Charras lieutenant-colonel et qui l'est resté, Vaulabelle, Sénard, Marrast, Tourret, le seul vrai ministre de l'Agriculture que j'ai vu de ma vie, tous étaient mes amis. Ils ont tenu le pouvoir. Ils n'y ont gagné ni argent, ni grades, ni dignités. Le plus pur d'entre eux, Cavaignac, en devait descendre aussi pauvre qu'à son arrivée, et supportant les plus terribles accusations.

Je l'avais rencontré une seule fois, en 1839, chez des amis communs. Mes opinions sur la presse l'avaient, paraît-il, intéressé. Lorsque les démolisseurs de juin 48 l'ont forcé à briser l'anarchie qui voulait tuer la France, les gens sensés ont découvert en lui un sauveur, comme en février ils avaient trouvé Lamartine. Ce fut dramatique et grave.

Eugène Cavaignac, héroïque général d'Afrique, avait cette fois-ci à se battre contre des exaltés, des forcenés, des porteurs de torches, des nostalgiques. Des « prêts à mourir » – et qui mourraient.

Dans toutes les émeutes, il y a une majorité de tailleurs. Je ne comprends pas bien l'intérêt qu'ont les tailleurs à ce que le pays devienne sans-culotte.

Ce qui a manqué, ce sont des hommes qui veuillent bien être gouvernés. Contre l'insurrection, le républicain Cavaignac fut inflexible. Il s'opposa par le canon à ce qu'on dépeçât illégalement ce pays, ballotté entre les ultra-rouges et les ultra-blancs. Le danger passé, il eut à se défendre des parlementaires. J'entends encore – assistant à l'émouvante séance de nuit du 25 novembre – la petite voix aigre de Garnier-Pagès :

« Général, vous avez commis des fautes immenses en stratégie ! »

Cavaignac foudroya tous les reproches avec une sobre et noble éloquence. Il n'éluda aucune question, ôta les doutes, apporta des preuves, enleva l'adhésion. Et quand, sans ménager une santé qui devait tout à son énergie, il cessa de parler, le combat avait duré sept heures d'horloge. Alors le vieux Dupont de l'Eure prit la parole :

« Je propose à l'Assemblée de proclamer que le général Eugène Cavaignac a bien mérité de la patrie. »

Une immense majorité vota la proposition. C'est cet homme-là qui me demanda de le soutenir contre Louis Bonaparte, à l'élection de premier président de la République. Il aurait pu recourir à un plébiscite. Il s'y refusa, se confiant aux urnes. J'appuyais sa pensée dans *Le Journal*, que j'avais créé, à un sou, avec l'épigraphe : « Bon sens, bonne foi ». Les électeurs ont choisi le mirage d'un nom et les fausses promesses d'un homme. Ce qui nous a valu une guerre perdue, suivie d'une guerre civile.

Le peuple français est révolutionnaire, point républicain. J'ai vu Cavaignac une dernière fois à Étretat. Il venait de se marier, et quittait la prison où le coup d'État l'avait fait entrer. Cet homme froid, rigide, romain, m'embrassa. Il me dit :

« Il n'y a pas en ce moment dix hommes à qui je consentirais à serrer la main. »

Sans illusions, j'étais pris d'un grand dégoût envers tout.

J'avais choisi ma place dans le cimetière de Sainte-Adresse. Pourtant à l'hiver 1852 je quitte définitivement ce lieu, hameau ignoré devenu station trop connue. Mais au fond, sous les verroteries, tout dégénérait du rose au gris. Les systèmes politiques. Le coup de force de Louis Napoléon – le changement par la force n'est jamais un assez grand bien pour ne pas être un grand mal. Sainte-Adresse menacée avec le chemin de fer par le trop-plein des Parisiens. Mes amis Hugo, Dumas, Charras, Hetzel, Émile Péan, Étienne Arago, forcés ou volontairement en exil. Le refus par la ville du Havre de m'accorder la place vacante de conservateur de la bibliothèque (le maire craignait, je crois, de m'y voir en vareuse), rien ne me retient plus. Ma maison, mon jardin, mes meubles, mes objets d'art achetés pièce à pièce pendant quinze ans, je vends tout. Perdant beaucoup sur ceci, par mon départ précipité. Gagnant un peu sur cela, grâce à l'augmentation du prix des terrains que Sainte-Adresse me devait en grande partie.

Après un détour de quelques jours en Belgique, je me rapprochai du soleil, prenant des passeports pour l'Italie. J'emmène ma petite Jeanne âgée de onze mois, sa mère et une bonne. J'espérais partir pour Gênes, Rome, Venise, Naples. J'ai abouti à Nice, dans les États sardes.

Un joli chapitre, que ce périple inattendu et la suite de ma vie. Il est vrai, par le chemin de fer on ne voyage pas, on va.

VENDREDI 26 SEPTEMBRE.

Lorsque le docteur Bontems pénètre dans la chambre, Alphonse Karr repose sur le dos, yeux mi-clos, sa longue barbe blanche étalée sur le drap. Une toux intermittente le secoue. Jeanne résume la nuit passée : des frissons violents, prolongés, une fièvre persistante. Son père s'est plaint des douleurs causées par un point de côté qui l'ont empêché de dormir, et ont occasionné des difficultés à respirer.

A la prise de température le docteur constate qu'elle est maintenant stationnaire, quoique élevée. Jeanne l'aide à redresser le malade. D'instinct, il se tourne vers la mer toute proche dont il admire, dans l'immense miroir bleu foncé, l'azur lumineux du ciel.

« Je vais aller mieux, murmure Alphonse Karr, la mer a toujours su apporter la sérénité aux intelligences et aux corps maladifs. »

Le soleil fait dégorger du jardin les parfums mêlés des roses. Une phrase s'insinue jusqu'à son esprit :

« Je ne regarde plus rien que mon jardin. »

Frédéric de Prusse ? Oui, Frédéric le Grand. Détaché de toute gloire au terme de sa vie.

Le médecin renouvelle les enveloppements, insiste sur l'application des ventouses. Pour dégager les voies respiratoires, il prescrit des inhalations dans un bol de tilleul d'une préparation à base de baume du Pérou, de teintures de benjoin et d'eucalyptus.

« Je suis dans les remèdes, alors je vais être malade, ironise

Alphonse Karr, retrouvant le scepticisme comme l'un des bâtons sur lesquels il a toujours appuyé toute sa philosophie.

– Ne parlez pas trop, recommande le docteur Bontems, vous allez activer la toux.

– Jeanne, comment est le jardin ?

« Je m'informe sans aucune espèce d'inquiétude. Il m'est doux d'avoir préparé pour mes petits-enfants des ombrages et des vergers qui croissent en même temps qu'eux. J'empiète là sur la vie future par la pensée. Mais toute ma vie j'ai plus agi par la pensée que par l'action. Sauf si on appelle actions, mes opinions produites sous la forme de petites phrases. »

Ah ! ses petites phrases de quelques lignes, condensant les réflexions de plusieurs pages ! Elles ont été sa spécialité. Combien de confrères se les sont appropriées, reprenant ses lignes pour en délayer des pages, sans références, sans mentionner son nom.

En bon français ces emprunts ont un nom : le vol. Malgré ces voleries, nul n'a jamais égalé la recette de ses Guêpes.

Il y fallait davantage que le métier, la verve, l'information, même étonnante et solide. Il y fallait, entre quelques traits jubilatoires, des pensées assez profondes qui rendaient Les Guêpes *utiles sous leur désinvolture apparente.*

Les Guêpes, Le Journal, Le Figaro *; combien d'autres feuilles et revues, soixante ans d'un journalisme de bonne foi, combatif, léger – et sans haine. Même au prix d'un coup de couteau reçu ou d'un coup d'épée donné.*

Les Guêpes *n'étaient pas façonnées en vue d'amuser. Elles ont informé, dérangé, redressé, piqué – pas seulement la curiosité. Mais les ridicules et fausses idées, dans l'air vicié où se meuvent les hommes du pouvoir.*

IV

LES GUÊPES

Je ne suis pas un méchant homme,
je ne demande pas qu'on tue
immédiatement tous les avocats.

Pour m'être, pendant trop longtemps, répandu dans le sérail de la presse politique, j'en connais les détours, les méthodes et les hommes. Mais pas toujours les procédés, quelquefois assez risqués.

C'est qu'on en bâtit de nouveaux. Je suis éclairé par Philippe Gille, du *Figaro* actuel, sur ce qu'on y appelle les « affaires en souffrance ». Ce sont les articles rédigés d'avance sur les gens en train de mourir, et qu'on garde, même quand ils réchappent, afin d'éviter de payer un autre article dans l'avenir. Petites roueries des organes de l'opinion.

Parfois, un journaliste, plus pressé ou ambitieux, publie la nouvelle de votre décès avant les confrères. Elle est prématurée – mais pas perdue. Cela est survenu à Hugo, et moi-même j'ai bénéficié d'un écho semblable il y a quelques années. Je dois donc, pour l'heure, être une « affaire en souffrance ».

Le Figaro, lorsque j'y entre en 1829, entretient d'autres usages où l'on mêle, comme aujourd'hui, autant d'absinthe que de miel.

Le Figaro fêtait alors ses trois ans. Il avait été fondé, avec Étienne Arago, par Maurice Alhoy avec qui j'ai soutenu bien des dîners. Alhoy a créé vingt journaux dans sa vie. Vif, primesautier, gai, il jonglait d'une affaire à une autre. Tout aussi facilement, il allait de la prison Sainte-Pélagie à celle de Clichy, pour dettes. Je me souviens d'une de ses lettres où il m'annonçait, après un festin partagé ensemble, « avoir été harponné et, saoul, conduit dans les eaux de Clichy ». Mobile comme il était, il ne lui fallut guère plus de deux mois et demi pour se défaire du *Figaro*. Au prix de trois cents francs, Le Poitevin Saint-Alme s'en porta acquéreur.

Le Poitevin – son véritable nom – avait débuté par des romans. Il commit deux ouvrages en collaboration avec Balzac, à l'époque un jeune auteur. Puis il se lance dans le théâtre et aboutit au journalisme. Myope, goutteux, affairiste, six mois plus tard il revend à Bohain *Le Figaro*, cent fois le prix qu'il l'avait acheté.

Le Poitevin illustre assez bien mon évidence : « On dit "il n'y a plus d'argent". C'est une sottise. Pour dire vrai il faudrait dire : "il n'y a plus que l'argent". » Il lui a voué toute son existence. Après avoir engagé ses trente mille francs dans une malheureuse tentative industrielle, il a fabriqué du théâtre militaire. Il finit d'y engloutir le restant de sa fortune. Il resurgit, directeur du *Corsaire* transformé en *Corsaire-Satan*, pour lequel il s'est débattu comme un beau diable à travers une douzaine de procès politiques, condamnations, amendes et dommages-intérêts. Cela ne l'empêche pas de collaborer au *Globe*, feuille ministérielle des plus conservatrices. Comme le soleil, il se levait extrémiste d'un bord et se couchait à l'extrémité opposée.

Méprisant, vaniteux – la vanité est l'écume de l'orgueil – Le Poitevin se qualifiait « homme de génie ». En contrepartie, parlant de ses rédacteurs, il les traitait de « petits crétins ». Débutants et faméliques, ils se nommaient Champfleury, Banville, Murger, Janin, Baudelaire. Des petits crétins qui sont montés vers la gloire. Tandis que sans éducation, sans génie, Le Poitevin sortant d'un chapeau *La Liberté*, un ultime journal au tirage de cent mille exemplaires dans les mois surchauffés de 1848, est mort dans la misère à Belleville. Et ce qui est pire, oublié.

Bohain, lorsqu'il conquiert *Le Figaro*, déjà une feuille célèbre, a vingt-deux ans et il est millionnaire. Assurément, ce brasseur d'affaires a eu très tôt une assez jolie position de presse. Au moment où il m'incorpore dans son équipe, il a déjà embauché Gozlan, Adolphe Blanqui, le frère du révolutionnaire, Romieu, Vaulabelle, Méry, Janin – lequel s'apprête à louer sa plume au *Siècle*. Une troupe qui, par ses attaques, hâtait la chute du roi Charles X, selon la « ligne politique » du *Figaro* d'alors.

Par la suite, mes relations avec Bohain prendront un tour amical, tout en m'éloignant prudemment de la tornade de ses projets. Je lui sais gré pourtant de mes premiers pas dans le journalisme.

D'une manière aussi discrète qu'élégante, il m'avait fait remettre un jour, par un commissionnaire, trois cents francs dont j'avais le plus pressant besoin. Alors qu'il en devait quatre cent mille avant la nuit, sous peine d'avoir à quitter la France en hâte. Le soir même il partait pour l'Angleterre. Bohain avait aussi du cœur.

Si j'avais cru mériter par le talent seul, mon incorporation au *Figaro*, j'allai bientôt déchanter. Ma prose n'était sortie des cartons que suite à une circonstance très particulière. Comme quoi, il est prudent d'être heureux tout bas.

La rédaction s'était coalisée pour exiger une augmentation de salaire : sept francs la colonne, au lieu de cinq – moins d'un sou la ligne. Bohain et Roqueplan avaient repoussé cette prétention. Les journalistes posent leurs plumes. Qu'à cela ne tienne, répliquent les directeurs, nous écrirons le journal à nous deux. Pendant deux jours ils le rédigent avec ardeur, finesse et gaieté. Puis les bras fatiguent, les idées stagnent, la copie commence à faire défaut. Au point qu'ils songent à puiser dans le tas de nouvelles envoyées par des chercheurs de gloire. Beaucoup de récits finissaient au feu quand les cartons étaient pleins. Mais parmi les articles en sursis, mes derniers se retrouvèrent les premiers et ils furent insérés.

Ma prose n'avait pas suffi. Les directeurs ont plié. Les rédacteurs ont obtenu leurs sept francs. Ce qui n'a pas clos d'autres rivalités, en particulier entre Roqueplan petit, mince, bien pris, qui touchait cinq francs de plus que Janin, déjà un peu empâté. Quand celui-ci se plaignait, Roqueplan disait : « Chez Janin les mots abondent, le mot ne vient jamais. » Duels d'esprit.

Conservateurs ou indépendants, les journaux de toutes les couleurs, de toutes les nuances, sont d'accord sur ceci : la presse a toujours raison. Même si le mordant de ses réactions fait saisir le journal, condamner le directeur, c'est bon pour le titre. Le succès lui est acquis. Ce fut le cas du *Figaro*. La cour, les ministres, Charles X, le payèrent d'une révolution.

J'ai éludé au début les questions graves. Je me borne à des articles de philosophie, de poésie, de rêverie, des paradoxes gais sur la vie ordinaire. Au journal, on les baptise des « lisettes ». Ma plume caressait. Je n'usais ni n'abusais des libertés nouvelles accordées par la Charte – et qui allaient s'effriter durant le règne de Louis-Philippe. J'osais à peine réclamer mon dû, pour le travail remis et publié. Timidement, humblement, j'apprenais. Ayant cette rare fortune de bon sens, de ne m'occuper de politique que lorsque j'ai commencé à y entendre quelque chose. Néanmoins, j'ai constaté deux faits. Le prix de la colonne, de sept francs à la fin de la Restauration, est redescendu à six francs dès la révolution de 1830. A la suite de laquelle le *Figaro* adora ce qu'il avait brûlé. Et Bohain, se faisant nommer préfet, laissa le journal à Roqueplan.

Les actionnaires du *Figaro* veulent une autre ligne. Ils introduisent un gros homme à figure sensuelle, aux facéties douteuses voire sodomistes, Henri de Latouche. Il se dit républicain. Expérimenté, novateur, appuyant les romantiques, il est violent et mouvant dans ses idées. Cette double direction dure un mois. Puis chacun des directeurs assure un tour mensuel, car Nestor et Latouche ne s'entendent pas. *Le Figaro* pâtit de ce conflit, avec une politique en zigzag qui rejaillit sur la rédaction. Chaque directeur a sa troupe. Pendant trente jours, un rédacteur en chef ne passait aucune ligne des journalistes de la troupe adverse. Ils pouvaient alors reprendre haleine, s'adonner au roman, à des pièces de théâtre, voire aller à la pêche. Ça a été l'époque où j'ai connu Jules Sandeau – et commencé mon livre *Sous les tilleuls*.

Toute ma vie je n'ai adopté qu'une position dans le journalisme. Janin, lui, déclarait sans ambages : « Savez-vous pourquoi j'ai duré vingt ans ? Parce que j'ai changé tous les quinze jours d'opinion. Si je disais toujours la même chose on me saurait par cœur avant de me lire. » J'ai, moi, été un républicain, parfois seul et le dernier. Mais républicain sans l'acrimonie de Latouche, qui supportait mal les opinions contraires. Cela amenait des frictions, des menaces de duel. Au printemps 1831, j'ai failli me battre avec Latouche. Si nous n'avons pas croisé le fer la brouille subsista, et finalement il se retira du *Figaro*.

Latouche parti, Eugène Briffault assure la direction du *Figaro*. C'est un brillant causeur, grand viveur, soupeur attitré du Boulevard. Lui, Roqueplan, Beauvoir, Lautour-Mézeray « l'Homme au camélia », Malitourne qui parlait ses articles plus qu'il ne les écrivait, Romieu surnommé « l'homme le plus gai de France », quelques autres, ils étaient le champagne de Paris. Mots d'esprit, épigrammes, reparties jaillissaient à leur table, et faisaient le tour de la capitale. La capacité d'ingurgiter de Briffault était proverbiale. Tout cela ne participait pas de la saine gestion d'un journal. *Le Figaro* faillit s'éteindre de sa belle mort à la fin de l'année 1833. Avec des soubresauts, il paraît encore durant deux périodes en juin 1835.

Il vint un moment où sentant la fragilité de ma position, j'en cherchai ailleurs. J'ai collaboré à *L'Artiste*, au *Siècle*, au *Charivari*, au *Musée des familles*. A *L'Europe littéraire*, une juteuse affaire pour Bohain qui souhaitait y regrouper « tous les génies contemporains ». S'il payait peu ses journalistes, il ne lésinait pas sur leur gloire. Je fournis des « causeries » au *Journal de France*.

La manie du Paris d'alors était de lancer son propre journal. Gavarni crée le *Journal des Gens du Monde*. J'en suis. Afin de plaire à sa déesse aux cheveux roux, Gérard épuise son génie dans un *Journal dramatique*. J'y écris. Lautour-Mézeray fonde le *Journal des enfants*, auquel je collabore, et dont le succès, surtout aux étrennes, est grand auprès des familles. Dans cette cohorte, la remarquable *Revue de Paris*, enfant chérie de Buloz, m'ouvre également ses colonnes.

Un flot de feuilles submergeait la France, incitant, excitant, ameutant, selon les tendances, les idées et les opinions. Après l'attentat de Fieschi qui manqua Louis-Philippe, faillit toucher Thiers, et tua le maréchal Mortier, la presse a été placée sous tutelle. Mais sans cesse, elle se répandait en nouveaux ruisseaux. J'en suivais le cours, parfois les débordements.

Si exigeant fussent-ils, comptes rendus dramatiques, nouvelles, contes, fantaisies, causeries diverses, faisaient bon ménage dans ma tête avec mes travaux littéraires. C'est mon ménage qui était mauvais. J'habite Saint-Maur. J'y rédige *Fa dièse*, le plus décourageant de mes livres. Ah ! quelles insupportables, tristes, mesquines petites années, d'où Gatayes m'a sorti pour la Terre Promise d'Étretat !

Le Figaro n'était pas mort, il était inerte. Sous Latouche, sa notoriété avait atteint un haut degré. Ses actions rapportaient 22 pour cent. Il fallait seulement une volonté régissant des talents affirmés. Le 1er octobre 1836, on m'offre le poste de rédacteur en chef. J'ai vingt-huit ans. Depuis *Sous les tilleuls*, on me classe parmi les « Gens de lettres ». J'ai désormais à prouver que je peux assumer la charge de cette aventure périlleuse : la renaissance d'un journal.

Je ne me sens pas grisé par mon nouveau titre, n'étant pas « puissant ». Contrairement à l'idée qu'a de moi Lassailly, dévoué et consciencieux, dans une lettre où il me sollicite pour la chronique littéraire. Je lui confie les livres. Je fais appel à Théo, Gérard, Houssaye, Dumas, mes fidèles, Briffault, Ourliac, ce besogneux méthodique.

Balzac m'annonce par lettre son intention de participer avec deux romans, *La Haute Banque* et *Les Artistes*. J'attire Scribe, Paul de Kock, Sandeau, Jacob dit « le Bibliophile », et Frédéric Thomas, très versé dans le droit et la politique. Chacun dans sa spécialité pouvait être tenu pour le meilleur. Je donne leur chance à quelques jeunes talents, dont Maquet.

Auguste Maquet, pendant dix-sept ans le bon nègre de Dumas,

m'a rendu cette justice que cette plume, adoptée par Dumas, je la lui ai mise en main. Elle a donc, m'a-t-il écrit plus tard, un bon père et un parrain excellent. Mais le fils adoptif se plaignait parfois du père, qui l'employait à des recherches historiques sans citer son nom. Aussi il ameutait abusivement la postérité :

« C'est moi, qui fais les romans de Dumas. »

A quoi je lui ai répondu un jour :

« Eh bien ! mon cher Maquet, vous devriez demander à Dumas de faire les vôtres. »

J'ai désiré ardemment reconstituer un journal solide et durable. J'ai élu domicile rue de la Tour-d'Auvergne. Les bureaux du *Figaro* étant situés rue Coq-Héron au numéro 8, coincé dans son rez-de-chaussée entre un grainetier et un bandagiste. Les journaux semblaient affectionner les petites rues étroites et sombres. Comme si voulant fuir les regards, ils cherchaient à échapper à l'œil des gouvernants.

On pénétrait dans une sorte d'antichambre. Puis des grillages, et une caisse où l'on s'abonnait. Au-delà, un entresol. Sur la porte : « Cabinet du Rédacteur en Chef. Le public n'entre pas ici. »

Il n'aurait vu dans la pièce qu'une table ronde recouverte d'un tapis élimé, quatre ou cinq chaises en paille, et un fauteuil en velours fatigué sur lequel j'accueillais royalement les visiteurs.

Je m'attache d'abord à la présentation du journal. A la première page, le frontispice : Figaro souriant, assis plume en main. En exergue : « Je taille encore ma plume et je demande à chacun de quoi il est question. » Les trois colonnes sont réservées aux informations, dont une au programme des spectacles. Il n'était pas inutile d'indiquer que l'on pouvait écouter les beaux opéras nouveaux *Lucie de Lammermoor* ou *Les Huguenots*, et admirer le *Ruy Blas* de Victor Hugo. Au début, le ton général des articles est à l'humour. Ensuite l'ordre et la certitude s'installent, avec des faits piquants quoique précis. Chaque jour a sa spécialité. Le mardi est politique, le mercredi littéraire, le jeudi raconte les salons, le vendredi parle des arts, le samedi badine sur la mode, et le dimanche rend compte du théâtre. Il n'y a pas de lundi. Dans un journal, le lundi est un jour creux. On invente n'importe quoi : la pluie de crapauds, les veaux à deux têtes, la réapparition du prisonnier de la retraite de Russie. Les rédacteurs du *Figaro* de 1829 ont inventé pour les lundis le grand serpent de mer. Afin d'épargner un public trop malmené, *Le Figaro* du lundi sortira sous forme de revue, consacrée soit à une nouvelle, soit à un fragment de nouvelle ou de roman.

Ainsi *Le Figaro* adopte une politique hardie et indépendante, qui devait le rendre estimable. Pourquoi les possesseurs de journaux ne s'alignent-ils pas sur cette ligne de bon sens ? Fleuriot, le propriétaire du *Figaro* de ce temps-là, n'avait en vue que les rentrées d'argent procurées par les réclames. Nous étions tombés d'accord. Elles devaient figurer en quatrième page, nettement détachées de la substance des articles. Mais à l'impression, M. Fleuriot les faisait s'immiscer sournoisement entre deux paragraphes signés du rédacteur. Si bien que celui-ci vous vendait, avec son opinion de journaliste, les bonbons Machin pour la gorge ou un baume miraculeux pour pieds sensibles.

Deux fois déjà, je lui avais répété mon hostilité de telles pratiques. Deux fois le propriétaire avait promis de les bannir. Néanmoins, l'appât du gain le guidait trop fortement. Une nuit, un typographe me prévient d'une nouvelle manigance. Cette fois, je réveille le sieur Fleuriot, le force à venir à l'imprimerie, lui signifie violemment mes pensées, et je détruis devant lui la matrice du numéro. Il ne me restait plus qu'à renoncer à la direction du *Figaro*. Solidaire toute la rédaction se retire avec moi. Il s'en était fallu de peu que je réduise M. Fleuriot en pâte – comme son journal.

J'ai aisément renoué mes collaborations avec plusieurs journaux. Hors du champ de mes articles, je puise aussi de ma bouteille d'encre *Geneviève, Clotilde, Hortense*. Lorsqu'au printemps 1839, Dutacq sort de sa manche d'éditeur un *Figaro* rhabillé de neuf. Semi-hebdomadaire, annoncé comme littéraire et d'arts, ce *Figaro*-ci comporte une équipe artistique fournie : Gavarni, Daumier, Grandville, Henri Monnier aussi fin à manier le crayon – ce fut là son premier métier – que la plume. D'autres de mes amis ont été engagés, Gozlan, Sandeau, Desnoyers. Rédacteur en chef, Albéric Second à la carrière en saute-mouton.

Rebondissant d'auteur dramatique à sous-préfet, de directeur de journal à commissaire impérial de théâtre, et à la fois romancier et vaudevilliste. Le journaliste tient de l'avocat, du médecin et du pharmacien. Je m'étonne seulement que la presse ne soit soumise à aucune condition sanitaire. Six mois après avoir été intronisé, un peu surchargé d'affaires, Albéric Second me transmet la fonction. Comme les coureurs se passent le flambeau.

Appuyé sur cette troupe talentueuse, entouré d'amitié, j'ai ressuscité à nouveau *Le Figaro*. La rédaction se composait du meilleur en esprit, en malice et en verve. Chacun s'est attelé à la tâche de bonne grâce. Moi seul en manquait. Les tracasseries incessantes du caissier, des rédacteurs, des typographes, des vendeurs, épuisaient ma patience et mon temps. S'inféoder à la « ligne du journal », se soumettre au contrôle du gérant, supporter le poids du comité de rédaction, voir ajourner l'insertion d'un article trop paradoxal, m'ont amené à cette conclusion : les journalistes sont des avocats qui écrivent. Il n'y a pas un journal dans lequel on puisse mettre vingt lignes où il n'y aurait ni bêtise ni mauvaise foi.

Raisonnablement, je ne réussissais pas à me creuser une niche comme la plupart des « publicistes ». De surcroît, sous l'accumulation des contraintes, je ne voulais pas perdre la raison. Risque auquel ont été voués trop de manieurs de plumes. En ai-je croisé de ces martyrs de l'écritoire ! Des très proches, Briffault, Nerval, Lassailly. Lautour-Mézeray tombé en enfance, un spectacle à vous tirer des larmes. Et le baron d'Urbin, de la *Gazette de France*, Guyot de Montpeyroux du *Courrier de France*. Tant d'hommes quotidiennement enchaînés à cinq sous la ligne. Et ce qu'il faut de lignes pour une colonne, de colonnes qui font un article !

Malgré cela, le nombre des écrivains – les journalistes sont des écrivains de l'éphémère – est innombrable, va et ira toujours croissant. Parce que c'est le seul métier avec l'art de gouverner, qu'on ose faire sans l'avoir appris.

Il m'était de plus en plus difficile de poursuivre l'exercice d'une profession qui accaparait toutes mes facultés. A l'opposé d'un aventurier en affaires, je n'avais rien d'un Émile de Girardin lançant *La Presse*. Mes facultés, non plus que mon échine, n'avaient la souplesse politique, l'intrépide ingéniosité, disons le mot : l'impudence, nécessaires aux « coups ». Comme tant d'autres, il aurait fallu s'adapter. Moi, comme la truite et le saumon, j'avais maintenant la rage de remonter le courant au lieu de me laisser porter par lui. Je ne supportais plus l'avidité, la suffisance, le verbiage. Je rétrocède *Le Figaro* à Albéric Second.

Et semblable au personnage d'un opéra-comique, M. Vautour, qui dit plaisamment : « Quand on n'peut pas payer son terme il faut avoir une maison à soi », je m'intronise rédacteur unique et indépendant d'un petit mensuel, que je baptise *Les Guêpes*.

J'ai voulu rendre aux mots leur vrai sens. Que ce fût clair, net, limpide. Des mots à moi, ne tombant pas d'une plume trop pleine comme une goutte d'encre et faisant un pâté. J'ai voulu l'indépendance sur une page propre. Et j'ai fait *Les Guêpes*, une revue-journal. Existaient les journaux légitimistes, cléricaux, absolutistes, avant que ne s'ajoutent au nombre les prétendus républicains et les bonapartistes. Sous le règne de Louis-Philippe, on en comptait de sept à huit cents. La moitié du côté du manche, si je puis dire, l'autre moitié formant l'opposition, et s'opposant à elle-même. Car tous les partis ont leurs extrêmes, dont leurs feuilles ont leurs jésuites.

Selon les mesures fiscales et les lois sur la presse, les journaux surgissaient, paraissaient, disparaissaient, réapparaissaient, comme les pistons règlent la force d'expansion de la vapeur.

Il y avait eu l'âge d'or, nous étions à l'âge du papier.

J'ai eu la naïveté de tenter la compétition avec des innovateurs influents, tenaces et habiles : le docteur Véron, MM. Bertin, Buloz, Dutacq, Émile de Girardin. Ils ont été à l'origine du meilleur et du pire. Jamais, à cette époque, les Français n'ont été bernés de plus de chimères et en plus beau langage. Jamais des hommes porteurs de bannières n'ont cultivé autant la jobardise, pour des lecteurs aussi gobe-mouches.

Il se disait – il se dit encore, rien n'est changé – : « On ne croit plus à rien, plus de croyances ! » A quoi j'ai depuis longtemps répondu : « On ne croit plus à rien mais on croit aux journaux. »

Il était périlleux de ma part de vouloir imposer des vérités, dans l'encombrement journalistique d'alors. Journaux, revues, caricatures, pamphlets, opuscules, livraient une guerre acharnée à tous et à tout. Il émergeait en plus des *physiologies*, lancées par Philipon. Comme elles rapportaient de l'argent, elles se multipliaient : physiologies de la Lorette, du mariage, du goût, du tabac, de l'omnibus, du parapluie... Elles se voulaient le miroir de la société. Courts, plaisants, juteux, ces petits volumes augmentaient l'indigestion.

Pour *Les Guêpes*, je voulais aller seul. Et seul, subir la défaite ou recueillir les lauriers.

Le 1er novembre 1839 sort le premier fascicule. Le succès est immédiat. En deux jours, mille deux cents exemplaires sont vendus. J'occupe, je trouble, je bouleverse le monde littéraire, politique, artistique, les grands hommes gonflés de vanité, les salons, les bourgeois. *Les Guêpes* sont le sujet de toutes les conversations. Pari risqué, pari gagné. A quoi tenait-il que mon langage s'entendît mieux que les criailleries à la mode ? Je veux me croire sobre, économe, chiche même, en satisfaction d'amour-propre. Bien qu'il soit convenu d'être humble en parlant de soi. Je peux cependant me délivrer cet évident constat : j'ai assez bien réussi un journalisme individuel.

Ce n'était pas aller vers la facilité. D'autant moins sûrement, que j'avais affiché dès la préface, mes buts, mes intentions et ma méthode.

> « J'ai enlevé son sabre à la justice, et je l'ai divisé en petites parcelles, en petites flèches et en épingles pour piquer les coquins et les imbéciles... »

Je me montrerai impitoyable lorsqu'il s'agira de viser les travers, les sottises, les injustices, les abus, les vices du temps, les tyrannies, l'arbitraire – la forme la plus odieuse et la plus dangereuse de la tyrannie. Je ne reculerai devant aucune responsabilité. Je ne ferai la moindre concession ni aux hommes ni aux événements. Tout cela, je l'ai dit, écrit, répété. Néanmoins *Les Guêpes* ont d'emblée amassé sur elles le bruit flatteur de la renommée. Et je puis assurer qu'aujourd'hui, où je les ai définitivement ramenées butiner dans la pourpre de mes roses, elles font encore un certain bourdonnement.

A leur début, jeunes et nouvelles sur la place de Paris, *Les Guêpes* se sont envolées sous un jour attrayant. Tout reflétait ma personne, mon caractère, mes antécédents. Depuis dix ans, par mes romans ou mes articles, le public m'avait jaugé. Il me connaissait à l'aune de mes opinions, d'idées très étudiées, très mûries. Il m'accordait le bénéfice du bon sens, de l'esprit, un jugement ferme et juste, de la poésie, des aperçus convenables sur les faits et les gens. Il a trouvé là un raccourci de ses désirs, sous une présentation assez originale.

Chaque sujet se devait d'être léger, incisif, exciter l'éveil. Donc j'évitais les longueurs, et qu'ainsi on tournât la page. Pour clarifier mes bonnes raisons, je les séparais en petites guêpes aristophaniques dont l'essaim emplissait douze volumes par an. A raison de vingt mille exemplaires débités chaque mois, il y avait de quoi créer des opinions. En totale indépendance, j'ai répandu les miennes, piquant à gauche et à droite, observant, montrant et démontrant. Pendant trente-sept années j'ai fait une juste guerre. Tout en n'étant rien dans rien. Pas même garde-champêtre, moi qui ai eu deux amis au pouvoir, Lamartine et Cavaignac.

Mes publications n'étaient pas exclusivement consacrées à la politique. J'y hébergeais les arts et la littérature. Là aussi je ne ménageais pas mes sentiments. Si j'aimais, je l'exprimais. J'instruisais à l'occasion, au moyen d'aphorismes. Si je rejetais, j'usais de la franchise. Et je mordais, quand le ridicule se hissait à des sommets haïssables. Je puis affirmer pourtant que jamais l'esprit d'insolence ne m'a emporté, ni le dénigrement dont il était de bon ton de couvrir la personne de Louis-Philippe. Je ne visais pas à cette originalité qui conduisait, comme Lorentz, à publier un *Polichinel, ex-roi des Marionnettes, devenu philosophe.* J'ai évité ces chemins. J'ai marché sans faiblir sur d'autres routes, librement, sans influence de parti. En conséquence de quoi, on m'a traité d'« ami du château ».

Les Guêpes ont continué de plaire. L'enthousiasme, la vogue et la vente ont été constants durant dix ans. Si j'en cherche les raisons, je les découvre dans mes petites phrases d'un genre nouveau. Polémiques, si l'on veut, pamphlétaires, sans doute. Mais familières, raisonnables, contrôlées, aiguisées, amusantes, sans cruauté. Libres de toutes entraves, neuves dans la forme, combattant à découvert – d'où les coups reçus. Et s'il m'est arrivé de parler de moi, on n'a pas cessé de me le reprocher, c'est qu'en laissant parler les autres je suis forcé d'avouer franchement que je n'ai pas été parfaitement satisfait de l'épreuve. Moi, j'ai usé de la forme littéraire sans négliger le style.

Ce qui vaut la peine d'être fait vaut la peine d'être bien fait.

Ceux qui liront *Les Guêpes*, plus tard, y verront l'histoire de ce temps. Quand elles bourdonnaient sur un lecteur fâcheux et médisant : « Mon bon M. Bouchereau, je vous prierai de me faire parvenir l'adresse de vos oreilles. »

Autant que je me le rappelle, disais-je aussi, en 1830 il y eut une révolution pour la liberté de la presse, par cette intéressante partie de la population qui ne sait pas lire : la presse est donc libre.

Cette population, les Parisiens surtout, savait de bonne foi que je n'exagérais rien de ce que je dénonçais. D'autres ne le remarquaient pas, parce qu'ils ne remarquent rien. Semblables aux hannetons qui, étant partie intégrante de l'histoire naturelle, ne savent pas l'histoire naturelle pour cela.

Ils ne s'étonnaient pas davantage de l'abus des jurys pour les

« circonstances atténuantes ». Un homme – un cas entre mille – accusé d'avoir coupé sa sœur en morceaux, était déclaré coupable mais avec des circonstances atténuantes. Parce que la victime était sa sœur ? Ou parce que les morceaux étaient petits ?

Le peu de réflexion du peuple provient de ce qu'il avale dans les grands journaux de pleins articles à longues phrases, comme une tartine délayée. Heureux de se dire abonné, on lui doit chaque matin une opinion toute faite sur ce qui s'est passé la veille.

Et lorsque le libraire Renduel a laissé imprimer dans la presse : *Les Chats du crépuscule* de M. Victor Hugo, j'ai suggéré que c'était la même chose que *Les Chants du crépuscule* déjà publiés. L'abonné a dit : « Ah bon ! » Puis s'est occupé de lire la friperie phraséologique des députés « amis du peuple ».

Qui s'occupait du peuple, à la Chambre et ailleurs, du temps des *Guêpes* ? On me répondait : le Pouvoir. Le Pouvoir a ceci de particulier qu'il ne peut rien. Quand j'écris Pouvoir, lisez places et argent. Alors les députés ? J'ai soutenu : « Pendant longtemps on n'a pas payé les députés. Depuis qu'on les paie, il ne paraît pas, tant s'en faut, qu'on obtienne une qualité supérieure. »

Les malversations avaient pris le parti de se multiplier comme les pains de l'Évangile. *Les Guêpes* demandaient ce qu'était devenue – entre autres – une fameuse enquête sur les affaires de la Bourse. Je ne suis pas sûr, cinquante ans plus tard, que la vérité soit sortie du puits où Messieurs les avocats l'y avaient poussée.

Les avocats. En ai-je entendues à la tribune de leurs grandes phrases sonores à proportion qu'elles sont creuses ! J'ai réclamé que la tribune fût détruite. Avec elle disparaîtront les longs discours vides et perfides. Le pays peut être sauvé en patois.

Mon acharnement envers eux pourrait se comparer à un préjugé. Hélas ! j'ai trop de preuves. On me rétorquera comme cette trop jolie danseuse qui avait trop d'amants, et que l'officiel surprit un jour :

« Cette fois, lui dit-il, vous ne le nierez pas... j'ai des preuves.

– Des preuves... des preuves, répliqua-t-elle sans hésiter, des preuves... eh bien ! qu'est-ce que ça prouve ? »

Ça prouve que depuis Thiers, qui, en sous-main céda la France à Louis-Napoléon, jusqu'à Gambetta poursuivant par orgueil une guerre meurtrière continuée par les massacres de la Commune, les avocats politiques ont ruiné le pays en agitant leur rhétorique criminelle et ampoulée. Ainsi je le maintiens : si le second arbre dans mes préférences est le châtaignier, le premier est celui auquel on pendra le dernier des avocats politiques.

Le suprême de l'art dans leur littérature de gouvernant, est de ne pas dire et d'avoir dit – de dire et de n'avoir pas dit.

On peut ne jamais changer les choses pourvu qu'on change les noms. Et le peuple, mobile dans ses passions, qui détestait la gendarmerie, l'applaudit si on la désigne garde nationale et repoussant la conscription, l'approuve quand elle devient recrutement.

On peut gouverner la France avec des synonymes.

J'ai la tête brisée. Je paie aux *Guêpes* un tribut de migraines, après avoir passé en revue ces menus échantillons comme une garde d'honneur. Je me suis offert une coquetterie d'auteur. Trop heureux de me faire pardonner d'avoir amusé les gens, ne voulant pas qu'on s'aperçoive que je les fais aussi penser.

Bien qu'ayant tout mesuré avant de les entreprendre, *Les Guêpes*, qui m'ont peut-être sauvé de l'oubli, ont aussi « sauvé la France ». On m'incriminera sur cette affaire, comme on accusait la mauvaise humeur de quelques journalistes : « Ces messieurs sont comme les enfants, ils crient quand on les débarbouille. » Mais le fisc m'avait sali mes petits livres. J'ai crié. A ma manière, avec mon style « à lame de poignard », comme on disait.

M. Humann, le ministre des Finances, avait à combler un déficit de quelque huit cents millions d'alors. Il se sentit réduit aux expédients. On se résolut à faire flèche de tout bois. Et trouvant en elles une des brindilles d'un des foyers, on exigea des *Guêpes* qu'elles fussent timbrées. C'est-à-dire souillées d'un gros cachet, vilain pâté noir qu'il me fallait payer douze centimes par exemplaire. Moyennant quoi, le gouvernement pouvait continuer à marcher malgré son déficit.

J'ai résolu de laisser cette page en blanc, avertissant le lecteur au-dessous du cachet : « Page salie par le fisc. »

Pauvre gouvernement ! Quel bonheur pour lui que j'aie créé *Les Guêpes*. A quelle extrémité eût-il été sans moi ? Dix fois on me demanda de mettre un terme à ma plaisanterie qui agaçait. Refus de ma part. Puisqu'on n'avait pas eu d'égard pour mes volumes imprimés sur beau papier, gâtés par un cachet sale.

J'émets le souhait de voir cette taxe payée par des réclames. Aussitôt me parviennent des propositions de produits en tous genres. Elles m'auraient rendu complice d'ignobles duperies sur la qualité. J'ai repoussé. J'ai préféré contribuer de mon argent personnel. Cette taxe sentait son impôt indirect – les impôts indirects sont des impôts hypocrites. L'argent, grâce aux *Guêpes*, ne me manquait pas. Les recettes, assez considérables, étaient à partager avec Dutacq mon éditeur pour douze numéros. Je fournissais le manuscrit, lui le papier et l'impression. Chacun y gagnait, quoique Dutacq me chicanât mon dû et les moyens de contrôle. Mais à l'expiration du contrat, joueur et tripoteur d'affaires, il revendiqua la propriété du titre *Les Guêpes*. Je dus engager un procès. Dutacq avait été clerc d'avoué. Il usa de toute la procédure pour faire ajourner la décision, élever des incidents. Mon titre étant en litige, il m'était interdit de l'utiliser jusqu'au jugement définitif. Lequel semblait devoir durer par l'épuisement de tous les degrés de juridiction, jusqu'au Jugement dernier.

En France la justice est gratuite. C'est vrai, mais la procédure est ruineuse.

Les Guêpes ont pénétré tous les milieux. Je n'avais besoin que d'un nombre restreint d'amis inconnus. Chacun a le livre dans la poche. Son petit format s'y prête. Son prix d'un franc le volume y aide. Alors s'imaginant une pluie d'or, là où quarante mille francs de bénéfices annuels se répartissaient en plusieurs bourses, les confrères sonnent la charge. Ils surgissent la plume dans une main, pour de l'autre, recueillir un lingot.

Je ne crois guère me tromper, en six mois plus de trente imitations ont envahi les rues.

Les nouveautés naissaient, surnageaient quelque temps, puis s'enfonçaient, perdues corps et biens. Mensuels, taillés sur le même patron que *Les Guêpes*, ils s'intitulaient *Lettres cochinchinoises* d'Albéric Second, *Les Abeilles*, de Rosbecq qui était Le Poitevin Saint-Alme, *Les Personnalités politiques et littéraires* d'Alphonse Peyrat. Fortunat Mesuré avait tenté *Hic Hoec Hoc*. Un anonyme sortait *L'Ane d'or*. Eugène Briffault *Le Courrier de la Ville*, et Paul Lacroix qui choisissait de s'appeler le Bibliophile Jacob, *Les Papillons noirs*. Dans une charmante lettre d'excuses, il avait demandé à mes *Guêpes* de ne pas courir sus à ses papillons, ni de les étourdir d'une bourrade de leurs ailes. Lacroix aimait passionnément les livres, comme je les goûtais. Il est l'auteur de cette jolie phrase : « Heureux les bibliophiles ! » Je lui laissai volontiers sa chance. Elle dura quatre numéros.

De ce pêle-mêle, seules survécurent durant quatre années *Les nouvelles à la main* de Nestor Roqueplan. Dix ans auparavant, il m'avait initié au journalisme en compagnie de Bohain. Maintenant, je l'inspirais. Pour des chroniques subtiles, des « vérités à pied et dans la rue » qu'il faisait très bien. Avec un esprit étincelant, une facilité d'improvisation, et une élégance de style un peu XVIIIe siècle. Une mousse de champagne.

Je recevais chaque mois pour cent cinquante francs d'injures anonymes. Elles provenaient d'honnêtes gens. C'est-à-dire de gens ayant le *cens* commun, et un nombre suffisant de portes et fenêtres.

Un monsieur m'écrivait que j'étais « une oie ». Un autre, que j'avais « les pattes graissées » par M. Thiers. Je me souviens d'une lettre de quatre pages pleines de latin, de grec, d'un peu de français et de beaucoup de grossièretés. On m'y tutoyait, me mettant au défi d'imprimer cette lettre dans *Les Guêpes*. Dans le numéro suivant, je répondis que j'étais prêt à la publier, si ce garnement voulait venir la signer chez moi. Après avoir joint en post-scriptum, le récit de la correction que je lui aurais infligée.

D'autres m'assaillaient de menaces, les terminant d'un prénom vague. Le plus souvent, les personnes se cachaient lâchement derrière l'anonymat. Elles m'accusaient de n'avoir pas de « couleur », n'étant d'aucun parti. Elles me dénonçaient comme asservi par l'or du château. J'ai pris la peine de m'expliquer. L'abonnement du roi, des douze francs qu'il coûtait, une fois payés le papier, l'imprimeur, le clicheur, le brocheur, les commis et la part de l'éditeur, me rapportait trois francs pour me corrompre pendant un an.

Il est vrai que je n'ai pas attaqué le roi. Malgré leurs allures libres et assez vives, *Les Guêpes* n'ont jamais eu envers Louis-Philippe la méchanceté des feuilles comme *Le Corsaire-Satan, Les Cancans* ou *La Caricature*. Ni la mesquinerie des journaux soutenant M. Thiers « qui m'engraissait ». Ces carrés de papier, quand il était aux affaires, consentaient à précéder le nom du roi de S.M. Mais sitôt le petit grand homme remplacé au ministère, Sa Majesté se voyait déchue des deux consonnes. De mon côté je tombais bien bas, vendu que j'étais, d'abord au roi, puis à M. Thiers, puis à M. Bertin directeur du *Journal des débats*. Avant que j'apprenne que des fonds secrets payaient mes dénonciations, et de me découvrir mouchard.

Quelques esprits chagrins, au nom de la liberté, me défendaient de plaisanter sur certains sujets. De tout temps, les prétendus apôtres de la liberté s'en montrent si affamés, si goulus, qu'ils veulent ajouter, à leur propre liberté, la liberté des autres.

Lorsque le ridicule touchait au cœur leur vanité, les plaignants les plus braves frappaient à ma porte. Je le revois, je l'entends, cet intrus :

« Vous avez dit que je manquais d'esprit. J'exige réparation par les armes. Je ne sais pas me battre, mais voici mes conditions : un seul des deux pistolets sera chargé. »

J'ai arrêté ce flot de paroles singulières :

« Exigez-vous aussi que le pistolet chargé soit le vôtre ? »

Et j'ai poussé par les épaules ce duelliste original, sur le palier, le laissant ahuri de l'autre côté de la porte.

Mon opinion sur certains métiers de femmes était – est encore – que les hommes n'ont pas à les pratiquer à leur place. Je considère ridicules des jeunes gens de bonne corpulence, s'occupant de parfumerie, de modes ou de plier des draps en quatre. Je l'avais dit dans *Les Guêpes*. Un commis de magasin de lingerie voulut venger cela comme une offense personnelle. Il monta mes étages pour me provoquer :

« Il faut que nous nous battions. Vous avez le choix, je ne sais tirer ni le sabre, ni l'épée, ni au pistolet.

– Comme cela se trouve ! Je manie l'aune avec quelque habileté. »

Celui-là aussi je l'ai mis à la porte.

J'ai beaucoup ri des invectives lancées contre moi – et dont j'alimentais mon feu tout l'hiver. Je souriais des provocateurs chatouillés dans leur amour-propre et criant à la vengeance. J'ai eu pourtant deux grands motifs à envisager ces choses plus sérieusement. Le souvenir qui m'en vient me ramène cinquante ans plus tôt, quand l'honneur avait encore un sens.

« L'affaire Victor Cousin », comme on l'a nommée, a rempli tout Paris de son bruit. Paris en a-t-il su les prémisses, que je tiens pour honorables ?

Victor Cousin, philosophe, académicien, maître de l'Université, ministre, était pingre. Cette mesquinerie, ridicule chez le particulier, est un défaut lourd de conséquences chez un homme public. Je l'avais déjà signalé : « Ce serait un service bien extraordinaire que celui que M. Cousin rendrait pour rien. » Aussi, lorsqu'il refuse un secours à l'écrivain Raymond Brucker dans le besoin, au moment où il multiplie en les augmentant ses faveurs envers madame Colet, ma colère éclate. D'année en année, madame Colet obtenait régulièrement le prix de poésie de l'Académie française. Il était donc admis, au ministère, qu'il fallait être jolie femme pour avoir une pension d'homme de lettres. Je lâchai mes guêpes. Je n'ignorais pas le degré d'intimité et l'état de la Muse. Elle s'apprêtait à mettre au monde autre chose qu'un alexandrin. Le ministre, impudemment, se montrait avec elle à des spectacles auxquels n'assistait pas le mari. Le titre de mon article vengeur était prêt : « La piqûre du cousin ».

L'article fait l'effet d'une bombe. J'y raconte tout. Les détails sur l'enfant de lettres qui allait voir le jour. La nourrice à Nanterre, dont s'était déjà occupé Cousin. Je fournis les noms, j'indique les faits, c'est-à-dire les privilèges exorbitants. Je manie cela de telle façon que la rumeur tourne en preuve patente. Le ministre se tient coi. Mais la muse entre dans une fureur vengeresse. Elle vient chez moi, qui, ne la connaissant pas, suis sans méfiance. Alors elle me donne un coup de couteau, lequel m'égratigne. Je saisis le poignet. L'arme tombe. La muse, pleine de rage et de sang-froid, s'écrie : « Ah ! le lâche, il porte une armure », et s'effondre sous l'émotion. Elle n'avait pas lésiné sur les moyens en utilisant un couteau à dépecer. Qu'elle eût frappé latéralement, au lieu d'imiter les actrices qui lèvent le bras théâtralement, c'en était fini de moi. J'applaudis à son courage de femme enceinte de plus de huit mois.

Évidemment, Cousin utilisa des agissements de ministre. Il chargea Sainte-Beuve que j'aimais aussi peu que lui, de s'assurer que je ne porterais pas plainte et garderais le silence. Je lui accorde le premier point. Quant au second, je ne voyais pas pourquoi j'en aurais privé les lecteurs des *Guêpes*. Après tout, j'étais l'offensé. Et je ressentais bien la rouerie cauteleuse, mise en scène par MM. Cousin et Sainte-Beuve associés. Cinq ans plus tard, j'aurai à fustiger violemment Sainte-Beuve dans *Les Guêpes*. N'avait-il pas eu l'infâmie de souiller de ses vers Madame Hugo, qu'une faiblesse avait conduite à avoir une liaison avec lui ? J'ai donc relaté l'attentat de ce 15 juin 1840, qui eût pu être sérieux et devint « l'affaire Colet ». Elle m'a permis d'invoquer publiquement les torts de chaque partie. Je ne m'en excluais pas. J'avais été l'auteur d'une action d'un goût douteux, en dévoilant des détails trop domestiques. J'ai réparé de mon mieux en demandant pardon à toutes les femmes.

Mais plus tard, étant à Nice, ayant eu vent que madame Colet y arrivait, j'ai cru bon d'avertir le public par ce cri d'homme à demi assassiné : « Rangez vos couteaux ! »

Je ne m'étais pas dissimulé qu'en situant la vérité et la justice au-dessus de tout, les hommes se sentiraient placés trop bas. En premier lieu ceux qu'un titre, une position sociale ou la fortune avantageaient. Je les avais comme ennemis par *Les Guêpes*, et adversaires par les armes. Bien des matamores se rebellaient, me provoquaient. En paroles le plus souvent, ou grotesquement. D'ailleurs, j'avais clairement déclaré qu'à mes yeux un duel étant une chose terrible, il fallait nécessairement se battre pour des motifs graves. Sans marchander les excuses, par lesquelles on entame sans aller jusqu'au bout. Selon Grisier, mon vieux maître d'armes, les témoins avaient tué plus de monde que les épées.

J'avais donc averti mes contestataires belliqueux : on se bat ou on ne se bat pas. Si l'on se bat, ce sera jusqu'à l'alternative où l'un des deux combattants tombe, tué ou blessé. Je ne demanderai ni n'accorderai une troisième chance. Pas de quartier ! Ces principes nettement posés expliquent pourquoi *Les Guêpes* ne m'ont conduit qu'une seule fois sur le terrain, face au comte Alexandre Walewski.

Plus difficile a été de se mesurer avec les imitateurs et les fraudeurs. Leurs armes étaient plus sournoises, les abus nombreux et dispersés.

J'ai pensé six colonnes et j'ai écrit deux lignes – on a repris mes deux lignes et on en a fait six colonnes.

Tous les mois, depuis le premier numéro, des milliers de personnes ont lu *Les Guêpes* sans avoir acheté un seul de mes petits livres. Abonnés à un quelconque journal qui avait peu à leur offrir, les lecteurs s'y délectaient, s'abreuvant de mon bon sens et de mes réflexions. Quand j'y songe, c'est du bon grain qu'on dérobait aux *Guêpes* :

« Une femme vient de publier *Mémoires* d'une jeune fille. Il serait vrai et spirituel que ce fût un cahier de papier blanc. »

« Ceux qui sont nés depuis trente ans disent qu'ils *ont* trente ans. Hélas ! c'est au contraire trente ans qu'ils *n'ont plus*. »

« Il n'y a plus de probité. Tous les jours il se vend des bas de soie dont chaque paire n'a qu'un bas. »

« Nous avons été menacés d'un nouveau gouvernement, outre tous ceux dont jouit cette époque où tout le monde est gouvernement. »

« On lit dans un journal : « "On a trouvé dans la rivière le corps d'un soldat coupé en morceaux et cousu dans un sac, ce qui exclut toute idée de suicide". »

« On condamnerait aux travaux forcés le malheureux qui aurait volé un pain d'un sou à un boulanger, tandis que le boulanger qui vole un sou sur le poids du pain en sera quitte pour cinq francs d'amende. »

« Soixante-six licenciés en droit viennent de prêter le serment d'avocat. Jour néfaste ! où soixante-six nouveaux vautours affamés par les jeûnes du stage, ont pris leur volée sur la France. »

Je n'avais aucune raison de comparer ces emprunts à de la philanthropie. Aujourd'hui mes valeureuses guêpes volettent autour de moi en ombres chères. Mêlant l'ironie et le sarcasme à la raison, elles ont combattu le faux, l'absurde et le mauvais. Quoiqu'on ait souvent assaisonné cela avec des calembours et des coq-à-l'âne. C'était fort prisé des lecteurs d'alors. Les journalistes s'en faisaient les échos empressés. Leurs carrés de papier légitimistes, républicains ou ministériels les reproduisaient, pas assez bêtes pour ne pas s'approprier le meilleur.

Mais à la fin je me suis fâché. Depuis bientôt six ans, les contrefaçons se multipliaient à mes dépens et selon la couleur du journal. Chacun d'eux choisissait, épluchait, coupait dans mes histoires, supprimait, tronquait. Je m'étais plaint à ces feuilles. Leurs rédacteurs – quand ils me répondaient – soutenaient que c'était dans mon intérêt, et pour me rendre service. Il m'a semblé qu'on se moquait de moi. Aussi j'ai sévèrement prévenu ces voleurs, que dans *leur* intérêt, s'ils prélevaient sans mon autorisation spéciale je lâcherais sur eux un essaim... d'huissiers. En France, cette mesure calma un moment la rapine. Elle produisit moins d'effets en Belgique, où deux contrefaçons des *Guêpes* se publiaient. Sans doute, selon l'esprit façon belge, dans l'intention de me rendre service.

Les Guêpes ont été mon miel, ma cuirasse et mes armes. J'ai eu pour elles une affection constante. Elles m'ont permis de parler au public, le langage qu'on doit tenir à un ami. Je l'ai mis en garde contre les marchands qui vendaient à faux poids. Les cochers de fiacre usurpant sur le tarif des courses. Contre les conservateurs, soucieux de conserver leurs privilèges. Les démagogues, prêts à mettre le feu à la maison France pour faire cuire leur œuf à la coque. En conséquence de quoi, les premiers me dénonçaient comme socialiste. Et les seconds professaient platement que j'appartenais au clan du château, puisqu'à mon appel la famille royale avait libéralement ouvert sa bourse en faveur des malheureux d'Étretat. Toujours quelque béjaune en mal d'article risquait contre moi une attaque. On imprimait même que les dernières *Guêpes* étaient écrites par ma cuisinière – je n'en avais pas – et que j'étais mort. C'était prématuré. Cette antienne resurgissait régulièrement. Étant en verve, j'ai cru bon d'avancer mon épitaphe :

« Des amis me visitant à la nouvelle que j'étais mort et apprenant que j'étais sorti, s'en retournèrent en disant : Ah ! tant mieux ! Me laissant supposer que le jour où la nouvelle sera vraie, ils diront : Ah ! tant pis ! »

« Depuis trois jours je fais chercher M. Karr comme une épingle. Si vous savez où il est, envoyez-le-moi. »

Le général Cavaignac, chef du pouvoir exécutif, souhaitait me voir et m'avoir. J'allai le trouver. A la suite d'une longue conversation, nous sommes tombés d'accord sur un journal à un sou que j'imprimerais. Il fallait lutter contre une foule de publications souvent éphémères, et tirant des coups de fusil à chaque ligne. Après la révolution de février 48, plus de six cents feuilles et une pluie de brochures se partageaient le trop-plein d'idées politiques, dont elles abreuvaient les Français.

Nous étions à une de ces époques, où il n'était que trop facile de voir qui il ne fallait pas suivre, mais où on ne voyait pas aussi clairement avec qui on voulait marcher. Mon journal, je l'appelais *Le Journal.* Car j'avais souvent entendu les lecteurs d'une feuille considérer un fait ou une idée comme incontestable, simplement parce que « c'était dans le journal ». Le mien avait pour mission de contrebalancer la démagogie, les métaphores, la jactance des virtuoses de la politique et des frénétiques, par le bon sens et la bonne foi. Telle était d'ailleurs la devise du *Journal.*

J'obtiens facilement de la préfecture de police l'autorisation de le faire vendre sur la voie publique, et mes crieurs reçoivent les permissions spéciales nécessaires à leur emploi. Si je savais quoi semer, il me fallait l'attelage propre à cet ouvrage.

Au début, j'associe à ma première équipe Charles Reybaud,

vieux journaliste, écrivain net et correct, homme clairvoyant. Babaud-Laribière, républicain modéré – ce que j'étais, et Lireux, qui connaissait la vie officielle et privée de tous les députés et hommes d'État, et n'avait aucune conscience politique. Peut-être a-t-il dû à cela de finir dans une grande aisance.

Naturellement, j'étais allé rameuter mes fidèles. Théo qui naguère m'avait amené Gérard. Gérard, lequel un matin me recommande Tournachon, un immense jeune homme à cheveux roux, aux yeux vifs et intelligents. Ces yeux-là cachaient toutes les possibilités du Nadar qu'il deviendrait. Nadar, alors, était parti avec une douzaine de têtes chaudes comme la sienne délivrer la Pologne du joug des Russes. Le colosse russe n'avait pas été ébranlé, et s'étant rendu maître de ces proclameurs du droit, les avait arrêtés, encasematés, puis emmenés en Allemagne. Ils s'en étaient échappés, avaient rejoint Paris, où je récupérai un Tournachon famélique après son épopée de quelques mois.

J'engageai aussi comme collaborateurs Gozlan, Méry, Henri Monnier. Si l'adhésion de Félix Pyat, Paul Féval, Edgar Quinet, Ponsard, Paul de Kock m'était acquise, ils étaient trop occupés pour participer activement. D'autres soldats se présentaient, plus ou moins valables à l'écrit. Mais confiants dans le drapeau et dans le chef, *Le Journal* pouvait compter sur leur bonne volonté. J'avais besoin de tous les enthousiasmes. C'est une rude besogne de mener un journal quotidien avec peu de rédacteurs.

J'écrivais des articles, j'allais aux renseignements. Chez Cavaignac, chez les ministres. Vaulabelle ministre de l'Instruction publique, Tourret de l'Agriculture, Sénard de l'Intérieur, Charras de la Guerre. Tous hommes honnêtes et de conviction, acceptant d'être et de rester mes amis. Souvent, j'assistais aux séances de la Chambre. N'ayant presque jamais le temps de déjeuner ni dîner, je mangeais une fois par jour, à minuit, lorsque le journal était sous presse, et avant qu'on m'en soumette le premier exemplaire. Accablé de travail, d'affaires et d'opportuns, j'étais horriblement fatigué. Il me venait de violentes nostalgies de la mer et de mon jardin de Sainte-Adresse – où on avait donné à une rue le nom des *Guêpes*.

Au *Journal*, chacun avait sa compétence. Pourtant je me rappelle très particulièrement l'efficacité affectueuse de Gérard et Nadar, deux caractères complémentaires. Gérard n'avait jamais consenti le moindre joug, ni de se plier à un feuilleton régulier. Rien au monde ne valait pour lui la privation d'une heure de sa liberté. Quant à Nadar, il s'était attaché aux tâches ingrates de dépouiller les journaux, classer les faits divers, corriger les épreuves. Il y mettait beaucoup de soin, de régularité et d'intelligence, mais pourquoi avait-il cette défiance envers quelques-uns de nos amis, Lamartine entre autres ? Aussi, parfois, insérait-il perfidement une ligne ou deux de son cru. Mais, comme je ne laissais imprimer aucune feuille sans l'avoir relue moi-même, fût-ce au milieu de la nuit, tous ses pièges ont été déjoués. Au contraire, Gérard n'usait pas de ces gamineries. Lui qui ne voulait être ni à un bout ni à l'autre d'une laisse, qui n'aimait ni commander ni obéir, pendant mes absences il s'emparait du pouvoir avec autorité.

Gérard, lorsqu'il me sentait épuisé, me poussait à prendre le train qui me déposait à Sainte-Adresse à six heures du matin. La mer, mon jardin, mes fleurs, un bon repas – et reposé, je regagnais Paris, l'œil plus sûr et le jugement plus exact. Avec le délassement, je me remémorais les derniers bons mots. Celui de Théo disant : « Je n'aime plus l'argent depuis que j'ai découvert qu'il ne sert qu'à payer. » Théo que j'ai vu pleurer à chaudes larmes, lors des premiers accès de folie du malheureux Gérard.

Plus d'une fois j'ai dû prendre à partie Proudhon et ses théories. Dans *Le Peuple*, sa verve et son talent bouleversaient la société. Je m'étais déjà élevé contre sa fameuse formule : « La propriété c'est le vol. » A mes yeux, la propriété, comme le travail et le salaire (et parce qu'elle les représente accumulés), doit être respectée. Je ne pouvais donc que combattre les idées de Proudhon.

Un jour, impatienté, Proudhon écrivit dans son journal :

« M. Karr ne me comprend pas. J'aimais mieux le temps où il faisait de beaux romans. »

Je lui répliquai dans le mien :

« Et moi aussi, mais quand vous mettez le feu à la maison, tout le monde doit se mobiliser à la chaîne et aux pompes. Rien n'est pire que la bibliothèque d'idées fausses et d'assertions vénéneuses, dont on meuble la tête du peuple. »

Au fond, avec son esprit, ses études gloutonnes et éparses, sa plume était un marteau, une hache. Il sapait les fondements de la société, sans règle, ni truelle ni compas. Il ne construisait rien. Il niait tout.

Un journal est un avocat qui plaide pour une cause qu'il a intérêt à gagner. En lire un seul, c'est être comme un juge qui voudrait juger une cause en n'entendant que l'une des parties.

Le peuple français « peuple le plus spirituel du monde », gobait les amorces les plus grossières. Les folies des uns, comme les dictatures prématurées des autres, le grisaient. Pourvu qu'on lui fît croire qu'il buvait du château-Lafite quand on lui versait du petit vin des barrières, il était prêt à crier « Vive l'Empereur ! ».

On imprimait qu'une fois nommé, il était décidé à payer entièrement les impôts du pays sur sa fortune personnelle. On disait, sur les côtes normandes, que le hareng quasiment absent depuis la déchéance de l'oncle empereur, y reviendrait en abondance sous la présidence du neveu. *La Presse* d'Émile de Girardin s'acharnait sur le candidat républicain. « Attendons-nous, si Cavaignac est élu président, à être menés à coups de cravache. » Girardin s'en prit même directement à moi dans un article. Je lui ai fait une réponse peu agréable, l'obligeant à l'imprimer dans son journal.

Dans ces luttes de presse, Cavaignac pouvait s'appuyer sur les honnêtes gens. Mais Bonaparte avait plus de journaux, plus d'argent, et était passé maître dans l'art des intrigues.

La majorité de l'Assemblée se croyait disposée à nommer

d'autorité Cavaignac, président pour cinq ans. Il avait légalement le pouvoir. Il aurait dû le conserver, la République eût été installée. Il s'y refusa, plusieurs politiciens (futurs ministres du futur empereur) l'encouragèrent dans ce refus. Je le discutais vivement, la vie du pays se jouait en ce moment : Cavaignac finit par écarter le vote de l'Assemblée et choisit celui des urnes. La partie était trop inégale. Il la perdit. Louis-Napoléon l'emporta par quatre millions de voix d'avance.

La décision irrévocable de Cavaignac annonçait la mienne. Le soir même je publiai le dernier numéro du *Journal*. Je repris mes *Guêpes*. J'y prédisais facilement tout ce qui allait advenir.

Déjà le prince-président s'impatientait de ceindre la couronne. Je suivais pas à pas ses agissements. Je les signalais. Je décrivais les indices du despotisme approchant : les revues à Satory, le champagne prodigué aux soldats, l'éloignement des régiments sur lesquels on savait ne pas pouvoir compter. Les parades, où Louis-Napoléon, qui n'était pas militaire, troquait la redingote sombre pour se déguiser en général de la garde nationale. Je disais mes craintes. J'avertissais mes amis. Trop tard. A Sainte-Adresse j'appris les ambitions des filous, et leur affaire réussie, avec tuerie, sous le nom de coup d'État.

Les désordres insensés, les ambitions, les utopies bêtes. La presse comparse, dont Thiers lui-même avouait : « C'est une mauvaise denrée, la meilleure ne vaut pas le diable », tout a conspiré pour le passage du sceptre léger de Louis-Philippe à la tyrannie mortelle de Louis-Napoléon. Et, cependant, à quelques heures de l'attentat contre la République, l'un des complices, peu assuré du succès, avait convenu : « Il est bien entendu que chacun de nous y laisse sa peau. » C'était sans compter avec le caractère élastique des Français. Après l'opposition violente et limitée d'un petit nombre, vite réprimée et étouffée, ils approuvèrent passivement et massivement le crime du Deux-Décembre. Ils dirent oui à l'cmpirc.

Nous aimons le changement non pour être mieux, mais pour le changement lui-même.

L'exil pour les uns, la prison pour les autres. Cavaignac enfermé au fort de Ham. La crainte de certains d'être vus aux côtés d'un homme qui l'avait soutenu. A Sainte-Adresse, on se défiait de moi, je m'y sentais mal à l'aise sauf dans la compagnie de mes amis pêcheurs, et de quelques audacieux qui n'hésitaient pas à me faire conversation.

Je retournai à Paris. Un jour que, invité par Ponsard, je dînais au milieu de convives – je me souviens il y avait Janin – Ponsard joua au négociateur. Il se disait autorisé à me proposer la direction du journal *Le Moniteur*, ou celle du *Théâtre-Français*. Naturellement, j'ai balayé l'offre. En revanche, j'ai accepté l'idée de transporter mes *Guêpes* dans les colonnes du *Paris*. Ce journal venait d'être fondé par M. de Villedeuil, millionnaire et cousin des Goncourt. J'ai retrouvé là, outre les deux frères, mon ex-voisin Gavarni qui fournissait en un dessin quotidien tout un musée de portraits d'hommes du jour. Henry Murger, auréolé du succès de sa *Vie de bohème* joué cent fois de suite. Banville, Aurélien Scholl débutant, Roger de Beauvoir égayant toujours par son esprit endiablé, Gatayes qui m'avait suivi – d'autres encore, pleins de forces et de fronde. Mais M. de Villedeuil, pressé d'obtenir la réussite comptable, se fatigua de nourrir un journal qui lui rapportait peu (*Le Paris* disparaîtra l'année suivante). Et après deux procès intentés par un ministre-censure contre les Goncourt et moi, il abandonna chacun à sa tâche.

La mienne s'entassait sur ma table à Sainte-Adresse. J'avais un gros volume prêt à l'impression : *Une Poignée de vérités*. Je le dédiai au général Cavaignac, en témoignage public de l'estime et de l'amitié qu'il m'avait inspirées. Puis je quittai la France. Je ne pouvais plus me faire à ce pays. On y parlait trop bas, et on y avait trop peur de la garde. Alors j'ai tout vendu de ce que j'avais patiemment collectionné, accumulé, planté. Emmenant ma famille, je suis allé vers le soleil après un détour par la Belgique.

L'Italie d'abord, Nice ensuite. J'ai continué mes *Guêpes*, naturellement, et lorsque de Nice, où le nombre des hivernants m'était devenu insupportable, je me suis retiré à Saint-Raphaël, c'est encore elles qui ont composé ma suite royale. Jusqu'à leur dernière série en 1876, je leur ai confié mes idées, mes sentiments, mes plaidoyers, mes réquisitoires. Sans jamais lâcher prise, elles sont revenues à la charge, traquant, piquant la bêtise et l'abus jusqu'à ce qu'ils soient par terre.

L'âge pesant, ma pensée, beaucoup plus rapide que ma main, m'obligeait toujours à presser l'allure. Je demande pardon aux typographes, des hiéroglyphes dont j'ai parsemé mes écrits. Dans l'imprimerie de Nice, debout, rédigeant sur le marbre presque tout un numéro des *Guêpes*, je donnais mes feuillets au fur et à mesure à la composition et corrigeais les épreuves. *Les Guêpes*, c'était mon fruit, je le produisais sans peine. Je leur dois mes meilleures batailles et quelques belles victoires. Les humains ont souvent besoin de voir, comme les plantes, couper leurs branches gourmandes.

« *Les Guêpes* font fureur. Quand je suis allé pour chercher mon exemplaire j'ai été obligé de faire queue », m'écrivait le journaliste Frédéric Thomas. Le roi de Bavière avait souscrit. Le roi des Belges avait souhaité être abonné. Le roi d'Italie en était un lecteur assidu. Et parfait ministre, Cavour y puisait matière à débattre avec son maître.

Le peintre Amaury-Duval gémissait de ce qu'à Nice leur reprise fût mal annoncée. On ne savait où se les procurer, ni où s'abonner. Le prix d'un franc le numéro, craignait-il, risquait d'arrêter bien des gens pour une chose à conserver, car le papier en était affreux et l'impression infime. C'est que *Les Guêpes* représentaient une charge financière, et beaucoup de ces menus tracas que draine avec soi l'écriture.

Il m'est advenu une fois, lors de leur dernière série, de me plaindre du nombre relativement restreint de leurs lecteurs. Non à cause de l'argent, car les abonnés et les lecteurs ont toujours suffi à assurer leur existence. Mais pour exprimer le regret de ne pas savoir mes idées et propos propagés davantage. On a souvent dit de moi : « Comme il avait raison ! » J'aurais préféré qu'on m'en donnât acquit dans l'instant, plutôt que de le constater dix ans trop tard. On préfère me plagier à bon compte dans des feuilles à soixante lecteurs. Allant jusqu'à publier que telle de mes phrases, comme « plus ça change, plus c'est la même chose », je l'ai traduite des textes sacrés hindous. Heureusement, je ne cours plus après mes mots, j'y userais mes semelles.

En fait, le fond de la question est : « Jusques à quand Jean-Alphonse, abuseras-tu du papier blanc, dont il n'y a pas trop pour nous ? » Patience, confrères ! Je vais bientôt traverser un soir heureux en oubliant le monde. Vous hériterez de ce que vous m'avez dérobé. J'ai dans ma vie filé un certain nombre de cocons, que d'autres ont dévidés pour s'en faire des vêtements de soie teints de pourpre.

J'ai écrit, tant écrit. Trop, peut-être. Mais c'est la plume en main, que j'ai retrouvé des verdeurs.

SAMEDI 27 SEPTEMBRE.

Le lit placé dans le cabinet de travail, au milieu des souvenirs avec vue sur la mer, la médication du docteur Bontems, les soins de Jeanne, la présence des enfants, ont contribué à amorcer une amélioration.

Alphonse Karr tousse moins fréquemment, les maux de tête s'apaisent, la fièvre a baissé. Après avoir examiné la poitrine – il est toujours à craindre la pneumonie chez les sujets âgés – le docteur Bontems constate un mieux sensible.

« Il s'agit maintenant de poursuivre une convalescence bien entamée, dit-il. Je vais pouvoir rassurer tous vos amis inquiets. Monsieur Félix Martin vous rendra visite entre deux affaires.

– C'est un grand maire, les Raphaëlois lui devront beaucoup – s'ils ne l'oublient pas.

– Monsieur Ortolan viendra également. Quantité de gens s'informent de votre état. C'est la préoccupation du jour.

– Vous voulez dire la conversation du jour. Mais c'est vrai, nombre de personnes bienveillantes pensent me consoler en me promettant un sursis. Vous êtes solide, vous vivrez encore, trois, quatre, six ans peut-être ! Ai-je besoin de cette consolation d'un sort commun et inévitable ? Jeanne, que font les enfants ce matin ? »

Avec un sentiment de culpabilité, il entend moins de cris et de rires au jardin. Bien sûr, on leur aura recommandé le sérieux et le calme, environnement habituel des malades.

« Jeanne, surtout qu'ils restent eux-mêmes avec leur joie et leurs jeux. Voyez-vous, docteur, quand on songe qu'ils pleureront plus tard dans la vie, qu'ils auront des soucis, des peines, des douleurs, il faut se faire pardonner d'être la cause qu'ils soient au monde.

– Vous êtes très bon avec eux.

– Il n'y a que les forts qui aient le moyen d'être bons. Pour l'heure, je me sens encore en état de faiblesse physique. Au moins dans mon lit, je n'aurai pas à me cacher des étrangers de la ville, qui me considèrent comme un de ses monuments sitôt qu'ils y débarquent. Je n'ai pas vu les gazettes depuis quelques jours, vous avez la vôtre, je crois. Vous m'obligeriez en me lisant la liste des arrivants "distingués", quoiqu'ils n'intéressent guère que ma curiosité. »

Le docteur Bontems recense les artistes peintres : « MM. Fromentin, Chéret qui résidera à la Villa Pax, à Boulouris chez son élève Mme Meurlot, Groetland, Martin de Saint-Armand, David, spécialiste en miniature, des Anglais...

– Ah oui ! dit Alphonse Karr, ces gens qui respectent si fort leur at home *et si peu le nôtre.*

– ... un artiste et chasseur, M. Lemort, un autre Anglais dont le nom est Martin, un membre de la société entomologique, Émile Ledieu. On annonce le séjour privé du célèbre docteur Blanche. »

La litanie et l'insignifiance des noms finissent par plonger Alphonse Karr dans une demi-somnolence. Lui aussi est célèbre. Ce privilège n'évite pas les blessures des femmes. Alors il se prépare à s'endormir dans une pensée douce et à inviter le passé à lui tenir compagnie.

V

LES FEMMES

Il y a deux choses que les femmes
ne pardonnent pas : le sommeil et les affaires.

Réveille-toi vieux cœur, sous ta peau d'âne !

Je veux que refleurisse l'edelweiss de Camille dans la neige de ma vie. Jamais je ne renierai cet amour de jeunesse, où un soir pareil à celui-ci, je connus un de mes plus grands bonheurs. Elle au piano, moi près d'elle, chez elle, son père lisant un journal. Une pénombre complice nous enveloppait dans une chambre meublée de fauteuils en velours d'Utrecht jaune.

A cette époque de tendre adolescence, Camille et sa famille habitent au deuxième étage d'une maison de la rue du Rocher ; mes parents, au premier ; moi, dans une chambre tout en haut de l'immeuble. Camille est jolie. Encore collégien, j'en suis tombé éperdument amoureux. Je multiplie toutes les occasions pour me rapprocher d'elle.

Bien des gens traitent le bonheur comme une drogue amère : ils l'avalent d'un trait sans le goûter. Moi au contraire, je le distille dans des poèmes, des nouvelles, des rêveries, des pensées. Des promenades en bateau...

Nous descendons la rivière en deux bateaux entre Saint-Ouen et Saint-Denis. J'ai distribué les passagers, m'ingéniant à placer Camille face à moi dans le mien, avec sa sœur, ma tante et son mari. Ma position de rameur accroche sans cesse mon regard au sien. Près d'une petite île, des myosotis s'étaient épanouis. Je les lui désigne. Et accostant, d'un bond je suis à terre, d'un autre dans le bateau offrant à Camille les minuscules fleurs bleues.

Journée inoubliable dans cette île de Saint-Ouen, où l'herbe a fourni la nappe de notre déjeuner.

Dans mes lettres, vingt fois je lui ai glissé des *Vergiss-mein-nicht*, brins à moitié desséchés. Ses lettres à elles les ranimaient par le souvenir.

Rien n'est resté de cette correspondance et de ses aveux. J'ai refusé de les abandonner à la criée des amasseurs d'autographes. Après votre mort, ils se ruent sur vos phrases et les vendent à l'encan. Je n'ai pas voulu qu'on souille mes espoirs et mes douleurs, comme on a jeté aux ordures des manuscrits et des lettres de Balzac.

Une autre journée champêtre – l'une des trois ou quatre gravées à jamais – s'est passée dans la petite maison de campagne que possédait le père de Camille. J'y ai dîné et couché. Ah ! s'endormir sous le même toit qu'elle, la voir à des heures inhabituelles, le matin ses cheveux négligemment noués et relevés ! Cette familiarité, les repas ensemble, les courses dans les bois, son bras sur le mien... L'ébauche pure, exclusive, poétique, peut-être ce que serait notre existence à Camille et à moi. Lors de mon départ, elle avait les yeux pleins de larmes.

De retour à Paris, une lettre de son père. Il avait su le désarroi de sa fille et l'avait interrogée. Maintenant, il se fâchait : il avait des projets pour elle. Et malgré une lettre de bon sens, dans laquelle je lui disais ma détermination d'obtenir une position convenable dans un, deux, même trois ans pendant lesquels je m'abstiendrais de rencontrer Camille, il me répondit que sa résolution était inébranlable. Il m'exilait.

J'ai accepté mon sort. J'allais travailler dur afin de mériter Camille. Je reviendrai après avoir conquis la situation que l'on exigeait de moi. Il suffisait à Camille de m'attendre en confiance. Ce qu'elle me promit, prête m'écrivait-elle, à patienter dix ans s'il le fallait. Ce serment solennel me rendait ardent, confiant, ambitieux. L'amour vous fait pauvre avec orgueil et remplit votre vie de plaisirs gratuits.

Que de fois, avec le prix d'un repas manqué, ai-je contemplé Camille de loin, au théâtre. Combien d'heures devant ses fenêtres éclairées, guettant sa silhouette et m'endormant à jeun, mais heureux de l'avoir entrevue. Un jour, j'ai eu l'audacieux bonheur de dérober son portrait. Je fréquentais Alfred et Tony Johannot dans l'atelier desquels j'étais alors installé. Vite, je leur demandais une copie. Le soir même, l'original était replacé dans la maison de la rue du Rocher.

Deux années se sont écoulées. Je piquetais des articles au *Figaro* et dans divers journaux, où mon nom commençait à être connu. Le premier volume de mon roman *Sous les tilleuls* – notre histoire enjolivée de tous les agréments – m'avait été payé, augurant favorablement du second. Le journalisme et la littérature me faisaient caresser les plus belles espérances. Ma jeunesse, mes sentiments toujours vifs réservés à elle seule, tout me criait : « Camille j'ai tenu ma promesse, j'ai une position ! » Je ne pouvais plus contenir cet enthousiasme débordant. Je résolus de revoir son père et de me déclarer officiellement. Une de ses tantes était la confidente de mon bonheur, j'allai d'abord chez elle. Lui détaillant mes intentions, je l'ai noyée de paroles heureuses sans remarquer son émotion ni son embarras. J'avançais dans l'univers des amants. L'amour ressemble beaucoup à un jardin au bout duquel on arriverait en trois pas, si le chemin à faire n'était prolongé en une foule de petites allées tournant capricieusement, fleuries et embaumées.

Tout à coup elle a prononcé des mots terribles :

« Mon pauvre ami, Camille est perdue pour vous. »

D'abord, je suis hébété d'une douleur subite. D'une stupeur de bête. Puis je la presse de questions – Perdue ? Partie ? Morte ? Elle m'a trompé ? Oublié ? Camille était mariée depuis quinze jours.

« Mariée par force ?

– Non, elle a consenti.

– Mais elle avait promis ! »

Elle m'explique tendrement qu'à Montmartre je demeurais en compagnie d'une femme portant mon nom. Ce détail parmi d'autres, avait décidé Camille à épouser le frère de son amie, sans chercher à savoir que cette femme hébergée était ma mère. Abasourdi par cette raison qui me rendait coupable d'une bonne action, je me relève. J'ai des projets de vengeance. Puis je les écarte. C'est dans cet état d'esprit que j'ai terminé le nouveau volume de *Sous les tilleuls*. Avec une violence, un dégoût, une folie, un mélange de froideur et de pitié, dont est empreint le personnage de Stephen – qui a tant marqué et influencé une génération.

Je transformai mon énergie en faiblesse : j'ai envoyé le livre à Camille. Si elle l'a lu, je n'en ai rien su. Dans un reste d'amour qui était davantage une lâcheté, je lui ai écrit. Je sollicitais son amitié, voulais assister à son bonheur. De sa part je n'obtins qu'un silence insultant. Camille avait-elle une âme ?

L'amour, il faudrait l'écrémer. Si vous voulez boire jusqu'au fond du vase, vous risquez de trouver du petit-lait aigre. J'ai renoncé à l'amour. Par d'autres femmes, j'en ai obtenu bien des preuves. Je n'en ai accordé aucune. Je n'ai plus aimé. J'ai longtemps vécu renfermé, seul avec un portrait et des lettres de Camille. Sans jamais vouloir l'oublier, car jusqu'à aujourd'hui, j'ai toujours rattaché un peu d'elle à ce qui fut ma vie.

Un jour, pourtant, beaucoup plus tard, à Nice, je reçus d'elle son portrait. Près de trente ans séparaient son mariage de cet instant. Ému, bouleversé, j'avais sous les yeux le beau visage d'une vieille dame que son fils avait peint. Cette fidélité, ce courage d'affronter le regard car les années l'avaient marquée, m'ont touché – et toutes les émotions de jeunesse me sont revenues. Je remontais l'escalier de marbre rose de mon bonheur passé. Ne voulant rien briser de ce moment, j'ai laissé la destinée suivre à chacun son cours.

Les femmes, pour la plupart, ne choisissent pas un homme parce qu'elles l'aiment, mais parce qu'il leur plaît d'être aimées par lui.

Après l'enivrant succès de *Sous les tilleuls* et Camille perdue à jamais, j'ai eu le cœur froidement disponible. J'ai été enclin aux comportements les plus extrêmes. Trahi par une femme, j'ai demandé aux femmes de me guérir, peu regardant sur la maîtresse d'un soir ou de quelques nuits. Je n'avais d'amour à partager avec aucune, et presque toutes ont été aussi malheureuses que moi. Il me semble aujourd'hui avoir attristé les yeux d'Hélène, l'héroïne de mon roman *Une heure trop tard.* Dans la vie, elle se nommait Juliette Drouet. Elle avait les yeux diamantés et limpides.

Pendant mes sombres années 1830, autant je pouvais paraître disgracié, sévère, maigre, d'une charpente trop rugueuse, autant Juliette Drouet éblouissait de beauté. On l'appelait couramment « la belle Juliette ». Dans un de ses livres, Théo l'a dépeinte la tête harmonieuse, le cou, les épaules, les bras d'une perfection antique. Une statue vivante. Elle ne pouvait manquer de séduire un sculpteur comme Pradier. Avant moi, il la garda un temps comme compagne – et modèle. Elle avait posé pour personnifier la ville de Strasbourg, place de la Concorde. De leur liaison une fille était née, auprès de laquelle les journaux ont dit qu'elle avait voulu reposer dans le cimetière de Saint-Mandé.

Juliette a eu en commun avec moi d'heureux débuts. Son oncle l'avait élevée dans un coin de Bretagne, lui laissant vivre une existence buissonnière. Quand j'entrai au collège Bourbon, elle était mise au couvent. Elle y a gagné les grâces aisées du savoir-vivre. Sa figure adorable, son goût littéraire, ses manières enjouées, l'ont portée vers la scène où s'est fixée notre rencontre.

Par Janin, qui m'a introduit auprès de Harel alors directeur du *Théâtre de la porte Saint-Martin*, j'ai connu Juliette. Pendant une année de vache enragée, nous avons été emportés dans un tourbillon plein d'ardeur et d'exaltation. De deux ans plus âgée que moi, elle m'a aimé. Et moi, dont l'air que je respire s'est toujours composé d'azote, d'oxygène et d'élément féminin, j'ai goûté cet amour-là d'une virilité terrible. Gatayes a partagé plus d'un de nos soupers, où l'esprit et la gaieté ont suppléé aux mets absents. Je regardais Juliette Drouet comme ma femme. Je ne cherchais pas trop comment, à cette époque, j'aurais fait pour vivre loin d'elle. Si elle s'y décidait, j'étais prêt à partager avec elle ma vie et mon avenir.

Tandis que je travaillais à mon livre, Harel l'avait engagée dans son théâtre pour y tenir l'emploi de « jeune première ». Doublées d'un talent réel, ses attitudes ravissaient le public. Hugo qui l'avait aperçue pour la première fois dans un bal d'artistes, a été fasciné. Depuis, après moi et quelques-uns, elle a été son amie fidèle, jusqu'à ce que la mort désenlace irrévocablement la délicate harmonie de leur liaison.

Juliette et moi n'avons pas réussi à éviter les escarmouches, et nous nous sommes infligés des déceptions. L'argent s'était immiscé en tiers dans nos rapports. Il les a assombris, ne nous laissant que des lambeaux de chimères.

L'argent a été si présent, qu'on n'avait pas besoin de le nommer et qu'on disait simplement : « J'en ai » ou « Je n'en ai pas », comme une femme adultère sans nommer son mari dit à son amant : « Il est sorti, tu peux rester. »

Il y a eu un jour, où pour payer une dette pressante d'Eugène alors au régiment, et sauver son honneur, j'ai été réduit à demander cinq cents francs à Juliette. Cet argent a rongé nos rapports jusqu'au fatal dénouement.

L'amour naît de rien et meurt de tout.

Juliette a eu des déceptions d'actrice. La pièce de Hugo, *Marie Tudor*, a été pour elle un combat avec mademoiselle George. Lutte entre une panthère et une gazelle, où Juliette était la gazelle. Et malgré le soutien énergique de Hugo, la panthère l'emporta. Juliette perdit ses espoirs, bientôt ses ressources. Il n'en fallut pas davantage pour voir se ruer les créanciers impitoyables. A ce moment, elle recourut à moi. Débiteur envers elle il est vrai, mais pauvre, dans le désarroi, traversant la période la plus noire de ma vie. Mariage hâtif et raté, meubles saisis, prison pour dettes, fuite à Étretat. Je subsistais à peine. C'est dans cette extrémité que je reçus une lettre affolée de Juliette, à laquelle je ne pus répondre que d'une façon gênante. Puis une deuxième, terrible.

Voulant m'offrir une occasion de lui être utile en l'étant à moi-même, elle me proposait une situation à Marseille. L'argent que j'y gagnerais dans un journal, grâce à l'appui d'un ami, me permettrait de la dédommager. Aux avantages de ce voyage soi-disant d'agrément, elle ajoutait son accablement, sa détresse, des charges énormes, la hantise d'une prochaine saisie.

Plusieurs choses m'ont blessé dans cette lettre. Par ailleurs, pédagogique, vigoureuse dans les termes, d'une analyse serrée, tellement différente des trouvailles d'expression et de l'émotion habituelle des billets de Juliette. J'y sentais de la sécheresse : elle avait abandonné le tutoiement. Les allusions répétées aux bienfaits d'un ami, un homme dont le patronage m'expédiait à l'autre bout de la France, me déplaisaient. A Paris, j'avais mon travail, mes habitudes, des intérêts, des affections. Elle les écartait. Mes capacités d'un sort plus heureux, dans les désirs desquels elle était pour beaucoup, ne lui importaient pas. Elle comptait pour rien le passé, mon caractère, mon cœur. Elle ne m'aimait plus.

Je lui ai répondu par des arguments de raison qui étaient comme autant de plaies. Sa nouvelle lettre ne me ménagea pas. L'argent que, hélas, je lui devais toujours, la sévérité de ses reproches enveloppés d'appels pathétiques : « Dans le secret de mon cœur j'avais compté sur quelqu'un, cet appui, cet ami, c'était vous. Vous m'avez manqué », demandaient une mise au point. Je l'ai faite, répliquant, m'expliquant, parlant chiffres. Transmettant un mot du secrétaire de M. de Girardin, qui me refusait des avances sollicitées. Rien ne me réussissait. Mes efforts étaient vains. Je n'avais que des espoirs – et un livre à finir, par quoi arriverait un peu de cet argent d'où naissait tout le mal.

Ce furent là nos adieux. J'aurais tant souhaité un ton affectueux au lieu de phrases affligeantes. Il en est résulté un silence découragé, définitif. Les embarras financiers avaient bradé nos derniers sentiments.

J'ai aimé *la* femme, souvent sans le dire aux femmes. Si je me refuse à dresser un catalogue des débris d'amour de jadis, je conserve quelques coups de soleil brûlants. Ces coups de cœur je les entretiens, et même j'en attise les flammes.

Le châtiment de ceux qui ont trop aimé les femmes n'est-il pas de les aimer toujours ?

Quoique ce ne fût sans doute pas la meilleure méthode de guérir les blessures de l'âme, je l'employais. Après l'épisode assez douloureux de Juliette Drouet, je me suis étourdi de fredaines. Papillonnant d'une blonde à une brune, je finissais par retrouver une fausse insouciance. J'abusais de l'air vaporeux que Paris répandait par les jeunes et jolies femmes.

Bien des silhouettes et des prénoms – qu'est devenue cette charmante artiste que j'avais surnommée Réséda ? – se représentent encore à moi. De ces ombres, avec qui je prenais du thé et de l'amour. Et des demi-mondaines aguichantes soupesées à la dérobée. Des élégantes d'avant mon mariage, ou qui le remplacèrent. Pour nombre de mes amis j'étais « le sauvage ». Un peu comme l'ours du Jardin des Plantes. Parfois cela seul suffisait, pour qu'on voulût toucher cette curiosité. A la longue, l'étiquette de don Juan des bois m'insupportait. Je me lassais d'entendre comme un gigot qu'on entame : « Je vous jure d'avoir éternellement le même appétit, de n'en jamais goûter d'autres. » Il me semblait inconvenant d'avoir cette réputation de savoir jouer comme d'une harpe du cœur des femmes, au détriment de maris qui s'en servaient comme d'une épinette aigre.

Alors, fatigué des changements. Blasé de cette facilité où il me suffisait qu'une femme fût une femme. Pinson, le matin ; corbeau désabusé, le soir. Ayant toujours en moi des déchirures à vif, l'occasion se présentant, je me suis marié. Très mal, au gré du jeune homme de vingt-cinq ans que j'étais.

L'amour dans le mariage serait l'accomplissement d'un beau rêve s'il n'en était trop souvent la fin.

Une faveur que la Providence a accordé à l'homme vieillissant est d'être atteint de presbytie de l'esprit comme des yeux. Il ne voit, comme il ne se souvient, que de loin. Mais pourquoi mon mariage me pousse-t-il à évoquer Saint-Maur, avec une telle vivacité de cœur ? Sans doute parce que j'y ai d'abord vécu l'époque la plus heureuse de l'enfance, en m'y livrant à la pêche. Près d'un moulin dont j'entends le bruit quand je le veux. Par la suite, c'est moi qui ai mordu à l'hameçon.

Affectionnant la campagne, j'ai été tenté un jour de m'y retremper. J'ai délaissé Paris pour lequel, mon bail fini, j'avais abandonné mon refuge de Montmartre. Résolu à repousser les plaisirs de la ville, je suis allé quelque temps en Loir-et-Cher. Non loin de Vendôme, j'ai pêché et mangé des écrevisses. Elles m'auraient rendu grand service en m'étranglant.

En me promenant, je croisais souvent deux femmes, la mère et la fille. La fille était jolie, discrète, rêveuse. Elle avait une belle tête sérieuse, de grands yeux bruns, une chevelure abondante et noire à reflets bleuâtres. Sur sa chair blanche, se détachait un petit point noir à hauteur de la joue gauche. La mère correspondait assez à la veuve de notaire de Mondoubleau qu'elle était. Une personne d'apparence et calculatrice. A force de se saluer, une dangereuse intimité s'est créée entre sa fille et moi. Et je me laissai empêtrer dans des filets qu'on me fit prendre pour des devoirs. Madame Renard mère m'avait, comme on dit, mis le grappin dessus. Sa fille Clémentine, tombant dans mes bras que je ne refermai pas, allait devenir ma femme. En une nuit, la veille de mon mariage, toutes sortes d'interrogations et de réponses encombrèrent mes faibles résolutions.

Si j'étais amoureux, je pouvais renoncer au monde où je vivais.

Or je n'étais pas amoureux. Camille seule avait pu s'en prévaloir, et le souvenir de Juliette était encore trop vif.

Alors, étais-je fou de vouloir me marier ? Non ! Et puis, je croyais mon honneur engagé.

En outre, il y avait des contreparties non négligeables. Madame Renard exposait une fortune assez considérable. Elle possédait une propriété, des revenus, et s'engageait à me payer une rente annuelle pour notre ménage.

J'allais donc me marier pour la dot ? Certes pas, fût-elle de moitié de ce qu'elle aurait dû être. Mais parce que j'étais, je crois, fatigué de mon existence mouvementée. Et qu'il était possible de se fixer à deux dans une petite maison que j'avais louée à Saint-Maur.

Le 10 février 1834, j'épousai Clémentine Renard. Elle avait dix-huit ans. L'argent, encore une fois, avait tenu un rôle majeur. J'ai été trompé sur le contrat et, marié sous le régime dotal, je ne disposais en rien des biens de ma femme. En quelques mois, j'ai été victime d'un abus de confiance de ma belle-mère, d'une tromperie de la part d'un homme, envers qui j'avais signé des lettres de change que ma femme pouvait acquitter et refusa ; de poursuites de créanciers, d'une prise de mobilier, d'un emprisonnement pour dettes – et d'une fille née moins de sept mois après le mariage. Bien que plus tard cette fille s'est obstinée à porter mon nom, signant ses ouvrages littéraires Thérèse Alphonse-Karr, je ne l'ai pas reconnue. On a pu qualifier mon comportement de mille mauvaises raisons, d'oubli, d'indifférence. Pour moi, elle était surtout l'enfant de ma femme, et de ma belle-mère.

Saint-Maur, paradis de mon enfance, s'était changé en un lieu de cruelles déconvenues. Je n'y décelais plus aucun avenir. Je me débattais dans une guerre, pour moi perdue d'avance par la faiblesse de mes adversaires. Chaque jour de laids petits chagrins m'assaillaient. Candidat au bonheur, je me suis transformé en fugitif vers Étretat, grâce à l'aide affectueuse de Gatayes. Assurément la pratique de la pêche aux harengs m'a apaisé, autant que d'entreprendre un roman, *Le Chemin le plus court*, d'où littérairement découlèrent un succès et judiciairement une sentence dont la justice est sortie bien amoindrie.

De retour de la Normandie, pour faciliter mon travail de journaliste, j'ai choisi de bivouaquer rue Vivienne, au sixième étage. Dans cette maison avait habité l'actrice mademoiselle Lecouvreur, partie six mois avant mon installation. On m'en fit grief, affirmant à ma femme que je vivais avec cette personne.

Quand parfois ma femme, venant chez moi, croisait des solliciteuses, son extrême susceptibilité m'exposait à des remarques acides. Elle prenait ombrage des lettres dont elle pressentait l'écriture féminine. Après une représentation théâtrale, je devais rédiger, livrer le feuilleton, et je rentrais tard la nuit à Saint-Maur. Des reproches m'y attendaient. L'enfant était quelquefois malade. On m'accusait de n'y pas penser. Ma femme et sa mère, avec une troupe d'officieuses commères, me regardaient de côté. Fatigué de tout, je m'endormais dans un fauteuil.

Je demeurais de plus en plus souvent à Paris, tandis que ma femme s'exilait volontairement à Neuilly. Un an après notre mariage, elle demandait un jugement de séparation. Mû par une compassion que je n'explique que par une faiblesse d'homme, la veille du jour fixé pour les plaidoiries j'allais chez elle. Avec l'expression du plus sincère sentiment, je souhaitais une réconciliation. Elle y consentit. Mais des demandes d'argent, une incompréhension de cœur, des brouilles, des explications vaines, surtout la présence continuelle de sa mère, nous rendirent odieux l'un envers l'autre. Mon livre *Le Chemin le plus court* dans lequel les Renard s'appelaient les Leloup, allait constituer la pièce maîtresse de nos désaccords. J'y racontais des vraisemblances, où ces dames se reconnurent et se dirent calomniées. Parce que vous avez une belle-mère, il vous est interdit d'en imaginer une ? Plus de belles-mères pour vous en littérature ? Tout cela entraîna une demande en séparation de corps, que ma femme forma et que je souhaitai. Deux années à peine avaient suffi à nous désunir.

En deux audiences dont la *Gazette des tribunaux* du 6 janvier 1837 a rendu compte, notre triste affaire a été réglée. L'avocat de ma femme, maître Paillard de Villeneuve, exposa et articula les faits à sa manière, c'est-à-dire selon les accusations de sa cliente. De mon côté, j'avais décidé de développer moi-même mon système de défense.

Il n'y aurait pas besoin d'avocat pour défendre la veuve et l'orphelin s'il n'y avait en face un avocat pour les attaquer. Je m'appliquais ma vérité. Selon la recommandation du Président d'user avec la plus grande modération de la parole, je la pris. J'ai répondu, argumenté, objecté. L'avocat du roi, M. de Charencey, a dit à mon intention des choses agréables relatives à la loyauté de mon caractère. Et justes, en énonçant : « M. Karr n'a jamais compris les devoirs sacrés du mariage. La dame Karr a légalement droit à la triste faveur qu'elle est venue demander. » Le tribunal m'a déclaré coupable, ma femme séparée de corps et de biens d'avec moi, l'enfant confié à ses soins.

J'étais condamné aux dépens – et selon ma propre justice, à ne plus m'égarer dans le dédale des émotions que suscitent les femmes.

Il faudrait faire l'amour comme on mange du poisson : ne pas avaler les arêtes.

Dès que j'ai été un peu quelque chose dans le journalisme, je suis tombé dans le piège doré des gens du monde. Deux ou trois milliers de personnes, qui à Paris font l'actualité, se connaissent, se reçoivent, ont des rentes, des loisirs, cultivent les sentiments. Certaines d'entre elles ont été la consolation de ma mélancolie, intolérable dans un salon.

Il y avait déjà plusieurs années qu'avant mes déboires en ménage, j'étais un familier du salon de madame Sophie Gay. Femme du monde, de lettres et d'esprit, elle avait fondé une revue éphémère, à laquelle j'avais collaboré en 1833 avant d'en prendre la direction puis de m'en séparer. *Les Causeries du Monde* causaient surtout des soucis à ses rédacteurs. Madame Sophie Gay ne m'en a pas tenu rigueur. Mieux, son âge me pardonnait. Tout enfant, elle avait été embrassée par Voltaire momifié dans sa gloire. L'une de ses reparties à Napoléon l'avait rendue célèbre à Aix-la-Chapelle, où elle résidait :

« On vous a dit que je n'aimais pas les femmes d'esprit ?

– Oui Sire, mais je ne l'ai pas cru.

– Vous écrivez, qu'avez-vous fait depuis que vous êtes ici ?

– Trois enfants, Sire. »

Elle avait vaincu l'empereur puisqu'il avait souri. Quand elle vous aimait, elle vous trouvait des vertus inattendues.

Elle affectionnait la jeunesse, la gaieté, l'esprit, et ceux qui ont le collier franc. Fidèle en amitié, il n'était pas étonnant qu'elle eût une cour et qu'elle y régnât pour le plaisir de ses invités. Elle m'aimait assez pour m'encourager : « Travaillez beaucoup, vous êtes dans toute la verve du progrès. » Elle avait apprécié mon roman *Clotilde* et m'avait écrit : « C'est d'une lecture si ravissante que je me l'arrache des yeux pour ne pas achever de les perdre et prolonger mon plaisir le plus possible. » Elle ne voulait manquer aucune occasion de m'avoir à sa table. J'y allais volontiers, bien qu'elle s'excusât souvent de ses mauvais dîners. Sur ce point, les femmes de lettres ont des faiblesses. Je me souviens que la comtesse d'Agoult m'invitait à dîner « ou essayer de dîner, avouait-elle, car je ne réponds de rien en fait d'art culinaire ». Elle avait d'autres charmes.

La toilette est la cuisine de la beauté.

Madame Sophie Gay s'intéressait à ma santé, à mon travail. De la gloire, elle disait que c'était l'affaire des épitaphes et elle me voulait libre, célèbre et heureux. Sa sincérité m'avait ému lorsque, malade, elle m'avait murmuré dans un de ses billets : « Vous êtes du petit nombre de ceux auxquels je voudrais dire adieu. »

Elle s'était rétablie. Je l'avais revue, toujours aussi vivace, alerte, éveillée. Les années ne lui occasionnaient aucune peur, et elle les avait joliment contournées en composant *Le bonheur d'être vieille*. On affirmait qu'elle faisait tout bien : les livres, les enfants et les confitures. J'ai goûté aux enfants.

Son fils avait été tué en Algérie au siège de Constantine. Ses deux filles, madame de Girardin et la comtesse O'Donnell, m'ont très bien accueilli. Je ne voudrais pas paraître suspect à son souvenir, mais je crois que la comtesse O'Donnell et moi nous éprouvions l'un envers l'autre un tendre attachement. Eugène Sue passait aussi pour avoir un sentiment très fort pour la comtesse. Les hommes ne portent leur cœur que dans le nid où ils en voient d'autres.

Elle avait épousé à dix-sept ans un maître des requêtes au Conseil d'État, dont toute la science n'avait pas réussi à aller jusqu'à lui donner de l'amour. Elle trouvait son bonheur auprès de ses amis, et souvent elle me disait : « Je suis trop heureuse il va m'arriver quelque chose. » Elle est morte subitement à quarante et un ans.

Spirituelle, discrète, efficace, elle ne m'épargnait pas en secret une douce et salutaire critique. Elle m'excitait au travail par une foule de procédés ingénieux, comme de m'envoyer des paquets de plumes taillées par elle, sachant combien je me résignais difficilement à l'usage des nouvelles plumes de fer. Ses attentions me touchaient. Elle était d'une beauté si distinguée, que j'ai songé à elle en écrivant : « Une femme dans un salon est une fleur dans un bouquet. » Les fleurs, elle les a tant aimées, et cela a été pour beaucoup dans mon affection. Était-ce chez elle qu'un imbécile a dit : « Monsieur Karr n'aime pas les femmes » ?

J'étais à Sainte-Adresse, quand une lettre de son fils Anatole m'a supplicié par sa fin si inattendue, après une maladie où elle avait souffert les tortures les plus atroces. Les femmes sont loin de connaître toute la timidité des hommes.

Je n'avais que quelques mètres à parcourir pour rejoindre sa demi-sœur Delphine de Girardin. Grande, blonde, invariablement vêtue de blanc ou de noir, imposante et sculpturale, elle avait réussi à ôter à sa mère le meilleur de la société parisienne. Ses soirées, d'abord rivales de celle de madame Gay, les avaient ensuite éclipsées. Elle offrait souvent à ses invités, un « lion » ou un artiste. Dans le nouveau quartier nord de Paris, l'hôtel du 11 rue Saint-Georges où s'étaient installés les Girardin formait le centre de l'esprit et des mondanités. Le salon était tendu d'un damas de laine vert d'eau. Tout en luxe, soies, cachemires, parfums, coiffures embaumées, il brillait sous les lustres de la présence des jolies femmes et des « lions » : Balzac, Hugo, Dumas, Gautier, Sue, Lamartine. Liszt torturait tous les pianos. Volontiers silencieux quand nous étions plus de trois, j'observais et j'engrangeais. Il y avait beaucoup de jeunes dandys aux gants jaunes. Leurs jolies manières contrastaient avec la saine rudesse de mes amis les marins de Sainte-Adresse, que j'avais quittés la veille. La pâleur des femmes d'ici n'était pas de même origine que celle des femmes de pêcheurs, exténuées par les tâches.

Pour être reçu chez madame de Girardin, l'essentiel était de ne jamais être ennuyeux. J'y parvenais assez puisqu'à plusieurs occasions j'ai eu l'honneur d'être invité, parfois en petit comité. Je me souviens d'une lecture de sa pièce-couperet *L'École des Journalistes*, qu'elle fit devant Balzac, Janin – et plus d'un journaliste guillotiné par ses phrases. Je venais alors de sortir le premier numéro de mes *Guêpes*. J'ai encore le goût d'un dîner, où j'étais convié avec Hugo, Balzac, Lamartine et Gautier, les deux derniers, adorateurs de la déesse Delphine. Balzac avait été superbe de lyrisme herculéen. Il croyait à sa longévité et se flattait de vivre comme son père, mort accidentellement plus qu'octogénaire. Mais il devait terminer *La Comédie humaine*, écrire une théorie sur je ne sais quel sujet, commencer une *Monographie de la vertu*, aborder quelques drames, asseoir sa fortune, se marier et avoir deux enfants.

– « Pourquoi deux enfants ?

– Deux enfants font bien, sur le devant d'une calèche. »

Les salons m'ont toujours été un honneur ou un plaisir. Et souvent un vivier. J'y croisais des femmes jeunes, jolies, mondaines. Je les étudiais, les comparais, les pratiquais. Remarquant dans l'intimité la modestie de leur habillement, comme en public leurs audaces extrêmes.

Je n'attrapais rien d'aussi intéressant que leurs conversations. Où ce qui s'est dit n'a aucune valeur, où il n'est pas dit un mot de ce qui est entendu et où on a, de part et d'autre, parfaitement entendu tout ce qui ne s'est pas dit. Pour la satisfaction de les approcher, j'accepte les invitations à se réunir. D'ailleurs Paris est la seule ville où il n'y ait pas de femmes tout à fait laides. Je n'ai pas eu à regretter ces fréquentations parisiennes. J'y ai puisé la matière de plusieurs de mes romans « féminins », que les femmes lisaient volontiers.

Ma prétendue sévérité à leur égard, c'est celle que j'ai envers mes violettes quand je les sarcle, envers mes rosiers quand je les taille.

Mes livres, mes articles, mes opinions, étaient répandus parmi les « lionnes », et elles me souhaitaient. La comtesse Merlin m'écrivit un jour : « Puis-je espérer une invitation à souper ? » Nous nous étions à peine vus, elle brisait allégrement la règle des usages. Née à La Havane, elle était très belle, cultivée, et avait une voix admirable. J'ai été chez elle assez assidu, quoique trop peu à son gré. « Toujours à vous de cœur », terminait-elle joliment ses billets, où je lisais : « M'avez-vous tellement oubliée que je doive renoncer au plaisir de vous avoir à dîner ? »

Ses soupers étaient excellents, ses amis choisis, et toujours votre couvert était mis quelle que fût la durée des absences. Elle ne me tenait pas rigueur des miennes. Contrairement à madame Gay, qui vous terrorisait si vous étiez quelque temps à ne pas la visiter. J'étais des semaines à lui préférer la mer. A mon retour, elle me regardait avec l'air de me prendre pour un contribuable en retard. Je m'en tirais souvent par un mot ou une façon d'agir qui la forçait à rire. Je ne l'ai jamais redoutée, quand beaucoup craignaient son ton piqué. Mon indépendance plaisait à madame Merlin. Elle disait que j'étais le seul homme de sa connaissance qui n'eût pas peur de son amie madame Gay.

Sans avoir la chaleur d'une grande affection, mon intimité avec la duchesse d'Abrantès m'a conduit quelquefois jusqu'à son salon rue La Rochefoucauld. Pittoresque et désargentée – ses *Mémoires* ne l'ont guère enrichie – elle s'efforçait non sans mérite de maintenir son rang dans la société. Étant déjà âgée, elle se plaignait que Balzac courût vers la jeunesse au lieu de grimper ses étages pour causer avec elle. Elle sentait cet abandon, car les femmes devinent tout. Elles ne se trompent que quand elles réfléchissent.

Il vaut mieux assassiner sa femme que l'ennuyer. Si vous l'assassinez vous en êtes quitte pour les travaux forcés. Si vous l'ennuyez c'est elle qui vous assassine. Il n'y a pas à hésiter.

Eh bien, si ! Les femmes que leur mari fatiguait ou délaissait, hésitaient à franchir le pas. Un jour on m'apporte un pli cacheté signé : « Une femme qui s'ennuie. » Peut-être ai-je dû au spleen régnant alors, de recevoir autant d'invitations. J'avais pris un parti : céder aux femmes tout de suite. Comme il faut en finir par là, j'économisais les frais de la guerre.

L'amitié de deux femmes n'est jamais qu'un complot contre une troisième. Cela n'existe pas plus entre elles, qu'entre deux épiciers domiciliés en face l'un de l'autre.

Lorsque j'ai quitté la France, j'ai cru abandonner pour toujours les bonheurs procurés par les conversations de salon, les réflexes, les agissements des femmes. N'avoir plus d'occasions de les sonder, de les comprendre. Peut-être de les aimer. J'écarte de ces fortes passions ma compagne, la mère de Jeanne. Et Jeanne, qui a été petite fille. Quoique généralement les petites filles sont des femmes, plus petites que les autres, qui n'ont plus guère qu'à gagner en dimensions. Mais madame de Girardin le disait en philosophe : « Soyez impartial et vous serez bientôt suspect. » Je suis donc suspect.

Je n'entrevois guère d'époques où les femmes m'aient privé d'une parcelle de cœur ou d'esprit. Elles m'ont toujours accompagné. Un des plus beaux spécimens a été sans nul doute la princesse Marie de Solms, ou la comtesse Rattazzi, ou madame de Rute. Cette seule et même personne, par ses mariages, tour à tour française, italienne, puis espagnole, a causé plus de ravages parmi les amoureux illustres que le philloxéra sur les grappes dont parle la Bible.

Née Bonaparte Wyse, petite-fille de Lucien frère du premier empereur, elle était cousine de Napoléon III qui l'expulsa de France. Souverainement belle, entêtée, fantasque, agitée, sans autres besoins que ceux de satisfaire ses caprices, elle s'était fixée à Nice. Elle avait tourné la tête à Eugène Sue, qui écrivit sur elle et pour elle un volume. Elle exploita insidieusement l'auteur et le livre. J'ai cru utile de crier gare : « Jolie comme vous êtes, vous avez le droit de rendre mes amis fous, mais je m'opposerai de mon mieux à ce que vous les rendiez bêtes ! »

Je n'ai pas réussi à sauver mon autre ami Ponsard. Les femmes ne lui réussissaient pas. Ou plutôt, elles réussissaient trop bien à se l'attacher. Après Marie Dorval, il s'était laissé ensorceler par les beaux yeux de la princesse de Solms. Il l'appelait la Magicienne, trottait à ses côtés comme un caniche. Dans ses entrées fracassantes au casino ou au cercle, il excusait ses excentricités, abondait ridiculement dans ses non-sens. Il devenait sans conséquence.

Toute femme trouve un homme faible et un peu bête, chaque fois qu'il fait pour une autre ce qu'elle ne trouve que juste et raisonnable que l'on fasse pour elle.

J'avais discuté quelquefois avec la princesse de Solms dans les salons parisiens. Avant son expulsion de Paris, elle avait eu le projet de m'avoir chez elle. A Nice, elle avait souhaité que par l'entremise de Ponsard nous nous fréquentions. Obstinée elle finit par m'inviter à dîner sans façons. Je n'étais pas pressé d'obtempérer, et de subir, fût-ce une minute, sa tyrannie capricieuse. Les tours de la Magicienne ne m'amusaient guère. Elle aimait la foule et le tapage, deux ingrédients dont je me passe volontiers. Au fur et à mesure des semaines elle montrait son véritable caractère et ses yeux d'outremer, quand enfin j'eus l'occasion de la voir, avaient quelque chose de farouchement impulsif comme l'était sa nature. C'était une femme à frasques.

Au théâtre une actrice avait-elle du succès, elle voulait en être. Au beau milieu du spectacle, au moment où elle dérangeait le plus, elle jetait sur la scène un énorme bouquet. Lola Montès avait cravaché quelqu'un. Les journaux en parlaient. Aussi, sous un quelconque prétexte, madame de Solms tira un coup de pistolet sur un domestique pour gagner une égale publicité. Elle avait parié de pénétrer vêtue en naïade dans le plus grand restaurant de Nice. Il s'en fallut de peu qu'elle gagnât son pari. Je l'avais surnommée la princesse Brouhaha.

Par son esprit, son talent d'écriture, sa grâce dangereuse comme celle de certaines plantes magnifiques et vénéneuses, son goût des vastes amas de chiffons, elle personnifiait mon aphorisme sur ses semblables : « La femme est un être qui s'habille, babille, se déshabille et se rhabille. »

Nos échanges ont rapidement tourné en duels.

« Venez me voir plus vite que tout de suite, cela me fera plaisir », lançait-elle par une sommation mouchetée. Après quoi, survenait le coup de semonce : « Il faut absolument venir me voir. Vous avez trois jours pour capituler. » Et elle m'adressait « l'expression » de ses « sentiments hostiles ». Je n'étais pas d'humeur à baisser ma garde, ne voulant pas céder à ses ultimatums. L'armistice survenait : « Tendez-moi la patte après tant d'orages. » Puis les hostilités reprenaient : « Vous n'avez été ni très galant ni très gracieux pour moi. » Et de nouveau : « J'ai besoin d'un ami comme vous, je vous aime beaucoup quoique et parce que j'ai de l'orgueil. »

Elle tendait la sébile. J'appelle tendre la sébile, les manèges variés que pratiquent certaines femmes pour se voir gratifiées de compliments. Ce n'était pas pour m'attendrir. Surtout après qu'elle eut exhumé, arrangé et publié des phrases sur moi d'Eugène Sue, où la confiance et l'amitié étaient transformées en multiples coups de griffes. Aussi quand elle disait : « Parlons franchement ! », je traduisais : « Attention ! elle va proférer un mensonge. » Jusqu'en 1860 où elle résida à Nice, ce fut la guerre. Mais les femmes ne connaissent pas toujours le prix des choses, et se trompent quelquefois sur la valeur des hommes. J'usai envers la petite princesse Brouhaha de mon droit à l'indulgence. Je rentrai dans de bons sentiments comme le poignard rentre dans son manche. Elle habitait à ce moment-là Aix-les-Bains. Je saisis la date du jour de l'An comme une occasion de rapprochement, j'envoyai à mon ennemie de la veille une petite caisse de sapin. A l'intérieur, j'avais déposé une branche d'olivier fraîchement cueillie. Cette sorte de salâm nous réconcilia le jour même.

La dernière fois qu'il me fut accordé de saluer ce charmant visage, mon plaisir a été tempéré. J'avais en tête une autre personne. Elle me reposait des soupirs un peu hostiles mêlés à des traquenards prétendument amicaux. Mais j'étais tombé d'un mal dans un malheur.

De trop aimer on s'expose aux coups d'une invisible artillerie. La femme la plus décidée à ne pas accueillir l'amour veut avoir au moins à le repousser. La comtesse de Liedekerque m'a opportunément et douloureusement rappelé combien, à un certain âge, il est dangereux, imprudent, ridicule d'aimer encore. De ressembler, même de très loin, à ces vieillards amoureux qui soupirent plus de leur asthme que de leur amour.

J'avais abandonné Nice à son sort de grande ville. Il y a quelque chose de trop dans tous les pays : ce sont les habitants. Et malgré les centaines de femmes et surtout de jeunes filles, grandes, souples, bien faites, souvent jolies, rien ne m'y rattachait plus depuis la mort, après une maladie de trois années, de la mère de Jeanne. A soixante ans, Saint-Raphaël est devenu mon port d'attache. Cité de pêcheurs dont, malgré moi, j'allais faire une station d'estivants – où séjourneraient aussi de merveilleuses créatures.

Depuis longtemps, dans ma retraite de *Maison close* j'avais banni tout miroir de mes murs. Funeste initiative, car j'aurais remarqué les contrastes entre mon imagination et ma figure. Ne me voyant plus, ma cravate a été parfois un peu mal nouée. Je pouvais, en revanche, me livrer à la poétique impression de n'avoir que trois fois vingt ans. La comtesse de Liedekerque avait sa part de responsabilité dans ce délicieux mensonge, commencé comme un rêve qu'a brisé un réveil brusque.

Si le roi Léopold II de Belgique – abonné à mes *Guêpes* – appréciait de se reposer dans sa propriété de Cap Martin, les princesses – ses filles – avaient choisi d'hiverner dans les pinèdes parfumées de l'Esterel. La côte varoise relayait Nice et Cannes. Saint-Raphaël, sous mon impulsion involontaire, se couvrait de villas. L'une d'elles abritait la princesse Charlotte et la trop ravissante comtesse de Liedekerque.

Ma belle amie, comme j'ai aimé l'appeler, m'a fait l'offrande, un après-midi, de sa visite inopinée. Tout de suite, j'ai brûlé d'un sentiment amoureux sous ce coup de grâce. Sa jeunesse, sa beauté, son esprit, sa toilette – la toilette d'une femme est un autel aux dieux inconnus – ajoutaient à son prestique. Fou ! Vieux fou ! Est-ce toi qui a écris : « Des sens attribués à l'homme, le plus précieux et le plus rare est sans contredit le sens commun » ? Ce sens commun, je l'ai perdu en quelques bribes de conversation. Les lauriers-roses en fleurs et les myrtes odorants avivaient les désirs.

Elle avait manifesté une vague envie de se bâtir, tout proche, un nid de saison. Aussitôt, écartées les polémiques, les fantaisies, les boutades, les railleries, la satire, la critique ! Congé à mes guêpes piquantes ! Je n'étais plus que guide, architecte, jardinier. Notre correspondance s'est fougueusement détournée du projet initial. Elle a pris le ton d'émotion et l'intimité d'un doux échange de mots.

Un jour de 1875, la comtesse de Liedekerque s'en est retournée vers ses brumes gantoises. Me laissant seul, désenchanté, trahi. La vieillesse est naturellement un peu bavarde, selon les Anciens. Elle doit se passer de voluptés : *senectus caret voluptatibus*. Les vieillards oui, mais moi ?

Moi, mon esprit s'échappe toutes les fois où il croise celui d'une femme

ni laide

ni boîteuse

ni bossue

ni chauve

ni sotte

ni trop raisonnable

ni insensible aux beautés de la nature et aux arts, même si elle ne joue pas du violon.

C'est le portrait inachevé de la vicomtesse de Savigny.

Toutes les femmes aiment les bouquets, peu de femmes aiment les fleurs.

J'exclus de cette dernière catégorie la vicomtesse Jeanne de Savigny, créatrice à Seillans d'une très florissante usine d'extraction d'essence de parfum. N'a-t-elle pas enfermé mon âme avec les fleurs ? Sitôt retombé de mes illusions belges, je me suis laissé foudroyer par ses multiples séductions. Comme la nature, mon cœur a horreur du vide, et quarante ans entre elle et moi ne font pas une différence. Malgré la concurrence d'un mari qui aime le monde et la mer.

Toujours j'ai voulu voir les femmes à la hauteur de l'amour qu'elles m'inspirent – avant d'arriver à cet âge où l'on peut encore sentir l'amour, mais où on ne l'inspire plus.

DIMANCHE 28 SEPTEMBRE.

Jeanne a souhaité la présence à Maison close *des nièces d'Alphonse Karr. Elles sont là. Il en a été ému. Ce déploiement familial, s'il lui rappelle les derniers instants de son frère Eugène, ne l'attriste pas. D'ailleurs il se sent bien mieux, les ventouses scarifiées ont produit un effet bénéfique. Aux dires du docteur Bontems « le mal semble enrayé ». En même temps qu'il avertissait d'attendre les huit jours du traitement pour certifier la guérison. Des retournements spectaculaires dans un sens ou dans l'autre ont souvent été constatés dans des cas similaires.*

Alphonse Karr en convient. Le visage du peintre Hamon se dessine à lui, exemple tragique de cette apparence de miracle.

La Villa Hamon *est la plus proche habitation de* Maison close. *A Paris on a tant de voisins qu'on n'en a pas. Ici, Hamon était son voisin. Atteint d'une hydropisie, il souffrait, patientait, espérait. Peu de jours avant sa fin, Alphonse Karr avait été frappé de sa destruction rapide. Un mort qui souffre encore. Son médecin avait confirmé : « Je lui fais ma dernière visite. » Tous le pensent. Le lendemain le peintre demande des livres. Il réclame un bon poulet de Nice. Il ne souffre plus, il s'est levé, il rit, se dit guéri, il l'est. Il veut partir à Rome revoir son atelier. Il s'occupe lui-même de sa valise, n'oublie rien. Trois jours plus tard, il mourait.*

Pourquoi serait-il exempt d'un tel dénouement ? En général on ne se rend pas bien compte de la mort, surtout de la sienne.

Sans se l'avouer, il a comme un poids – léger – sur la poitrine. Le docteur a décelé là quelque chose, il y remédie. Dans l'ensemble de son corps il lui semble que la vie se comporte bien timidement et en avril, peut-être reverra-t-il encore ses lilas. Il suffirait d'un sursis, un de plus. Une fois déjà, il a été prématurément imprimé comme mort dans Le Figaro. *Il n'a pas imposé de démenti ou de rectification. Il a écrit au journal : « Ainsi lorsque l'information deviendra exacte, vous pourrez vous vanter d'avoir été les premiers à l'annoncer dans la Presse. »*

La profession de journaliste ne vaut guère mieux que la prophétie de ce bourgeois, qui voici près d'un an l'a abordé à Saint-Raphaël :

« Ah ! Monsieur, vous pouvez compter sur une chose, et cette chose je vous la garantis : c'est que vous aurez un bien joli enterrement.

– Je vous remercie, mais je ne me consolerai jamais de ne pas le voir passer.

Cet homme est mort il y a six mois. A quoi tiennent les pronostics ? En vérité, comment peut-on mourir quand on a de la sauge dans son jardin ? C'est qu'il n'y a pas de remèdes contre la mort, sa nécessité inévitable. Alors qu'on découvre des remèdes de « bonne femme » contre les panaris et les coupures.

Dans un jardin chaque fleur a son intérêt, son spectacle, sa richesse et sa splendeur.

Il a épuisé tous les mensonges pour ne pas être trop fier de son titre de jardinier. Il en vient à se dire que partout, toujours, il a été mêlé aux fleurs. Humbles et communes comme la giroflée des murailles, l'iris des toits de chaume, le chèvrefeuille et l'églantine des bois, le bleuet des blés, le petit liseron rose à odeur d'amande des sentiers dans les champs. Ou fleurs riches et « parvenues », rares, enchanteresses, qu'il a mises un peu à la mode.

VI

LES FLEURS

Ne droguons pas la terre.

L'Empire déclaré, l'ardent désir m'avait pris de sortir de France. Je dois à la vérité, d'admettre que mon existence n'était pas formellement en danger. En revanche, Auguste Lirieux, qui m'avait secondé au *Journal*, fut arrêté au lendemain du coup d'État. Les soldats l'auraient fusillé sans l'intervention de quelques amis bien placés. Louis Bonaparte ne lui pardonnait pas d'avoir été sa cible dans *La Revue comique*. Ce dont j'avais à me protéger était l'hostilité sourde et pernicieuse des nouveaux convertis, républicains de la veille et ralliés spontanés. Puis des créanciers à l'affût. Ils m'adressaient des sommations sur des imprimés de quatre sous à signer. J'étais sûr qu'avec ma signature, la sommation ne valait plus même un sou. Mais ils s'y accrochaient. Je crois que la Banque de France détient encore de moi quelques beaux autographes sur des traites impayées.

J'ai laissé à Sainte-Adresse ma maison, entièrement tapissée d'une glycine aux grandes grappes de fleurs bleu pâle. Et mon bateau, mes filets de pêche, les meubles, les vitraux, les coquillages, des statuettes de Pradier, des croquis de Johannot. J'ai vendu tout assez mal, compte tenu de la précipitation de mon départ. J'ai abandonné le tapis de verdure et les fleurs de mon jardin. J'y avais accompli de merveilleux voyages, accueilli d'illustres amis. Ce jardin d'où j'ai daté mes lettres à l'adresse de *L'Illustration*, un bâtisseur allait le réduire en pièces et en moellons. J'ai emporté trois ou quatre trésors, dont le portrait de mon cher père. Plus tard, j'ai demandé à Nadar de m'en faire une petite peinture car les traits s'effaçaient.

Avant de me rapprocher du soleil, je m'éloignai quelques jours en Belgique. J'y ai retrouvé des amitiés exilées, et j'y rattache un épisode sur l'ignoble tuyau de poêle qu'est le chapeau haut de forme.

Je ne sais plus dans quelle ville belge, mon chapeau de feutre m'empêcha un soir d'être accepté au cercle où l'on m'avait invité. Les chapeaux mous n'étaient pas admis. Ni déposés aux vestiaires ni accrochés aux patères, m'avait défendu un huissier. Il avait ajouté gravement : « Le chapeau haut de forme est statutaire. »

Je suis rentré à l'hôtel où j'ai écrit au président du cercle :

« Vous devez porter statutairement un chapeau de soie haut de forme à vingt francs.
Le mien en feutre me revient à soixante francs.
C'est donc quarante francs de considération de plus qu'il devrait me valoir de la part des huissiers de votre cercle.
Ce chapeau de soixante francs, je l'ôte pour vous saluer et avoir l'honneur de prendre congé de votre chapeau de soie. »

En compagnie de Jeanne, sa mère et une bonne, je gagnais l'Italie : Gênes dite « la superbe », Rome, Venise, Naples, villes pour lesquelles j'avais signé et payé mes passeports. Je n'ai pas dépassé Gênes. J'étais suspect à messieurs les Autrichiens, alors maîtres d'une partie du sol italien, et au gouvernement papal en cette occasion d'un abord peu chrétien.

J'ai toujours vécu à la campagne. Aussi dès que je l'ai pu, j'ai délaissé Gênes pour habiter, à quelques lieues, la petite bourgade de Nervi. D'ailleurs la réputation de Gênes est des plus usurpées. On dit d'elle la ville des beaux bouquets. Ils sont énormes, voilà tout l'éloge qu'on en peut faire. S'ils sont un peu honnêtes, ils se composent invariablement de cercles de fleurs blanches, bleues, rouges, jaunes. Les fleurs de jasmin, les orangers et les citronniers obéissent aux intérêts du commerce. Les jasmins pour les fabricants de pommade, les orangers et les citronniers pour les confiseurs. Résultat : plus de parfums, ni de vert ni d'ornement. Un air triste qui m'a poussé vers Nervi. Agréable séjour l'hiver, mais l'été à la température si chaude et au soleil si ardent, que les lézards en étaient incommodés. La maison que j'avais louée était bâtie près de la mer, qui certains jours entrait comme chez elle dans la salle à manger du bas. On lui abandonnait la place, et l'on déjeunait dans celle construite au premier étage. C'était là un moindre malheur.

Toutes les semaines, j'expédiais à Paris une livraison de mes *Guêpes*, et des articles au *Siècle* ou au *Paris* – le journal du comte de Villedeuil. C'est de là qu'allaient venir le mal et le mauvais vouloir de la nouvelle presse impériale. De M. de Villedeuil, le ministère de la Police n'appréciait ni son titre ni son indépendance de fortune et de ton. On tenait en surveillance l'homme, qui ne s'aplatissait pas pour avoir des invitations aux Tuileries, et la vivacité de style comme la violence d'épithètes des articles. Le nommé Latour-Dumoulin, homme de main de la presse au ministère, guettait, l'escopette de la censure au poing. Deux coups sont partis. Le premier visait *Les Guêpes*. J'étais prévenu d'outrage à la morale publique et religieuse, et cité à comparaître à Paris. Les Goncourt furent entraînés dans le même engrenage, pour cinq vers « légers » imprimés dans la feuille de M. de Villedeuil.

Voulant discuter la question de droit, j'avais choisi comme avocat Paillard de Villeneuve. Le même qui, ne me connaissant pas, avait plaidé contre moi dans mon affaire de séparation conjugale.

Depuis, nous étions devenus amis. Cette affaire-là était si grotesquement imposée, montée, démesurée – les Goncourt et moi assis entre des gendarmes comme des voleurs – que dans ce tribunal révolutionnaire de Bas-Empire, les avocats ont eu beau jeu de dénoncer comme dérisoires les accusations portées. Il eût été sage de dire que nous étions poursuivis pour outrages « aux mauvaises mœurs ». Le jugement le confirme, avec réticence : nous étions acquittés, mais blâmés.

Six mois plus tard, seul cette fois, je suis de nouveau inculpé.

Le parquet impérial ouvre les hostilités contre mes *Guêpes*, publiées par le *Paris* du 13 août 1853, et poursuivies pour avoir excité à la haine et au mépris du gouvernement. J'ai voulu négliger cette accusation. Paillard de Villeneuve m'en a détourné, tout en admettant qu'on demandait une complaisance au tribunal. Lequel était à l'extrême opposé de mon aphorisme : « Il y a liberté complète de la pensée pour ceux qui pensent bien. »

Le tribunal pense plutôt à régler ses comptes malgré le droit et l'usage, en me frappant de cent francs d'amende. Autant, plus un mois de prison à Lebarbier gérant-caissier du journal. Nous sommes tous deux solidairement condamnés aux dépens. Le *Paris*, lui, doit disparaître, sans sursis, ni circonstances atténuantes. Ce journal qui ne se soucia jamais d'être une affaire, s'il n'en fit guère avait cependant fait un assez grand bruit. Par Murger, Scholl, Banville, Beauvoir, Gatayes, moi et quelques autres. Il s'était élevé comme un aigle, on venait de l'abattre comme une oie.

Je m'ennuyais à Nervi.

La culture des brocolis et des choux-fleurs, les incantations des gens à la Vierge pour qu'il pleuve, une pauvre pêche sur la plage stérile en poissons, ne suffisaient pas à égayer mon séjour. Dans ce dépaysement, les deux procès de presse m'avaient inquiété. Ils me donnaient à craindre des difficultés pour l'exercice de mon métier.

Or il m'en fallait un autre, car j'avais charge d'âmes. Pourquoi ne pas cultiver les fleurs – ailleurs ?

La princesse Soukhosaneth m'avait vanté les charmes de Nice dans les États sardes du roi Victor-Emmanuel. Elle y passait régulièrement ses hivers. Elle m'exhortait à y venir. Mon désir répondait au sien, mais demandait réflexion. Je décidai de questionner Pillet, ancien journaliste, directeur de l'Opéra de Paris, ex-consul à Nice et qui s'était fixé à Cagliari. Il répondit à ma lettre en consul : « Climat charmant, situation délicieuse, dans une baie nommée des Anges – les Anges étant des sortes de raies. Du monde l'hiver : colonie franco-anglo-russe, toute prête à s'amuser et à dépenser de l'argent. Mais existence campagnarde possible, et régularité des communications avec la France. Pour la pêche, on peut s'y adonner la nuit et le jour. Les prix c'est autre chose, on rançonne les étrangers, tous taillables à merci. Nice est aussi chère que Paris. Toutefois envers les habitants la vie se paie vingt-cinq centimes, là où il en coûtera un franc aux riches oiseaux de passage. »

J'étais tenté. Tout en ne refusant pas une lettre de mon autre ami Lautour-Mézeray, préfet d'Alger, qui m'y appelait. Finalement, j'ai suivi les conseils de Pillet. J'ai planté ma tente à Nice, où j'ai semé la beauté et la révolution parmi les fleurs pour le plus grand profit des Niçois.

Je ne suis pas sûr qu'ils me soient un peu reconnaissants de cet essor et de leur fortune. Ils en ont trop pris l'habitude.

J'ai été émerveillé à Nice, quand je m'y suis réfugié à la fin de 1853, par tout ce qui n'existait plus lorsque j'ai quitté ce séjour de plaisirs brillants. A cette époque enchanteresse, chaque maison était entourée d'un bois d'orangers. J'ai puisé dans mes réserves, et, Quartier Saint-Philippe, en bordure du chemin San Stefan, j'ai loué une habitation moitié ferme, moitié maison bourgeoise. La maison, assez petite, se fondait miraculeusement dans la verdure, plutôt bois d'orangers que jardin. J'étais dans la norme des Niçois. Allais-je comme ceux que l'insurgé Bonaparte appelait les « insurgés » – réfugiés peu riches pour la plupart – demander à la terre la satisfaction des besoins de mon estomac ? M'occuper des fleurs, et me résigner, à quarante-cinq ans, à publier prudemment, étant en pays étranger ? Quelque temps, je fis comme les Sages : j'observais, écoutais, étudiais, puis pris ma première décision publique.

Je m'adressai à M. de Cavour, ministre du roi Victor-Emmanuel, en le sollicitant de pouvoir poursuivre mes *Guêpes* sans l'adjonction d'un « gérant responsable ». Ce qui était ordinairement une obligation italienne. Mais désagréable, pour quelqu'un qui, comme moi avait toujours revendiqué la responsabilité de ses écrits. « *Lex dura, lex absurda, sed lex* », me répondit le ministre. J'ai dû accepter cette loi, votée et gravée sur bronze, en la personne d'un Italien nommé Dominique Bonavera. J'ai voulu ignorer cet homme qui, en compensation d'un prix médiocre, acceptait de répondre de mes fautes, erreurs, sottises et crimes. J'en usai ainsi, sans l'avoir jamais vu, jusqu'en 1860, date à laquelle Nice a cessé d'être elle-même pour appartenir à la France. Voulant adoucir la rigueur de la loi, M. de Cavour imita son maître, roi constitutionnel et s'abonna. Depuis, j'ai plusieurs fois parlé avec le roi Victor-Emmanuel, gaiement, familièrement, sans apprêt et cependant sérieusement. J'avais l'impression de discourir avec Henri IV, tant la ressemblance était frappante : pas beau, moustache épaisse, court, obèse, bon et brave.

Mes *Nouvelles Guêpes* pouvaient donc légalement s'envoler de Nice. Leur serait-il possible de se poser à Paris ? J'en appelai au comte Walewski. Des relations loyales s'étaient nouées entre nous après notre duel. Il m'a assuré de son appui sans m'éviter l'obligation de la censure, qui pour elle-même censurait le mot en conservant la chose. Loin de Paris et de sa chronique, évitant de traiter les questions délicates, si mes braves insectes plaisaient à leur public nouveau ou fidèle, ils piquaient moins. Leur aiguillon politique s'émoussait. Mes ennemis disaient qu'ils prenaient du ventre. Mais de ce ventre sortaient des sujets d'ordre social, économique, littéraire, qui ne laissaient guère indifférents les lecteurs.

A Paris, *Le Siècle* me réclamait des articles. *Le Pays* publiait des chapitres de mes futurs ouvrages sur *La Pêche* et *La Pénélope normande*. Michel Lévy me sortait *Les Femmes* – dont la deuxième édition s'emportait allégrement. Non, ma veine n'était pas tarie ; néanmoins, elle n'alimentait pas suffisamment mes besoins et ceux de ma famille. Quoique personnellement j'aie toujours eu peu de besoins et de désirs.

N'est-ce pas la plus grande, la plus sûre, la plus indépendante des fortunes ? Il paraît pourtant que ce n'est pas la plus recherchée.

Un jour me vint une idée originale. J'avais constaté combien, à Nice, le commerce des fleurs était mal organisé. Si un Niçois souhaitait un bouquet de fleurs, il le commandait à Gênes. D'où on lui expédiait de malheureuses roses serrées, comprimées, étouffées, à l'aspect d'une mosaïque faite en bois ou en pierre, et des camélias ou des œillets dans un état de santé pitoyable. Je savais combien la réputation de Gênes en matière de fleurs était injustifiée. Or, à Nice, tout s'y prêtait aussi : l'eau, un air clément, le soleil. Sans aucun doute, on pouvait y cultiver non seulement toutes les plantes de France, mais encore celles en orangerie et en serre. Étrangement il n'y avait pas de fleurs à Nice. Si l'on exceptait une flore sauvage et printanière composée de trois ou quatre variétés de tulipes, et d'anémones, à la vérité de toutes les couleurs et nuances imaginables.

Ces constats m'ont encouragé à m'agrandir franchement. Quand on veut marcher avec sécurité, il ne faut pas avoir les yeux fixés sur le bout de ses bottes. J'ai loué ou acheté des terrains, dans les quartiers Saint-Étienne, Sainte-Catherine et près de ce qui deviendra la gare de marchandises. J'ai fait venir de Paris, de Belgique, de Hollande et d'Angleterre, quantités de graines et de collections de plantes que j'ai essayé d'introduire. Des roses surtout, bien qu'on ait abusé des roses. J'ajoutais de quoi produire des fruits et des légumes, autres que ces morceaux de bois de couleur orange qu'on vendait sous le nom de carottes. Durant une année, j'ai travaillé, pioché, semé, sarclé, taillé, arrosé. Bientôt, j'ai commencé à voir naître et à récolter. Toutes sortes de roses : blanches, roses, rouges, pâles, striées. Des œillets, des myosotis, des héliotropes, des violettes. Mes violettes ont été célèbres dans le monde entier. J'ai eu des cyclamens et des anémones, et je me félicite d'avoir fêté des naissances par milliers sans jamais avoir drogué la terre.

Très vite mon entreprise prospéra. A l'un des piliers du portail je pus apposer ma nouvelle raison d'être :

Alphonse Karr
Jardinier

J'ouvris en pleine ville, sur le jardin public de Nice, une boutique avec mon nom sur le fronton. Et je me mis à vendre des fleurs, des bouquets, des légumes. Mes bouquets ont fait ma fortune. Confectionnés d'après les modèles des bonnes faiseuses de Paris, ils étaient demandés, réclamés, appréciés. J'en expédiais dans toute la France, puis j'en ai exportés en Suisse, Angleterre, Belgique, Allemagne, jusqu'en Russie. Je libérai Nice du monopole floral de Gênes. Je suis contre les monopoles, ils sont une tyrannie. Sans artifices, je m'étais établi une réputation européenne. J'étais assailli de commandes. Mes fleurs, si elles étaient passablement chères, se distinguaient par une qualité exceptionnelle. Des élégantes aux pétales bien coiffés. Quant à mes bouquets, plagiés comme mes articles, j'étais obligé de les différencier de ceux des autres pour réduire le nombre des contrefaçons. Je les envoyais, entourés d'un ruban vert, sur lequel se lisait mon nom, ou un quatrain, ou une maxime. C'était là ma signature. Dans toute l'Europe, elle m'attirait une clientèle nombreuse, et conséquemment des revenus confortables.

La prospérité de mon établissement horticole m'a forcé à engager jusqu'à quinze ouvriers agricoles. J'ai placé dans mon magasin en ville une ancienne artiste, madame Duluc, dont le charme et l'amabilité opéraient des miracles. Tous les riches étrangers de Nice se fournissaient là. Ils éparpillaient ma production dans toutes les capitales.

Travaillant la terre comme eux, j'avais de l'estime pour mes paysans. Au point de ne pas me résoudre à les débaucher, dans la saison où leurs bras ne m'étaient pas nécessaires. Je les gardais donc, quitte à perdre de l'argent. Dans une seule occasion j'ai été contraint de me séparer d'une de mes employées, qui avait jeté son dévolu sur les bouteilles de ma cave. Elle accepta son renvoi, à la condition que je lui établisse un certificat. Je m'y refusais. Elle me provoqua jusqu'à vouloir porter le litige en justice. Ce qui coûte au moins du temps, dont je n'avais pas assez. Résigné, je lui ai rédigé un certificat en ces termes : « J'ai renvoyé la femme X parce qu'elle avait des amants qui avaient trop soif. »

Toutes ces péripéties domestiques ne m'empêchaient pas de retirer de mon entreprise quelque trente mille francs par an. Si j'avais procédé comme un patron, en n'utilisant du personnel qu'en rapport de mes besoins. Si j'avais écarté le crédit, au lieu de l'accorder par sentiment et confiance. Si j'avais eu la hardiesse de fermer mon jardin et de me dérober aux causeries passionnantes de l'impératrice de Russie, du roi Victor-Emmanuel, du vieux roi Louis de Bavière, du jeune prince Oscar, des grands, des dames, des artistes et des amis, sans nul doute j'aurais amassé une fortune appréciable. Au lieu de quoi, quinze ans plus tard je suis parti de Nice, moi l'industriel des fleurs, en n'ayant que la modeste bourse d'un paysan au retour du marché.

Spectateur de la vie, j'ai de tout temps aimé étudier les mœurs des insectes et des hommes. Elles attirent après elles les circonstances comme les grains d'un chapelet.

N'est-il pas vrai, prince Oscar, aujourd'hui roi de Suède, vous qui m'appeliez « mon ci-devant voisin » ?

Voisins, le prince et moi nous l'étions par nos terrains mitoyens. Notre amitié est née d'un mot pris en bonne part. Je l'avais sollicité de me prêter quelques heures le *Genera plantarum* de Linné, que je savais être dans sa riche bibliothèque. On me rapporta la réponse du prince :

« Que monsieur Karr vienne lire chez moi tout ce qui lui plaira, mais je ne prête pas mes livres. »

Je me le suis tenu pour dit. Jusqu'au jour où le prince Oscar, ayant l'usage de plusieurs arrosoirs, m'en fit faire la demande.

« Que le prince vienne arroser chez moi autant qu'il le voudra, mais je ne prête pas mes arrosoirs », ai-je répondu.

Mon propos nous rapprocha plus intimement. Grand et droit comme un peuplier, ce petit-fils de Bernadotte parlait élégamment le français. Il philosophait et dansait comme un « honnête homme » du siècle précédent. Il semblait qu'il n'eût qu'à vivre dans l'insouciance, lorsque la mort subite de son frère le projeta sur le trône sous le nom d'Oscar II roi de Suède et de Norvège. Il était abonné aux *Guêpes*, et nous correspondions malgré ses obligations de souverain. Je me rappelle une de ses lettres reçues ici. Il s'y exprimait en roi. Assurant qu'il n'oubliait pas « son cher ci-devant voisin », il me confiait parmi des considérations politiques, ne désirer que vivre en paix et bonnes relations avec tout le monde. Qu'il était anti-rien, néanmoins « gare à qui nous touche ». Ce pacifiste a dû se battre contre la Norvège, et il l'a perdue. Dans son palais, il se souvient peut-être de nos conversations heureuses sur un des bancs de mon jardin. Ces beaux jours sont passés.

Pour un roi comme pour tout homme, le bonheur consiste dans ce qu'il n'a pas ou dans ce qu'il n'a plus.

Les heures que mon travail ne me réclamait pas, je les ai semées entre ma famille et l'amitié. Je voyais mon enfant grandir avec mes arbres. Jeanne était l'apaisement, la réincarnation du paradis terrestre. Elle régnait sur une cour de canards, de lapins, de poules, une multitude d'oiseaux en entière liberté, des pigeons, des paons. Tous lui obéissaient. Un âne de Sardaigne quêtait ses moindres désirs, avec un alezan que m'avait vendu le prince partant occuper son trône de Suède. Déjà presque jeune fille, je ne me lassais pas de la contempler. Élancée, légère comme une Niçoise, serrant dans les bras des bouquets luxuriants de roses, de violettes de Parme, de résédas, d'œillets, d'héliotropes d'hiver parfumés. Elle partait les livrer à madame Duluc. Et je sentais battre mon cœur de père comblé.

Pierre Leroux est venu me visiter à Nice. Et Dumas, le père, avant de lever l'ancre de son *Héléna* ; Riou, fin dessinateur, qui a su retrouver le chemin embaumé de *Maison close* ; et Elzear Pin, mon élève en pension, un vrai républicain comme Jean-Jacques Rousseau, pas comme Voltaire, ce démolisseur. Amaury-Duval a portraituré, pendant son séjour, Jeanne enfant, sa mère, et ma figure. Un peu mieux, je crois, que mon portrait ressemblant quoique de faible exécution, fait par madame

Burdin-Alloux. Avais-je vraiment cet aspect de pomme ridée comme mon ami Bertall, sous une caricature peu avantageuse, l'avait écrit dans *L'Illustration* : « C'est une dame qui a arrangé de cette façon le spirituel auteur des *Guêpes*. Il a tant d'esprit qu'il ne lui en voudra pas. Il y aurait pourtant bien de quoi. »

Méandres de la mémoire : maintes fois j'ai proclamé combien je préférais les arbres tremblant sous le vent à ceux fixés sur la toile, les femmes aux statues, le soleil du bon Dieu au soleil de Poussin. On compare les fleurs aux femmes, on a tort. Il y aura toujours entre elles cette différence que les fleurs sont belles, et ne le savent pas.

Les fleurs auraient pu me revêtir de la pourpre des millionnaires. J'avais cinq mille rosiers. Avec moins de rêverie, c'eût été le Pérou, mais aussi me priver du ciel, des arbres, de la mer, de la solitude, des livres et du silence. Cette richesse-là surpasse toutes les autres. A cette réserve, qu'elle réclame beaucoup d'efforts afin de mériter ces plaisirs royaux.

Je n'ai jamais renié mes erreurs, si on me les démontrait, et quand je l'ai pu, je les ai corrigées. Ça n'a pas été possible en politique, particulièrement lors du scrutin du rattachement de Nice à la France. J'ai, avec le plus de fermeté, de justice et d'arguments, démontré que Nizza devait continuer d'appartenir à l'Italie. Je l'ai écrit et répandu, sans être écouté. Les Niçois à qui on a promis : « Vous louerez vos maisons et vos appartements plus cher – Vous vendrez mieux votre huile – Votre journée d'ouvrier sera davantage rétribuée » ont dit oui à ces espérances avantageuses, à ces profits, à ce bien-être matériel. Le vote pour l'annexion a été unanime. Il y aurait même eu plus de oui que d'habitants. La volonté des peuples se fait parfois un peu en gros et l'on n'entre pas trop dans les détails. Le lendemain, j'ai constaté dans mes *Guêpes* : « Niçois, il ne vous reste plus qu'à devenir de bons Français. » J'avais été très minoritaire, mauvais prophète. Une cinquantaine de « non » s'étaient prononcés en faveur du roi Victor-Emmanuel.

Le bon sens réunit tout d'abord la majorité, mais contre lui.

Cette position pro-italienne m'a rapporté des coups de plume et de langue. Du capitaine Segrestan de la mission française, du syndic puis futur maire Malausséna qui avait rallié l'annexion après l'avoir combattue, de journalistes, de « patriotes ». J'ai été malmené. En politique, peut-être plus encore qu'en toute autre matière, on n'appelle sages que ceux qui partagent la folie du moment.

Certes j'ai répliqué. Le Comitato Nazionale di Nizza Marittima m'a exprimé sa gratitude pour avoir défendu des droits et la liberté. Et, j'ai noué une solide relation avec Garibaldi. Plusieurs fois je me suis trouvé assis près de lui, assemblé avec des Italiens, aussi à l'aise que dans la société des membres de la colonie française.

Ceux de mes amis qui n'étaient pas à Nice n'en continuaient pas moins d'habiter mes pensées. Roger de Beauvoir, à Paris, endurait mille souffrances sur son fauteuil. Les médecins ne soulageaient guère son mal auquel ils accordaient des symptômes savants. Il y a tant de médecins de toutes sortes qu'il faut bien, pour leur donner de l'ouvrage, inventer des maladies. Gatayes m'ayant assuré combien la vue de quelques fleurs de mon jardin apaiserait notre cher malade, je lui en expédiai un bouquet. J'avais veillé à ce que son aspect fût royal. Un bouquet, c'est un art qui a ses secrets et demande tact, goût, délicatesse. Comme dit le poète oriental, c'est une fleur composée avec des fleurs. J'avais assemblé des œillets, des lys, des camélias, des roses, des tulipes. Cette palette, j'ai voulu l'animer comme un peintre. Fondre, adoucir, relever les teintes et les nuances, y ajouter la fantaisie, la science, l'imagination. J'ai entouré l'ensemble d'un ruban de soie blanche, sur laquelle mon nom se détachait en lettres vertes.

Malgré l'annexion à la France, les étrangers ont continué d'affluer à Nice. Dès la fin octobre, avec la pluie tant désirée, ils arrivaient, louaient villas et appartements en quantité, faisaient tripler les prix par leur présence, toutes choses que les habitants de Nice appelaient « le bon hiver ». J'écarte de ce nom l'ignoble carnaval, où se projetaient les œufs, la farine et le plâtre.

Les divertissements se multipliaient, les concerts atteignaient des sommets de beauté. Et je ne blâmerai pas celui auquel on m'invita afin d'apprécier le brio d'un prodige de huit ans, qui jouait du Beethoven comme peu de pianistes pouvaient s'en vanter. La réclame misait beaucoup sur la jeunesse de l'interprète. Au premier morceau, j'ai applaudi, comme tout le monde. Au deuxième, j'ai manifesté mon intérêt. Au troisième, je n'écoutais plus.

« Le motif ne vous plaît pas ? s'est ému mon voisin.

– Si au contraire, mais que voulez-vous, l'enfant n'est plus aussi jeune. »

J'observais les inquiétants progrès d'une ville en mouvement. Les quais et les promenades avançaient plus vite que les gens. Les rues s'élargissaient. On endiguait la rivière du Var, mais non la hauteur des maisons, ni leur nombre. Nice avait contracté l'épidémie de la bâtisse.

Durant les mois de juillet et août la ville était désertée : les étrangers absents, les Niçois à la campagne. Dès l'automne rentrait tout ce que je n'y souhaitais pas, des hordes de forcenés, avides de rattraper le temps perdu ailleurs. De tous côtés chacun se ruait sur les nouvelles tables de la Loi, que le langage moderne appelait expropriation pour cause d'utilité publique. La promenade des Anglais se couvrait de villas, d'hôtels plus luxueux les uns que les autres, entourés de parcs et de jardins. Avec le bleu du ciel et de la mer, les palmiers, les lauriers-roses ou blancs, les mimosas, les poivriers, de véritables palais émergeaient comme autant d'attraits pour retenir les hivernants. Alentour, la même fièvre destructrice d'espaces se répandait, au point d'envahir la moindre parcelle. Les grands travaux municipaux et particuliers faisaient qu'on se heurtait partout aux matériaux apportés ou à des meubles changeant de domicile. Des arrêtés d'expropriation pour la construction d'une gare menaçaient mon premier jardin. De bonne contenance, bien exposé, à l'abri du mistral, je dus le céder. Mon second jardin que j'avais cru situé en pleine et vraie campagne, au milieu des cigales et des abeilles, étouffait maintenant, cerné par un voisinage de pierre et de gens. Envahi, traversé par des tribus d'importuns qui ne se contentaient pas seulement de mes violettes de Parme, et voulaient approcher, en outre, la curiosité locale qui les cultivait, les mettait en boîte et les emballait. Le spectacle de la vanité humaine, fût-il paré de marbre et de gloire, m'irritait de plus en plus.

La plus belle statue du monde dans un jardin, ne vaut pas pour moi la touffe d'herbe que son piédestal écrase. Ni l'ineffable plaisir renouvelé d'épier les premières feuilles qui déchirent les bourgeons des arbres.

J'avais vu assez de rois et, par un hasard de ma profession de jardinier, plus chez moi que chez eux. J'avais serré la main de Garibaldi à un banquet d'ouvriers à propos d'un baptême, et l'avais rencontré plusieurs fois. J'avais eu des amis, j'en avais été un. J'avais composé des livres, sorti puis rentré mes *Guêpes* selon l'accueil du public. J'avais fait jouer des pièces à Paris et à Nice, publié quantités d'articles sur ce que je croyais devoir dire en conscience. J'avais suffisamment perdu d'argent quoique en gagnant beaucoup. J'avais donné l'impulsion et l'exemple de greffes et de plantes nouvelles. Montré que Nice pouvait commercer avantageusement dans le domaine des fleurs coupées. Et l'on accaparait mes terrains pour me dire que c'était bien, mais assez. Les lignes de chemin de fer marchaient sur mes platesbandes. J'étais assailli de modernisme dans une ville où l'excès devenait la règle – comme dans la musique de M. Verdi. Nice en

1867 en raison de troubles en Italie, eut encore plus de visiteurs étrangers. En même temps que la sécheresse sévissait, les sources se tarissaient, les prix montaient, tandis qu'au *Théâtre-Français* les acteurs et les orchestres s'affadissaient.

Et puis, la mère de Jeanne était morte.

Alors, à la fin de 1867, l'an XVII de notre exil et de nos châtiments ainsi que me l'écrivait Janin, j'ai pris une résolution d'homme libre. D'homme en manches de chemise qui embrasse l'horizon orange et mauve du soir, et considère qu'aucune fonction ne vaut de sacrifier un coucher de soleil.

J'ai fait avec la société comme les marchands avec les affaires – quand ils ont fait fortune, ils se retirent.

Il faut cacher tous ses bonheurs, comme le voyageur cache son or quand il doit traverser une forêt périlleuse. La vie est fort boisée.

Sans cravate et sans regrets, j'ai quitté Nice. Nice où le monde entier y étant chez soi, le résident n'était plus chez lui. Plus d'une fois, dans mon jardin, je me suis demandé si je n'abusais pas de ce que j'étais chez moi. Ma résolution a été bonne de dire adieu à ma maison, au rez-de-chaussée plein de senteurs comme un sanctuaire, où je confectionnais mes bouquets. A mon « omnibus » du premier étage, cabinet de travail fourre-tout, plein de livres, de journaux, de brochures, de manuscrits. Adieu à mes régiments de fleurs, à mes avant-gardes protégeant ma ferme parmi des massifs odorants de citronniers, d'orangers, de grenadiers et de lauriers-roses. Et nouvel Amerigo Vespucci, j'ai mis pied à Saint-Raphaël, que des Christophe Colomb de pêcheurs avaient découvert avant moi.

Cette bourgade à peu près ignorée – un nom sans renom – m'avait séduit, quand j'y étais venu vingt ans auparavant voir Eugène qui cherchait aux environs du charbon et du fer. Sans touristes, vierge encore, j'avais été frappé de la riante, riche et sereine beauté du paysage. La forêt jusqu'à la mer, les grandes bruyères, le suave parfum d'amande amère, les rossignols, le calme bleu de la baie, les rochers de porphyre rouge, la plage sablonneuse doucement inclinée.

Je me souviens de m'être dit : « Si Nice ne me convient plus, j'irai à Saint-Raphaël et ce sera ma dernière étape. » Depuis vingt-trois ans, j'ai déféré à ma promesse. Toute ma richesse d'argent est autour de moi. Le peu que je possédais naguère, je l'ai consacré à être heureux ici. Ne l'ai-je pas écrit et ne me suis-je pas soumis à cette évidence, qu'il y a deux manières d'être riche : élever son revenu au niveau de ses désirs ou abaisser ses désirs au niveau de son revenu ?

Beaucoup de ceux qui pêchent devant moi, sur la mer, partagent mon avis. Moins convaincus sont ceux qui voyagent derrière moi, en chemin de fer, et viennent au bord de l'eau dépenser de fausses fortunes. Comme ces filles de salon, qui font semblant d'aimer la campagne, la solitude, le lait et les fruits. Et admettent que les balais verts qu'on leur montre sont des arbres.

Les raisons pour lesquelles j'ai aimé Saint-Raphaël tiennent du corps et du cœur. Le poisson y était abondant et très bon. Les chiens courants accompagnant les habitants par les chemins, m'avaient incliné à penser que le pays était très giboyeux. Puis, un jour, mon attention avait été attirée par le nom peint sur l'arrière d'un canot de pêche : *Le Lamartine*. J'en ai été touché. Il m'a semblé que le poète m'assignait là un espace.

Le mistral lui-même, ce vent du nord-ouest, le vent du beau temps comme disent les habitants de la côte, m'incitait à croire que Saint-Raphaël était un lieu béni du ciel.

Un seul mot d'une dépêche : « Venez », du journaliste Charles Deslys, m'a rendu toute confiance dans la valeur de mes impressions personnelles. En confrère, il m'avait honoré d'une visite en prenant congé de Nice, que je n'aimais plus comme je l'aurais souhaité. Notre conversation avait roulé sur Saint-Raphaël :

« Pourquoi ne pas y aller ? m'avait-il dit.

« Oui, pourquoi pas ce refuge ? Arrêtez-vous-y, écrivez-moi s'il est possible d'y planter sa tente. »

Il s'y est engagé. Son éblouissement sans réserve s'est traduit dans ce « Venez ». Sans avoir tergiversé, dès l'automne suivant je suis maître chez moi à *Maison close* : l'extrême prudence est aussi ennemie de la sécurité que l'extrême insouciance.

Un peu à l'extérieur du village, j'ai pris possession d'un assez vaste terrain en pente douce où s'élevait une humble construction. Les gens d'ici l'appelaient *La Fabrique*. Le nom lui était resté du temps où elle servait à fabriquer de la soude avec les algues, pour produire du savon. La mer se jetait à mes pieds, respirant au rythme de ses lames blanches sur fond de saphir. Elles venaient lentement se briser et s'évanouir, à peine séparées de mon habitation, par le chemin des Douaniers bordé de myrtes. La richesse du terrain tenait aux sources que j'ai découvertes en creusant. J'avais pour rien le soleil et l'eau. Et pour presque rien les principales denrées, ce qui contrastait avantageusement avec les prix élevés pratiqués à Nice. A Saint-Raphaël, le pain, le vin, le poisson étaient très bon marché. Mon jardin me fournirait les légumes, les fruits et les fleurs. Où donc, petite Jeanne, pouvions-nous être plus heureux, si nous savions nous protéger ?

Il n'est qu'une chose au monde plus respectable que l'infortune : c'est le bonheur, à cause de sa rareté et surtout de sa fragilité.

Voilà pourquoi, redoutant par-dessus tout la présence des hommes, j'ai posé l'avis suivant à leur intention : *Maison close*. Cette petite plaque de fer blanc allait protéger mon incognito, dans l'obscur pays où j'avais décidé de finir ma vie. Mais j'ai été trahi par ma plume, qui a dénoncé mes trésors. Je recopiais – récidiviste malgré moi – Étretat à Saint-Raphaël.

Pourtant les premières années ont coulé selon mes désirs. J'avais remonté les murs de la maison basse, cachée et à peu près couverte par le chèvrefeuille, le passiflore et les jasmins. Sur le pignon, un cadran solaire. Devant le vieux mur de clôture revêtu de mousse et de lichens, mon canot blanc *La Girelle*. Entre les deux, mon jardin où chaque printemps la terre entre en amour.

Que recherchent les hommes d'un certain âge, sinon les jouets de la vieillesse, les honneurs, les croix, les titres, les places, un morceau de ruban rouge ? Je leur ai de tout temps préféré la nature, les arbres, les plantes et les fleurs. Pouvoir crier comme Danton, dans son cachot : « Ah ! si seulement je pouvais voir un arbre. » Sur mon nouveau territoire défriché de ses lianes et de ses mauvaises herbes, des arbres j'en ai plantés, aujourd'hui tous de haute futaie : quinze variétés d'eucalyptus, des mimosas chargés de leurs boules d'or, des grevillas à feuilles de fougère, d'énormes touffes de bambous, de papyrus, des daturas à fleurs doubles, des chèvrefeuilles, des lauriers-roses. Des arbres aux parfums, aux feuilles, aux noms étranges. Plus compliqués que le grec, que beaucoup font semblant d'admirer pour faire semblant de le savoir.

Et des fleurs, aux formes et aux harmonies de couleurs dont les épithètes manquent pour traduire leur musique muette, en ai-je semées ! Afin d'avoir l'orgueil de les contempler, comme un avare ses pierreries. Car j'ai des fleurs pour les voir et non pour les montrer. Je puis dire que mon jardin exotique a dix ans d'avance. A la façon dont la végétation marche dans cette contrée favorisée, dix ans c'est un siècle. Je le sais : j'ai consulté les plantes indigènes et les arbres autochtones.

Dans les heureux débuts, mon installation ressemblait à un eden des plus vrais avec mes poules, mes canards, mes paons, mes pigeons, et mes deux chiens. Tout poussait et vivait libre. D'une liberté totale que n'ont jamais possédée les hommes, à qui de plus malins ont toujours dérobé une parcelle au nom de quelques autres fleurs, celles-là de rhétorique. Et on s'étonne des révolutions ! Ces peuples, que de crédules on a rendus furieux. Ces idées me viennent à propos du mot « fleur », qui ne devrait être accolé qu'à de suaves et joyeux adjectifs : jaune miel, violet velouté, rose chair tendre, bleuté à reflets glycine. Je ne crois pas beaucoup aux méchants. Je ne demande pas qu'ils soient exterminés, seulement je ne veux pas qu'ils s'essaient à être des cerisiers ni qu'ils se déguisent en groseilles. J'aimerais volontiers toutes les personnes – si on ne s'était mis en tête de me tracasser, m'insupporter, me jeter en fureur jusqu'à en pleurer. Alors que je vivais d'oubli derrière la chevelure de mes bleus plumbagos, et me contentais entre deux livres de ramasser des coquillages.

C'est que Napoléon III allait blesser la France à mort. En même temps il ferait gémir d'angoisse ma fille Jeanne, dont le cœur s'ouvrait aux douceurs de l'amour.

Le pays – Paris surtout – riait, dansait, dépensait son argent et son énergie tel un viveur. Dans les sphères de la politique, on y ajoutait de la prétention et cette absurde fatuité militaire qui mène aux dangers. Il ne nous manquait pas un bouton de guêtres. Cependant, de tout le reste rien n'était acquis ni assuré. Et nous avons eu la guerre. Nous l'avons déclarée à la Prusse, sans plan ni préparatifs, sans armée ni munitions. Avec un patriotisme sottement béat.

Je ne blâme pas que l'on soit de son pays, mais avant tout il faut être de l'humanité. A quoi cela a-t-il servi de faire s'entre-tuer des milliers de gens qui ne se connaissaient pas de part et d'autre, sous prétexte que leurs uniformes étaient différents ? Quelques-uns en ont retiré des médailles. La paix retrouvée, tuer une seule de ces mêmes personnes, ils encouraient les pires foudres de l'injustice de la Justice envers laquelle je professe horreur et haine. « Vous pouvez vous flatter d'avoir une bonne jugeote », m'avait écrit Villemessant suite à mon article sur ces sujets. A l'annonce de la terrible nouvelle de la capitulation de Sedan, je me suis jeté sur mon lit, et j'ai pleuré comme un enfant. J'avais vu les mobiles du Var partir « se battre pour la France ». Dans quelle détresse ! Des fusils tous à piston, dont la moitié incapables d'aucun service. Pas de tentes, pas de gamelles, pas de couvertures. Les biscuits serrés dans des mouchoirs, mêlés aux cartouches. Pas de souliers, pas de vêtements, ceux qui avaient été fournis se délayaient à la pluie comme du papier. Le jeune homme qui deviendra mon fils en devenant le mari de Jeanne, partagera ces souffrances qui ont tant coûté en milliards, en territoires, en sang versé. A l'exception de celui du premier responsable de ce gâchis, Napoléon III qui dira avant de capituler : « Je n'ai pas pu me faire tuer. » Il y a des gens qui n'ont pas eu de chance, quand tant d'autres – les veinards ! – ont eu la bonne fortune de tomber sous les balles prussiennes.

Lorsque cet opiniâtre incapable eut bouleversé, amputé, ruiné, démoralisé la France, on pouvait penser la guerre terminée. Et songer à l'avenir. Après la guerre de roi à roi, la paix de peuple à peuple, définitive, loyale, perpétuelle. C'eût été digne, noble, sensé. Au lieu de cela, des sauveurs providentiels, improvisés, en prolongeant la guerre ont prolongé d'autant leur néfaste usurpation. Ils nous ont installés dans une seconde guerre, plus misérable que la précédente. Après Napoléon le Petit, Gambetta l'avocat sans cause et Freycinet l'ingénieur provocateur ont à leur tour, dans leur folie furieuse, envoyé des jeunes gens à la boucherie.

Quelle était la situation, que j'analysais dans des articles ? Poursuivre la guerre ? Alors il fallait une levée générale, aller droit sur Paris, jouer un coup désespéré avec les troupes de la capitale et de la province réunies. Le pouvait-on ? Avions-nous assez d'armes, de nourriture pour cette multitude ? Deux solutions : marche immédiate sur Paris – ou la paix. Tout autre parti était insensé, criminel. Tels ces petits combats éparpillés, comme autant de bouchées toutes coupées pour les Prussiens.

Gambetta, ayant goûté au pouvoir, ne voulait surtout plus s'en dessaisir. Pareil à Napoléon III, il eut une velléité de héros. Avec l'ensemble du gouvernement retiré à Tours, il a fait « le serment de mourir ». Mieux – ou pire dans l'outrecuidance – il lia « un pacte avec la mort ». Il monta dans un train filant sur Orléans, où les troupes du général d'Aurelle combattaient furieusement. Une dépêche de Freycinet annonçait son arrivée dans la demi-heure. Mais l'apparition de quelques uhlans et le bruit grandissant du canon modifièrent sa stratégie. Le hardi sauveur du pays ordonna d'arrêter le convoi, se délia de son pacte avec la mort, et retourna à Tours. De là, il serait mieux à même de diriger les opérations qui se déroulaient à cent kilomètres de sa personne.

Il n'y a rien d'égal à la petitesse de l'homme, si ce n'est sa vanité.

Habile à produire de l'effet, le gouvernement levait des mobiles en masse. Mais ces messieurs ne s'inquiétaient pas de savoir l'état des armées. Préparatifs, équipement, armement, tentes, pain, gamelles n'étaient qu'intendance. A Tours, on faisait de la politique, de la stratégie, avec une compétence de ferblantier. On plaçait en plusieurs villes des citoyens délégués, dont le discours devait entraîner les citoyens soldats. « Partez, enfants de la Provence... au jour du danger je serai avec vous ! », péroraient jeunes avocats, sous-préfets, et préposés ceints de leur belle écharpe. Confiants, les mobiles partaient.

Lorsque l'un d'eux, plus audacieux, interpellait l'orateur, comme au camp de Cavalaire :

« Est-ce que vous ne venez pas avec nous ?

– J'ai d'autres devoirs à remplir », lui était-il répondu.

A de tels hommes, l'avocat Gambetta et l'ingénieur Freycinet en tête, la France doit la moitié de ses pertes immenses, la première moitié étant la responsabilité de Napoléon III. Les Prussiens, c'était triste. Mais les Français de cette sorte, voilà des ennemis dont la France ne pouvait triompher.

Les Prussiens occupaient six départements. J'ai parcouru une dizaine de jours ces pays occupés, et j'en conserve une impression comparable à un cauchemar. Le fiancé de Jeanne, lieutenant de mobiles, malade, était quelque part dans les ambulances de l'armée de l'est. Peu après nous avons su qu'il était prisonnier. Où, en quel état ? se tourmentait Jeanne. Je me suis souvenu d'avoir monté à cheval jadis, que j'avais pratiqué beaucoup la marche, et je suis parti à la recherche de ce fils qui m'a récompensé de trois petits-enfants.

Quelle poignante douleur je ressentais, quelle haine s'y mêlait. Dans les villes et villages du Jura, j'ai vu des maisons brûlées, des champs dévastés, des cadavres à moitié enfouis sous la neige rouge. En fouillant les hospices et les ambulances parmi les blessés et les amputés, j'ai respiré l'épouvantable odeur de gangrène exhalée de membres gelés. J'ai éprouvé l'impuissance humaine près d'un garçon de dix-huit ans, qui mourait sur la paille en disant : « Ah ! ma pauvre mère. »

Mes soixante-deux ans n'ont pas senti la faim, la soif, la fatigue. Ni le froid d'une nuit passée dehors par moins quatorze degrés. Mais ils se sont réveillés jusqu'à l'exécration dans les rues de Dole, Byans, Pontarlier, au passage plein de morgue des soldats prussiens. Du bout de la cravache, ils vous faisaient signe de descendre du trottoir pour leur laisser le chemin. J'ai marché au milieu de la rue afin de ne pas leur donner cette occasion de mépris. J'ai mangé debout un morceau de pain et de fromage, parce que j'avais aperçu dans un cabaret d'autres soldats obliger des Français à se lever pour prendre leur place. Ils réquisitionnaient les vivres et l'avoine, et quand il m'en fallut – mon cheval refusant d'avancer faute de nourriture – on me dit :

« Demandez-en au général qui a signé votre laissez-passer.

– Demandez-en au maire, me dit un officier, nous n'en avons plus.

– Où est le maire ? (il venait d'être mis en prison).

– Cherchez-le. »

Tant de marque de mépris, de rebuffade, de cynisme, m'ont fait couler dans le corps un effluve de fureur. Un geste, un mot, m'aurait promis à l'arrestation. Peut-être pire. J'ai plongé mon regard dans celui de l'officier. Il détourna les yeux.

Cette guerre terminée, une seconde a succédé, plus terrible comme sont les insurrections. J'avais constaté de près – et par le dedans – la révolution de 1848. La Commune, qui a été un nouvel essai de gouvernement égalitaire conduit et poussé par quelques-uns, a jeté des milliers d'autres en prison, vers la déportation, ou la mort. Sans rien résoudre par les moyens de la démagogie, du pillage, des massacres, de l'incendie, tandis que l'autre côté y a répondu par des fusillades. Comme toujours, les chefs et les recruteurs en réchappèrent. Les dupes, les faibles furent les victimes. Quand l'amnistie a été proposée, j'ai dit oui pour eux. A la condition que les meneurs réfugiés à Londres ou en Suisse, lâches toujours habiles à se tirer d'affaire, prêts à « refaire les cadres » et à récupérer des caporaux, viennent les remplacer.

Ce danger mal éteint, sous le regard narquois des Prussiens, à Versailles les députés prenaient les problèmes du bout des pincettes. Siègeraient-ils à Versailles ou à Paris ? Les aides aux départements ravagés seraient-elles nommées secours ou indemnités ? M. Thiers aurait-il droit à l'appellation de chef du pouvoir exécutif ou à celle de président de la République ? Le buste emblématique de Napoléon III serait-il remplacé ou non par celui de la République ? Fallait-il chasser Louis-Philippe, subir tant de sang et d'humiliations par la Prusse, de misères et de ruines sous la Commune, pour de telles tablées de farceurs ?

Certes je n'aimais pas l'Empire. Pas davantage je n'appréciais cette assemblée mère Gigogne, ayant enfanté une famille de républicailles : démocratique-sociale-opportuniste-radicale-intransigeante-anarchiste. Toutes provisoirement d'accord pour le pouvoir, sauf à se séparer et à se battre plus tard.

Ce qui me ramène à ces paroles prononcées par une femme – je n'ose dire de lettres – d'un des maîtres du jour – naguère :

« A présent, c'est nous qu'est les princesses, c'est nous qu'est les rois ! »

Pour en revenir aux fleurs dont mon esprit ne s'est pas tant écarté qu'il en a l'air, *Maison close* est l'aboutissement de toutes mes ambitions d'atteindre au bonheur. J'en ai distribué la meilleure partie à Jeanne. En lui accordant ce dont son cœur s'était déjà emparé, j'ai agi comme les tyrans envers les peuples qui viennent de s'affranchir : « Vous avez tout repris, je vous en donne la moitié. » En vérité, elle a tout eu de l'amour du jeune homme que j'étais allé rechercher dans l'est. Léon Bouyer est le mari et le père attentif souhaité. Jeanne a bien choisi, en épousant le fils du maire que Draguignan avait eu en la personne du Docteur Florentin Bouyer. Pour sa gestion saine et courageuse, la ville unanimement a apprécié et aimé l'homme de cœur que je retrouve dans le fils. Avec, auprès de moi dans leur *Villa Marine* trois petits-enfants à portée de ma tendresse, que puis-je désirer de Dieu ? Sinon sur mes plantations un peu plus d'eau du ciel – et moins de curiosité sur moi.

La renommée de mon pêle-mêle végétal d'arbres, d'arbustes, de fleurs, de plantes aquatiques, s'est propagée très loin. Conséquemment, mes *Guêpes* et mes livres aidant, des amis illustres ont accosté chez moi et Saint-Raphaël a vite perdu sa sérénité de village isolé de pêcheurs. Il paraît que j'en suis grandement fautif. J'avais la tête cachée dans mon jardin, tout le monde a voulu aller regarder l'autruche. L'avidité avec laquelle on accueille les fables les plus fantaisistes sur un homme qui fait son courrier m'ont assimilé à un objet d'exhibition locale. Si je n'y mettais le holà, des désœuvrés poseraient leurs pattes sur moi comme les mouettes sur les rochers du Lion de terre et du Lion de mer. Déjà qu'ils ne se privent pas de me prendre en photo ou en dessin, quasiment sous le nez. Je me défends. En variant les ruses, je réussis à leur échapper. J'en ai confié la recette à Guy de Maupassant, quand je l'ai rencontré à Boulouris venant d'Agay sur son yacht *Bel Ami*. En voilà un aussi qui aime l'eau.

« Vous voulez fuir les importuns auxquels la réputation vous condamne ? Faites comme moi : je nie être Alphonse Karr. S'ils insistent, je leur décoche quelque rimaille toscane empruntée lors de voyages en Italie :

> Chi ha zoccoli ne tenga ben di conto
> Per andare alla festa di san Baronto,

ce qui est une jolie tournure signifiant :

> Qui a des sabots les mette de côté
> Pour aller à la fête de San Baronté.

Et s'ils m'enragent par leur obstination, je m'en débarrasse en leur sortant une pasquinade provençale fleurant bon le soleil, « lei barrulaire soun que de passeroun » : les touristes ne sont que des passereaux. Tout ceci a le mérite de n'être pas très clair, et j'en dirai comme de notre parler national galvaudé par les anglicismes :

« La langue française est pauvre.

– Oui, pour les gens qui ne la savent pas. »

Les estivants étaient le moindre danger guettant la quiétude raphaëloise. Il faut désormais compter avec les bâtisseurs. En l'espace de dix années, depuis 1880 j'ai vu essaimer ici maisons, villas, rues, boulevards, hôtels, qui m'auraient fait craindre le pire si je n'avais eu garde de planter mon dernier refuge hors du village.

La mode couvre les collines d'habitations, blotties dans des parcs et jardins. Certes, c'est l'indice d'une prospérité voulue. Avant la mise à terre de mon sac à *Maison close*, les édiles imploraient – comme la pluie – la vente de terrains en faveur d'étrangers à la commune. Ils voulaient en attirer le plus grand nombre par le site et le bord de mer, afin d'y élever des constructions pour y séjourner plusieurs mois de l'année. Sous ce rapport, vous avez été exaucés vertigineusement, messieurs du Conseil. Et s'il est vrai que j'ai pu mériter le titre de « découvreur » de Saint-Raphaël, le maire ingénieur Félix Martin en assume pleinement celui de « créateur ». Donnant à la station cette chance qu'elle a sur Nice et Cannes, d'être adoptée comme station d'hiver, après avoir été déjà longtemps goûtée comme station d'été et de bains.

Pour les importuns, les indiscrets, les reporters, ma maison est close. Comme je l'ai indiqué dès l'entrée, à côté de ma porte basse et vermoulue encadrée par le chèvrefeuille enivrant. Mes hôtes, eux, auront eu la chance de se réfugier encore dans une oasis. Bertall, pourchassé par les communards en raison de ses caricatures sans concession et obligé de changer sans cesse de domicile. Il est mort à Nice quand je n'y étais plus. Riou, si sincèrement réjoui de quelques jours à *Maison close*. Crayonnant à *Villa Marine*, tandis que Jeanne jouait du piano – moi déjà retiré dans ma chambre afin d'être plus tôt levé, pour ma pêche du lendemain. Des peintres, des musiciens, des écrivains, des artistes, des protégés que mes amis m'envoyaient en ambassade. Un passage dont tous ont emporté une brise embaumée de mes roses avant leur sommeil d'hiver.

Et tant de lettres reçues – celles de Hugo, de Dumas fils, de Lamartine, de madame Sand, de Houssaye. De Jules Simon acceptant d'avance mes articles, sauf à ce que je n'attaque pas Napoléon III de ma plume « sympathique à l'Europe entière ». Ce legs de mille francs d'un rentier, lecteur et « ami inconnu ». Les excuses de Garibaldi mieux gardé dans sa demeure qu'un tyran. Les nouvelles de mes pêcheurs et marins de Sainte-Adresse. Ceux d'Étretat, ravis de m'annoncer leur victoire en régates sur mon filleul le « Alphonse Karr ». Le précieux cadeau, un portrait de Frédéric Sauvage, dont j'ai contribué à ce qu'on lui rende justice de son invention de l'hélice. Avec sur une plaque de cuivre :

Les mécaniciens de la Flotte
à Alphonse Karr,
l'Ami de Sauvage.

Parfois j'ai l'honneur d'accueillir ceux qu'on a coutume de qualifier d'illustres personnages. C'est le cas de Sa Majesté Don Pedro d'Alcantara, empereur du Brésil. Nous nous connaissons de longue date, depuis que j'allais le voir à Cannes où il possédait une villa. Il m'a fait officiellement chevalier de la Rose. Pour ma part un jour qu'il est venu dans mon jardin, je lui ai décerné le même ordre, en décorant d'une de mes plus belles roses sa boutonnière. Il a l'esprit le plus libéral qui soit. Voulant favoriser son peuple en retirant un peu des privilèges aux grands propriétaires de son pays, ceux-ci l'ont renversé par une révolution de palais. Profitant de ce qu'il était hors du Brésil, ils lui ont décoché honteusement ce coup de pied – un coup d'État.

Un télégramme qu'il m'avait expédié de Cannes m'était parvenu trop tard. J'ai été déçu de ce contretemps. L'empereur aime à causer, écrire des vers, partager avec moi le plaisir des fleurs. Une gamme de sentiments où l'emportent l'agrément et la courtoisie.

Je n'en retire pas une jouissance de même qualité qu'avec la parfumeuse comtesse de Savigny – envers qui j'ose à peine me répéter quelques vers de jalousie secrète. (Toute poésie est un regret ou un désir) :

Flore... a su composer un filtre, un élixir
Mais égoïste, avare, hélas de tels trésors,
La marchande n'en vend en détail à personne
Elle a le placement en gros – elle le donne
Au même et seul client : Savigny de Moncorps. »

J'escompte aveuglément des femmes, de celle-ci en particulier. Aussitôt que j'apprends son retour, je fais des cachotteries pour m'échapper et aller lui cueillir un bouquet. Et je m'attends – en vain – à la voir venir le chercher. Alors je le lui envoie, lui recommandant de n'en parler à quiconque dans ma famille. Il me faudrait souvent inventer des prétextes. Mon grand âge ne m'y autorise plus.

Les vieillards, comme les femmes et les enfants, ne doivent pas abuser de leur faiblesse.

Félix Martin a doté Saint-Raphaël d'un joli Casino. Kiosque, figurines, lyre, rien n'y manque dans le but d'attirer les philistins vers la roulette et le baccara. Pour demander pardon au ciel de ce glissement vers le péché, il lui a consacré une église de style roman. L'architecte Aublé nous a gratifié là d'une petite Sainte-Sophie admirable où Dieu est logé à neuf. Malgré tout, je n'ai eu aucune peine sous les fastes de l'inauguration, à maintenir mon point de vue : « Vous restaurez les églises. A la bonne heure. C'est plus facile, mais peut-être moins urgent que de restaurer les âmes. »

J'en ai dit tout autant – sous un autre enrobage – des fêtes faussement dites de charité. Elles donnent l'occasion à bon compte de s'offrir quelque pieuse mondanité au bénéfice des consciences et des pauvres :

> Les supprimer serait à vos plaisirs fatal.
> Plus de « Bal au profit des Pauvres » ! C'est égal
> Chantez, valsez, flirtez – on nommera la fête
> Des « Pauvres au profit d'un bal ».

Apprendre à ne pas mépriser le malheur, c'est déjà se mettre en route pour le respecter.

Ma vie, mes actes, et mes écrits ont été fondés sur ce principe. Bien que d'aucuns parmi mes confrères me taxent de pamphlétaire clinquant, polémiste vaniteux, assoiffé de réclame, spirituel mais factice. Je gêne, j'encombre. On fait autour de moi la conspiration du silence des vieillards qui n'ont plus cours. En général, cela m'est aussi parfaitement indifférent que mon pantalon déchiré par les épines de rosiers.

Sans doute ai-je tort de me laisser couvrir de légendes fausses. De ne pas démentir, quand on m'avertit amicalement : « On dit que vous êtes mort. Répondez-nous que ce n'est pas vrai. » Tort de décliner une invitation d'un « Grand de la terre » que je juge ennuyeux. Tort de préférer à la compagnie d'un gredin, celle de mes roses et mes lilas. De me lever à quatre heures et d'aller me promener en barque, rapportant tous les matins une friture, de soigner mes fleurs dans la journée, travailler au crépuscule, un peu après dîner, et me coucher à dix heures.

Il paraît que c'est là une originalité, comme de considérer la valeur réelle des hommes indépendamment de leur naissance, leur fortune ou des honneurs.

Mais j'en ai assez de l'homme – roi de la nature – s'imaginant que la violette a été créée uniquement pour que sa femelle en porte de gros bouquets.

J'en ai suffisamment ma part, de la prétendue République, des soi-disant républicains. De répéter leurs vérités à des concitoyens, Français certes, révolutionnaires sans doute, et point du tout républicains. Peuple gai et léger, les essais de choses sérieuses lui réussissent fort mal. Cependant je descends la montagne de la vie, avec sur les gens plus d'indulgence ou moins de colère. Je ne veux plus lutter que pour mes petits-enfants. Et *Maison close* où des merveilles végétales rampent, grimpent, s'élancent, s'enlacent, suppriment les allées, peuplent mes mares, s'ornent en arceaux odorants, envahissent par fleurs et feuilles cet inextricable et inexpugnable endroit où je mets des plantes – ce que les autres appellent un jardin où ils font de la botanique.

La botanique est l'art de dessécher les plantes entre des feuilles de papier brouillard et de les injurier en grec et en latin.

Je ne suis pas mécontent d'avoir montré, à *Maison close*, la voie aux places et boulevards de Saint-Raphaël. On les a garnis d'eucalyptus, qu'on a plantés aussi en de nombreux parcs en y associant des « exotiques » inconnus jusqu'à moi. Ces plagiats, je les accepte volontiers. Ils n'égaleront pas mon eucalyptus globulus de plus de vingt mètres de haut, et ceux à fleurs pourpres. Et mes gommiers d'Australie, mes acacias aux épines d'ivoire, mes bambous, mes palmiers. En revanche, leurs arbres à eux sont éclairés à la lumière électrique, et l'on spécule à leurs pieds la plus-value des terrains où ils poussent.

On m'a souvent reproché naguère de ne pas aimer les enfants. C'était vrai lorsqu'il s'agissait de petits singes poussés à la prétention. Mais au contraire, s'ils ne sont qu'enfants, qu'on peut aimer et armer pour la bataille de la vie tout en les rendant bons, justes, utiles, soumis aux lois et capables de les défendre, alors oui je les aime. Même s'ils dépouillent mes cerisiers, courent dans mes plates-bandes, cueillent mes fleurs et les jettent au courant du ruisseau, ôtent de mes poches ce qu'ils y trouvent pour y entreposer leurs joujoux. Deux fois tous les jours, aux repas, je m'offre l'occasion d'en contempler trois, Suzanne, Alphonse, Violette, brunis par le soleil et l'air marin. Et pour les sentir encore plus près de mon cœur, j'ai peint leur prénom sur chacun de mes trois canots.

Et moi, bientôt, pour fêter mon retour à cette existence environnée de tendresse, je repartirai sur la mer. A cinq heures du matin nous quitterons *Maison close* en canot avec mon gendre. Nous irons pêcher à la ligne autour des Lions. A neuf heures nous prendrons un bain apéritif. A dix, bouillabaisse rustique sous les pins. Je prierai monsieur mon gendre d'apporter sa gaieté, son esprit et son caleçon.

LUNDI 29 SEPTEMBRE.

Le docteur Bontems qui a su gouverner un régime de convalescent, réconcilie provisoirement Alphonse Karr avec la médecine. Le ciel de ce lundi se veut d'un bleu azur. La mer libère ses scintillements d'argent. Jeanne, les enfants, les fidèles, les inquiets de Saint-Raphaël dépêchés pour obtenir quelques nouvelles – elles seront rassurantes messieurs ! – tout s'harmonise. En vue d'améliorer une vitalité reconquise, on fait boire au malade du vin au lactophosphate de chaux. Alphonse Karr accepte de ne pas contrarier tant de bonnes volontés assemblées. Cependant le rétablissement serait plus prompt, s'il s'accompagnait d'un court voyage dans son jardin. Il y réfléchirait à cet incident de santé, dont il vient peut-être d'épargner le chagrin à sa famille et à quelques personnes chères. Ses rosiers, ses jasmins, ses passiflores, l'irruption prochaine des chrysanthèmes en leurs grands épanouissements, voilà de quoi contribuer au bonheur d'un être comme lui. Miraculeuse logique menant l'homme à la guérison totale. Il la sent, il l'attend.

Le cher Jean Aicard va s'en réjouir. Alphonse Karr aime en l'ami la conversation intelligente, son grand cœur, son esprit déboutonné aux tournures provençales. Elles valent un rayon de bons auteurs. Il a annoncé sa visite, de Toulon, sans doute demain. Avec lui rien de creux, de soufflé. Pas de ces potins ramassés ni de vanité d'auteur. Mais la saine compagnie comme elle existait naguère quand tous ils combattaient les paillasses, les bobèches, les galimafrés. Dieu que de coups d'épée et d'épingles leur ont-ils donnés – avec esprit – c'était la règle !

Pour n'en rien perdre, Hugo toujours un calepin dans la poche. Hugo, quelle manie il avait, jeune, de porter des sous-pieds étroits, des pantalons gris et un habit noir ! Il a eu de fougueux défenseurs. N'est-ce pas monsieur Barbey d'Aurevilly, qui aviez démoli Les Misérables *dans votre journal ? Le lendemain, contre ce critique catholique et impérialiste, quelqu'un à l'esprit juste avait écrit à la craie sur les murs de Paris : « Barbey d'Aurevilly idiot ! »*

De l'esprit, le pauvre Janin en avait. Jusque dans les affaires. Préférant de Flourens (abusivement de l'Académie française), un araucaria de belle taille en échange d'un autographe de Buffon, plutôt que la voix de Flourens pour un fauteuil sous la coupole.

De l'esprit... il en a long à dire là-dessus. Esprit de bon sens, il a été le poteau indicateur montrant toujours la vraie route à la foule des voyageurs éparpillés. Un instant reconnaissants, ils l'ont qualifié d'« Aristophane moderne ». Sans cesse il a attaqué : l'abandon de l'agriculture, les études d'où sortent trop de bacheliers et pas assez d'hommes, les villes où l'on serre les gens comme dans les tiroirs d'une commode, les charlatans sans clients et sans ouvrage, le commerce aventureux et frauduleux, la fausse religion, les mauvaises politiques, le luxe bruyant et bête, les impôts sur les objets de première nécessité, l'ignorance, c'est-à-dire le défaut d'instruction et d'éducation. Quel bretteur il a été !

Il n'a pas toujours réussi – sans toutefois échouer complètement. Il a dit quelques vérités en petit nombre, et de ce petit nombre, c'est un nombre encore plus petit qui a été écouté. La Rochefoucauld avait raison, c'est une grande folie de vouloir être sage tout seul.

VII

L'ESPRIT

La difficulté n'est pas de faire une révolution mais de n'en faire qu'une.

Le meilleur de mon ouvrage, mes contemporains ont cru le déceler dans mes petits volumes des *Guêpes*. Elles avaient pourtant failli perdre leurs ailes, un an seulement après leur naissance, par autorité de justice après les manigances de l'éditeur Dutacq. Je me souviens de la compassion de mes amis à me proposer d'autres insectes :

– Les Frelons ;
– Les Bêtes à bon Dieu ;
– Les Moustiques ;
– Les Cousins...

Je n'en avais choisi aucun. *Les Guêpes* – respectueux de la loi, je ne les appelais plus *Les Guêpes* mais les lecteurs pouvaient s'obstiner à les demander sous ce nom – ont continué de paraître sans titre, avant de le retrouver. Il est vrai que formant l'histoire anecdotique des sottises de l'année, elles abattaient un travail très utile. Je n'ai épargné ni les gens ni les faits. Ni M. Thiers, dit Mirabeau-Mouche, ni ce hâbleur de Gambetta. Ni les journaux de partis, donc rigoureusement partisans. Ni messieurs les épiciers. Ni les banquiers de grand chemin, ni leurs chemins de fer. Ni les avocats, les médecins, l'éducation mal conduite, l'absurde, le faux, la perfidie, la trahison. J'ai plutôt, dans le genre de monsieur de La Palice, tâché de promouvoir des opinions audacieuses, telles que « la ligne droite est le plus court chemin d'un point à un autre ». Je pensais exprimer là du bon sens,

Nenni ! Une immense clameur s'est élevée. J'ai été déclaré ennemi public. Si j'ai échappé au bûcher, ça a été grâce à ma facilité d'entourer les piqûres de mes *Guêpes* des dentelles de la plaisanterie.

Je connais la puissance de la plaisanterie. C'est une arme que j'ai utilisée avec préméditation. Je ne plaisante pas au hasard. Je plaisante un peu de ce qui est ridicule, je plaisante beaucoup de ce qui est méchant. Moyennant quoi, pour avoir préféré les coups d'épingle aux grands bruits d'artillerie, j'ai été taxé d'esprit léger, facétieux, aimant à rire. On qualifie quelquefois certains esprits de « légers » parce qu'ils s'élèvent.

Bien que profondément et résolument républicain, je me suis intéressé aux mœurs royales. Elles m'ont toujours paru singulières, dans l'image que l'on s'en faisait touchant les princes de Cobourg. Pareils à des poulets, on en tenait constamment un à la broche, très tendre, tout plumé, tout rôti, tout bardé, tout prêt à épouser les reines d'Angleterre. Le mari de la reine de ce temps-là avait exécuté fidèlement ses promesses. Le Parlement était content de lui : la reine était grosse. Aussi on avait alloué au prince de Cobourg un régiment à titre d'encouragement et de récompense. Mais quand je lisais « telle reine a accouché d'un prince », il me semblait qu'il s'agissait d'un phénomène comme si elle avait mis au monde un canari ou un lapin.

Mon jugement d'il y a cinquante ans sur la prétention à se parer des « de », je le risque à nouveau. Tant il est vrai que la vanité est plus exigeante que l'orgueil.

M. Viennet recevait les félicitations sur sa nomination à la paierie :

« Eh ! mon Dieu, je descendais de la diligence d'Arpajon, je vais chez moi, mon portier m'apprend que je suis nommé pair de France.

– C'est une faveur méritée... vous devez en être heureux.

– Oui... oui... mais une chose m'étonne. Je n'ai vu dans la liste que trois gentilshommes : La Rochefoucauld, Lusignan et moi.

– Vous ?

– Moi. Ignorez-vous que je descends des rois d'Aragon ?

– Mais qu'est-ce que vous nous disiez alors, que vous descendiez de la diligence d'Arpajon ?

A propos de particules, je ne peux résister à cet épisode rabelaisien.

Un monsieur Quatremères en sollicitait la faveur auprès de Louis XVIII.

« Une particule, dit le roi, ce n'est pas assez. Je vous en accorde deux. Placez-les comme vous voudrez, mais le plus proprement possible. »

On s'occupe assez peu d'être comme il faut être. Sans relâche, on songe à ce qu'il faut paraître.

« Monsieur Karr est un faiseur de nouvelles et de petits romans », imprimait *Le Précurseur*, un journal belge. Me déniant tout esprit sérieux, il extirpait de mes *Guêpes* ce qu'il jugeait comme une charade, une énigme, un rébus et autre hors-d'œuvre innocent. Je ne prétends pas à l'infaillibilité. Mais j'ai cru pouvoir démontrer qu'on y puisait aussi une justesse de pensée, des principes solides, une observation exacte.

Dans mon verger littéraire, les arbres ne se sont pas contentés de produire beaucoup de feuilles, mais aussi souvent des fruits.

Quitte à scandaliser les moissonneurs de lauriers et autres cueilleurs de palmes, je me suis intéressé aux biens matériels. Je suis descendu jusqu'au pain. Longtemps les boulangers l'ont vendu en pain de quatre livres. Or l'acheteur n'y trouvait jamais son compte. Toujours il en manquait une quantité, dont les boulangers attribuaient le défaut à la cuisson, à la forme, à la chaleur du four, à l'humidité de l'air. Les autorités en appelaient aux chimistes, lesquels finissaient par n'être pas d'accord entre eux. (Les savants sont des gens, qui sur la route des choses inconnues, s'embourbent un peu plus loin que les autres.)

Les choses ne bougeant pas, je suis intervenu :

« Il n'y a rien de si facile à arranger. Permettez que le pain se vende au poids, seulement au poids. Qu'on n'aille plus demander aux boulangers un pain de quatre livres, mais quatre livres de pain. Comme on fait chez le boucher ou l'épicier. »

Cela était simple, clair, sans objection. On a profité de mon avis. Un arrêté a paru, prescrivant la taxe et la vente du pain au poids. Depuis, des lettres m'avisaient que messieurs les boulangers vendaient alors leur pain pas cuit.

Ce qu'il faut : un peu de mémoire et de bon sens.

Quand on a commencé à apposer, à l'intérieur des cabriolets publics, une petite pancarte indiquant le tarif de ces voitures, c'était pour éviter toute tromperie de la part des cochers. On avait fait placer la pancarte à droite, du côté du cocher. C'est-à-dire derrière son épaule lorsqu'il était grand ; derrière son chapeau, quand il était petit. Absolument comme si on n'avait pas affiché le tarif. Mon observation à ce sujet fut écoutée : on a ordonné aux conducteurs de cabriolet de placarder désormais leur tarif à gauche, afin qu'il pût être facilement consulté.

J'ai été assez fier d'avoir contribué à mettre un terme à cet abus. Sauf à m'apercevoir qu'un jour, ayant pris un cocher gaucher, conformément à la loi il s'asseyait à gauche et conséquemment me cachait le tarif.

Si j'ai gagné facilement cette guerre, il en a été tout autrement de celle que j'ai engagée contre les voitures découvertes des chemins de fer.

Par le froid, la pluie, la neige, en punition de n'avoir pas cinq francs de plus à donner à la compagnie, celle-ci condamnait les ouvriers, les paysans, les pauvres, de la ligne Paris-Le Havre à voyager en tombereaux. Outre que couvertes, les voitures se conserveraient plus longtemps, ce qu'on ferait pour elles profiterait aux voyageurs. Déjà qu'il n'eût pas été humain de transporter des bestiaux dans de telles conditions. Naturellement l'administration entendait ne rien changer à sa férocité. Quant aux députés, eux-mêmes banquiers ou propriétaires du chemin de fer, il leur semblait honteux de parler d'un sujet pour lequel ils n'éprouvaient pas plus d'intérêt que de savoir si l'on ressemellerait les bottes de l'adjudant de la garde nationale d'Argentan. Une fois, un malheureux a été saisi de froid dans un de ces wagons non fermés. Afin de ne pas le manquer, il avait couru et tout en sueur, s'était placé dans ce tombeau ouvert. Il est mort au bout d'un jour ou deux. La compagnie ne lui avait pas pardonné le crime de n'avoir pas cinq francs. Elle avait dû faire un exemple, sa patience étant à bout.

La mienne aussi. De numéro en numéro, j'avais dénoncé, insisté, condamné, montré l'iniquité d'une telle mesure. Touchée par cette détresse, la compagnie avait consenti à mettre des rideaux aux fenêtres. Mais point de toit aux voitures. Exaspéré d'une pareille bêtise, j'ai résolu d'en appeler au scandale, voire au procès.

Le 6 février 1847, il tombait une pluie glacée. J'avais acheté un billet de 3e classe de ce tristement fameux transport Paris-Le Havre. Avec moi, pour compagnons de voyage, une vingtaine d'hommes et de femmes pauvrement vêtus. Avant le départ, j'avais lu une affiche dont l'article 12, par ordonnance du Roi proclamait :

« Les voitures destinées au transport des voyageurs seront d'une construction solide ; elles devront être COMMODES et pourvues de ce qui est nécessaire à la SÛRETÉ des voyageurs. »

Nous étions loin du compte, exposés à parcourir plus de cent kilomètres sous une pluie continuelle et dans un froid aigre.

Certes l'article 12 ne mentionnait pas que les voitures seraient couvertes. Il ne disait pas non plus que les sièges ne seraient point garnis de pointes de fer. J'ai poussé mon offensive. J'ai adressé une plainte au préfet de police, M. Delessert. J'étais prêt à intenter un procès à la compagnie. Tout ceci, je le détaillai dans *Les Guêpes*. Bertall et Daumier illustraient le même sujet. Cela fit quelque bruit car j'avais pour moi la logique, mais pas la justice. Pour la brusquer, j'incitai le peuple à brûler les wagons de 3e classe. J'assignai le directeur de la compagnie – quand la révolution de 1848 arriva. Dès le lendemain, je recevais notification que « l'ordre avait été donné de couvrir les wagons de 3e classe ».

Le mal vient seul, on n'a que le bien qu'on arrache. Ou celui qu'on défend, sa chaîne de montre, par exemple.

Il était réellement fâcheux et tout à fait de mauvais goût, que messieurs les assassins, étrangleurs, empoisonneurs, ne voulussent pas suivre l'exemple que les jurys s'obstinaient à leur donner en abolissant la peine de mort.

J'ai livré bataille là-dessus. Émondant, réduisant, résumant mon opinion d'une formule que le public s'est plu à propager :

> « Abolissons la peine de mort, je le veux bien, mais que messieurs les assassins commencent. »

Que n'a-t-on écrit à propos de cette phrase ! Ainsi, Louis Jourdan, dans *Le Siècle* : « En répandant cette pensée, Alphonse Karr a eu le malheur de la mettre à la portée des partisans de la peine de mort. Son propos spirituel, s'il était joli, était encore plus faux que joli. »

J'aurais pu régler ce point par la vendetta, le revolver ou le tomahawk. J'ai préféré développer ma réflexion pièce à pièce.

Beaucoup trouvent que tuer un homme est horrible. Moi aussi.

Que tuer un homme, fût-il un grand coupable c'est encore très triste. C'est mon avis.

Que la guillotine est un objet hideux. Je le pense.

Que l'office du bourreau, le bourreau lui-même, sont sinistres, répugnants. J'en conviens.

Qu'il serait à désirer qu'on ne tuât plus personne, plus de guillotine, plus d'exécuteurs. Je le désire sincèrement.

En un mot qu'on supprimât la peine de mort. Nul n'y applaudit plus que moi.

Mais, humbles observations, que faisons-nous des assassins ? On les condamne aux travaux forcés. La crainte de la mort sur l'échafaud ayant été inefficace puisque d'autres assassins assassinent, la crainte d'une moindre peine sera-t-elle plus puissante ? Certes non.

Donc la peine des travaux forcés n'arrête pas les assassins. Alors supprimons les travaux forcés. Et supprimons l'emprisonnement. Puis toujours dans la dilution, abaissons la pénalité jusqu'à une peine homéopathique, qui fasse ce que ni l'échafaud ni le bagne, ni la prison n'ont pu faire. De sorte que la société, renonçant à protéger ses membres contre l'assassinat, rend à chaque individu la délégation qu'elle en a reçue. Et chacun rentre en possession de sa défense personnelle. De là, nécessairement, la loi du lynch.

De plus, « La peine de mort n'arrête pas les assassins », disent les esprits forts. Je leur réponds : vous n'en savez rien. J'en suis d'accord, elle ne les arrête pas tous. De même que la médecine ne guérit pas toutes les maladies.

Quoi qu'en allèguent les sophistes, la peine de mort est ce que les criminels redoutent le plus. Conséquemment, la crainte est la plus propre à les arrêter dans le crime. Si tant est qu'elle sera plus certaine. Mais les condamnés escomptent l'admission des circonstances atténuantes. Et l'on ne trouve pas que la peine de mort est assez abolie comme cela ! Or combien ont pu tuer sans encourir la peine de mort ? Car ils prennent une part sur le fonds de pitié que le jury devrait avoir pour les victimes.

Les victimes, tant pis pour elles ! Si elles laissent voir une chaîne de montre. Ou celles qui passeront pour conserver de vieux louis enfouis chez elles. Ou se montreront, involontairement peut-être, un obstacle à l'avidité de certaines natures implacables, encouragées par les chances d'impunité.

La peine de mort n'existera plus pour les criminels, elle sera réservée exclusivement aux innocents.

La profession d'assassin, de cette manière deviendra la moins dangereuse et la moins insalubre des professions connues. Comparativement à la douzaine frappés par la justice en une année, combien de morts par la guerre ? Dans les hôpitaux –

épuisés par la fatigue et les privations ? Victimes d'accidents, dus aux travaux publics et particuliers ?

C'est le sort de l'espèce humaine de n'en venir à la vérité et au bon sens, qu'après avoir traversé toutes les formes du faux et de l'absurde.

J'ai puisé dans la nature et dans la vie à la campagne mes meilleures inspirations. Et d'entre les plus sensées cette petite phrase : « La propriété littéraire est une propriété. »

Il y a un demi-siècle j'avais proposé cet axiome clair, simple, raisonnable, suffisamment concis en son article unique. Les beaux esprits ont longtemps crié haro contre cette prétention légitime. Un marchand de pommes cuites ou de livres pouvait transmettre son bien à ses héritiers. Mais les vers de Lamartine, de Hugo, la prose de madame Sand ou mes *Guêpes* », appartenaient à la société – selon messieurs mes représentants de la Chambre. Ils ne voulaient surtout pas assimiler les œuvres de l'esprit et de l'intelligence, aux propriétés grossières et matérielles. En quoi il leur importait peu que le papier sur lequel Balzac avait écrit, servît de cornet à des marchands de marrons.

Enfin vint un jour où ce condensé de mes longues réflexions, « la propriété littéraire est une propriété », fut proposé comme base d'une loi. La question était mûre, un peu à la mode. Elle fut présentée, votée, appliquée.

« Le spirituel auteur des *Guêpes* », pour me décerner à moi-même le cliché fatigué où les autres m'enfermaient, aurait dû être comblé. Mon combat longtemps livré était gagné. Par moi ? J'en doute, car mon orgueil – si j'en avais eu à ce sujet – se fût fort calmé. Presque tous ceux qui ont brodé sur cette question, ils sont nombreux, ont adopté mes conclusions. Ils m'ont adressé leurs brochures, à la première page desquelles je lisais des mots flatteurs sur « le rare bon sens qui a trouvé la formule » etc.

En poursuivant, je ne retrouvais pas mes petits : le bon sens – la formule. Je ne me trouvais pas moi-même. On m'avait poussé du coude. Je n'existais plus. Quelques-uns m'avaient noyé au milieu d'une liste de « gens qui se sont occupés de la question ». Mieux, on m'ôtait le prénom. Les plus finauds jugeaient mon nom trop encombrant et l'amputaient. Quatre lettres ? c'est trop de trois, madame ! Et ils écrivaient Kar en retranchant un *r*. D'autres révélaient un *Kaar* en ajoutant un *a*. C'est bête, trop bête – à en avoir la colique.

Heureusement, je ressemble à l'âne de Lucius de Patras qui se nourrissait de roses. C'est de beaucoup préférable à la gélatine.

C'est une des fantaisies de la méditation de sauter de l'âne à l'homme – ce coq sans plume. J'ajouterai : et sans modestie.

Depuis des années, la philanthropie et la science, unissant leurs efforts, avaient inventé la gélatine. Ce prétendu jus tiré des os de la viande, je l'avais dénoncé sous le nom de potage de boutons de guêtres. Il n'empêche, il était utilisé fallacieusement comme nourriture dans les hospices, les maisons de détention. On allait l'appliquer aux casernes, lorsque quelqu'un s'avisa de dire : « Pardons, voyons donc un peu si cette nourriture est véritablement une nourriture. » La science, endormie sur l'oreiller de la certitude a haussé les épaules, mais par une insigne faiblesse a condescendu à expérimenter la chose. Des savants ont été requis. J'aime et j'estime les savants – les vrais, ceux qui ne savent pas tout – et qui permettent qu'on les appelle des chercheurs.

Or trois d'entre eux, et non des moindres : MM. Magendie, Chevreul et Thénard, prouvèrent que de deux chiens nourris l'un avec de la gélatine, l'autre à l'eau claire, le second vécut plus longtemps que le premier. Ainsi par la science et la philanthropie, les pauvres et les prisonniers nourris depuis des années avec de la gélatine étaient littéralement morts de faim. L'armée l'avait échappé belle !

Il n'est pas de moyen honteux qui ne soit honnêtement employé pour se procurer de l'argent parce que, quelque honteux que soit ce moyen, il l'est beaucoup moins encore que de ne pas avoir d'argent.

Il n'est aucune denrée – les viandes incluses – qui ne soit altérée. De là tant de maladies d'estomac, gastrites, entérites, épidémies, dont on ignore les causes, parce qu'on ne les cherche pas dans les empoisonnements opiniâtres des brigands cachés sous le nom de marchands. Que fait le ministre de la Santé publique ? Celui de la Justice ? pour protéger les intérêts, la santé, la bourse et l'estomac de la population ? Ils s'en déchargent sur les faussaires. On a arrêté des faussaires qui mettaient des pièces d'or fausses en circulation. Messieurs les marchands de faux café, de faux chocolat, de fausse farine, de faux lait etc. ont porté plainte. Ils avaient cru qu'on paierait leurs fausses marchandises en vrai argent.

J'ai longtemps attaqué ces criminels boutiquiers, avec d'autant plus de véhémence qu'ils exploitent les plus démunis.

Il n'y a pas beaucoup de riches qui auraient les moyens d'être pauvres – eux qui achètent en détail et à crédit, les principales denrées que les riches achètent en gros et comptant.

Mais quitte à être fort mal vu des marchands du temple, j'ai gagné leur plus grosse imprécation en m'élevant contre leurs réclames malsaines. Je les ai interdites de parution dans mes journaux, si fortes qu'aient été les sommes proposées. Tout l'arsenal dont se parait ce charlatan qui disait : « J'ai guéri le roi du Maroc. A preuve, voici sa peau. » Je n'avais rien à gagner à combattre le faux, et guère plus à défendre l'honnête et le juste. Je suis bien heureux vraiment de n'avoir pas eu la sagesse un peu lâche, qui consiste à être de son temps, à marcher avec le siècle, à hurler avec les loups.

On a trouvé le mot de témérité pour exprimer le courage d'un autre, quand il n'y a plus moyen de le nier.

Si c'est être téméraire de fatiguer ses coudes à remonter le flot, je l'ai été. En dehors des mots sonores, qui obligent puisqu'on ne s'occupe guère que de la richesse des nations, que quelqu'un s'occupe de la misère des individus. Il y a longtemps, j'ai déclaré : « Plus de la moitié des ouvriers, en France, sont plus malheureux que les nègres. Et si l'on ne peut pas faire davantage pour eux, il faudrait permettre à ceux qui méritent l'intérêt de passer nègres, en forme de récompense et d'encouragement. » J'ai proposé des remèdes à la situation de l'ouvrier. Mot que j'ai toujours entendu comme le plus beau peut-être, après celui de paysan. Ouvrier, ouvrage, œuvre, celui qui produit une œuvre. Les bavards, les ramasseurs de bouts de phrase et de tirades boursouflées ont si bien fait, qu'il y a désormais la classe des ouvriers qui ne travaillent pas, et pour lesquels on a créé depuis, le nom singulier de travailleurs. Je ne m'y accoutume pas.

Aux autres, aux vrais, aux laborieux, je proclame : « Oui, il faut des conférences, des congrès, des délégués. Aboutir à l'association entre les ouvriers d'un même état, recevant les mêmes gains et courant les mêmes risques. Afin que dans une situation de maladie, de blessure, de manque d'ouvrage, on arriverait à prévoir les cas de misère et à les rendre à peu près nuls. » Avec le temps, parvenir à ce que l'ouvrier soit, non le salarié hostile, mais l'associé du patron et du capital. On avait ri de ce berger suisse qui disait : « Si j'étais roi, je garderais mes vaches à cheval. » On avait eu tort. Pourquoi l'ouvrier ne deviendrait-il pas relativement riche, instruit, ayant des loisirs et des plaisirs ?

Et une vieillesse heureuse sous des lilas en fleurs. Car ne pas honorer la vieillesse, c'est démolir la maison où l'on doit coucher le soir. Vieillir heureux et digne on ne le peut qu'en se rapprochant de la nature, au sein de laquelle on va bientôt rentrer et se confondre. Ce me sera d'autant plus aisé, moi qui suis déjà dahlia, phlox, anémone, trois fois rosiers, depuis qu'on leur a donné mon nom. Il est vrai, je suis également une rue à Étretat, une avenue à Saint-Raphaël. Ce qui ne vous concilie pas forcément les mêmes égards de l'autre côté de la touffe d'herbe, qu'on impose du titre orgueilleux de frontière.

Les pensées n'ayant pas de frontières, et après en avoir justement traversé quelques-unes, j'ai réfléchi qu'au lieu de se faire si bêtement la guerre, les États auraient intérêt à s'entendre sur l'unité de la valeur respective des monnaies. A chaque passage, votre argent perd de sa considération. Une lire, ici, ne vaut là que si vous la changez en florins. Ailleurs, ceux-ci ne représentent une somme, que si, changeant de mains et de poches, ils s'habillent en marks. Puissants chez les Allemands, les marks n'offrent pas le même respect que le louis d'or chez les Français.

Voilà une belle mesure à consacrer à l'intention de ce qu'on appelle par habitude, et plutôt par antiphrase, « le gouvernement ».

J'ai levé il y a longtemps le ridicule de l'éducation universitaire. On devrait graver au fronton des collèges cet avertissement antique : *Cave credas* : « garde-toi de croire ».

De croire à un enseignement où on livre la jeunesse à l'étude du grec et du latin, les deux seules langues qui ne se parlent plus. Il est juste aussi de présenter le terreau sur lequel les collégiens ont à réfléchir. J'avais eu la hardiesse de feuilleter quelque chose qui s'intitulait : *Grammaire française* de MM. Noël et Chapsal.

Le premier était inspecteur général de l'Université, le second professeur de grammaire générale. Ils avaient réuni leur double savoir dans cet ouvrage adopté et approuvé par l'Université, pour enseigner que : *C* a le son du *G* dans secrétaire et celui de *CH* dans vermicelle. »

On dit sûrement segrétaire, et ces messieurs confondaient évidemment vermicelle avec la mère Michel.

« *G* se prononce comme *C* dans gangrène. » Les gens enrhumés du cerveau disent aussi : « Ah ! badade, comme je bous aibe ! » Mais cela était momentané et ne pouvait passer en règle de grammaire.

Ces messieurs continuaient : « *L* ne se prononce pas dans gril. » Probablement, ils avaient en vue ce rébus : La nuit tous les chats sont gris.

Cette grammaire recelait tant de pépites que je ne pus m'empêcher de les signaler à l'attention du public par un article ainsi titré : « Quelques-unes des fautes de français enseignées à la jeunesse avec privilège exclusif de l'Université, par MM. Noël et Chapsal. »

Voilà les avantages des études universitaires, qui conduisent à tout, comme disait M. Cousin dans un mensonge ridicule, que les générations se lèguent les unes aux autres. Ce Cousin professeur, académicien, pair de France, ministre et méchant homme, que Hugo résumait d'une définition : « Une outre sonore », ce Cousin me revient comme les choux : décidément mon esprit ne le digère pas.

J'aime le bon sens comme j'aime la santé. J'ai acquis la clairvoyance de l'homme qui regarde jouer aux échecs deux hommes, peut-être plus forts que lui. Cependant, il voit les fautes qui leur échappent, parce qu'il ne joue pas lui-même et a soin de ne pas parier. Alors, me suis-je confié l'emploi de dire les vérités et de crier casse-cou.

Toute ma vie j'ai été réputé un faiseur de paradoxes, un prôneur d'opinions extraordinaires et d'idées peu applicables. Je mourrai, martyr de quelques axiomes, et quelques vérités qui agacent les dents. Si j'ai réglé mes comptes, ça a été pour rendre le calme aux uns, ôter le prétexte aux autres.

On m'a reproché mon anticléricalisme lorsque je disais : « Le monde est une charade que Dieu a donné à deviner aux hommes. » Lui et moi étions pourtant d'accord sur son œuvre de créateur. Beaucoup moins sur ses créatures et leurs arguties. Comment accepter d'un monsieur Veuillot l'affirmation que la mendicité est une institution utile, parce qu'elle exerce la charité ? J'ai répliqué : « Les poux aussi sont utiles, parce qu'ils procurent l'occasion de se gratter agréablement. » Et j'ai été veuillotiné dans son journal *L'Univers*.

Les gens trop catholiques arrivent facilement à être un peu païens et pas du tout chrétiens.

De même les cérémonies d'église, je ne suis pas sûr qu'elles obtiennent grâce devant Dieu. Dans sa maison on lit cette inscription révoltante : « Banc des pauvres. » La seule place où l'on ne paie pas pour entendre sa parole, est désignée comme infamante aux yeux de la loueuse de chaises. Mauvais usage, qu'une souscription, une quête spéciale pour acheter des chaises, éviterait. Puisqu'il y a des bienfaiteurs pour faire don aux églises de tableaux, de chasubles d'or et de rochets de dentelles aux prêtres, Dieu y serait favorable – lui qui répand la même lumière sur le riche bouquet et le brin d'herbe. Je gage que ces opinions m'ont encore valu d'être traité d'impie véhément, de la part de certains prêtres qui prétendent que j'insulte la religion, quand je défends la religion contre leurs insultes.

Beaucoup de gens font commodément consister la vertu à être sévère pour les autres.

C'est encore bien autre chose, lorsqu'il s'agit des médecins. Faute de malades, ils veulent inventer des maladies. A la moindre altération de votre visage, ils affirment : vous êtes malade ! A partir de cette constatation péremptoire, vous êtes sous leur emprise – quelquefois obscure.

Je n'ai jamais saisi le mystère de leurs tarifs. Vous choisissez un médecin en consultation, laquelle est payée dix francs. Si la maladie se prolonge, il appelle un confrère. La consultation devient une conférence et elle passe à vingt francs. Conclusion : quand ils consultent les médecins vous prennent dix francs, quand ils confèrent ils vous réclament le double.

La carrière de médecin est fort encombrée. Sur la route de la médecine, le médecin qui ne réussit pas est perdu. Les éclopés se muent en pharmaciens, officiers de santé, inventeurs d'une pâte, sorciers, découvreurs de sources. Je ne dis pas que d'aucuns, les audacieux, n'introduisent pas des bienfaits. L'usage de l'éther en chirurgie a notablement diminué les risques d'accidents dus au tétanos. Bien que là encore, le doux nom de patient n'ait pas été usurpé. Je crains que l'envie d'expérimenter n'ait fait couper quelques bras et quelques jambes qui pouvaient attendre.

Le docteur X, auquel la mort venait d'enlever un de ses clients, avait reçu une fort belle montre en or. Dans l'intérieur de la boîte, étaient gravés ces mots : « Au docteur X, les héritiers reconnaissants. »

On croit que j'ironise. Je constate seulement ce fait : on diminue la taille des statues en s'en éloignant, celle des hommes en s'en approchant.

Où est l'heureux temps signalé par Beaumarchais, où tout finissait par des chansons ? Hélas ! aujourd'hui tout finit par les discours des défenseurs de n'importe qui, plus connus sous le nom d'avocats. Et tout ce grand coassement que nous entendons en France, est produit par quelques milliers d'avocats. Un type d'hommes dont sont issus – quand ils ne sont propres ni à être de bons avocats, ni même des avocats passables – les hommes d'État, les ministres, les députés.

Il y a en France une épidémie horrible. Tout le monde en est atteint et qui pis est, personne n'en meurt et les avocats en vivent. C'est la manie de parler. Or un des malheurs de notre pays, c'est que beaucoup de lois semblent avoir été faites uniquement dans l'intérêt des avocats et pour leur donner de l'ouvrage.

Il en est quelques-uns, hommes droits, studieux, savants, honnêtes. Je m'honore d'en avoir pour amis. Ils m'ont pardonné la guerre que je mène depuis cinquante ans, à une institution que je crois contraire à la justice. J'allai un jour chez l'un d'eux, maître Paillard de Villeneuve, chargé de plusieurs de mes affaires. On va un peu chez un avocat comme chez un homme de lettres, on ne s'attend ni au luxe ni à la fortune. Là, j'ai été un peu interdit. Salle à manger aux portières épaisses, grande table ronde, argenterie du buffet, tout sentait les gains faciles. Dès lors, je suis d'autant moins tolérant, lorsqu'il s'agit de ces avocats accoutumés à plaider toute question dans les sens les plus opposés. Tous les assassins condamnés ont eu un avocat pour soutenir leur innocence. Il ne s'en est jamais trouvé un qui ne fût prêt à plaider le contraire de ce qu'il a plaidé la veille. Écossant des mots comme d'autres des petits pois, ils acquièrent une misérable abondance de phrases, embrouillant tout par l'esprit de chicane. Ils n'apprennent le droit que pour parler de travers.

Les pires, ce sont les avocats politiques. Considérés comme propres à tout (et les médecins comme bons à rien si ce n'est tout au plus à faire de la médecine), ils se répandent aux Affaires étrangères, aux Finances, à la Guerre, à la Marine. Ainsi nous avons eu Maîtres Thiers, Ollivier, Ledru-Rollin, Gambetta, Jules Favre, Floquet. Dufaure avocat de second rang. Picard, de quatrième ligne. Clément Laurier, postulant dans le Var. Presque jamais des hommes supérieurs de la profession. Ont-ils accompli un temps d'apprentissage avant de conduire un pays ? Apprentissage ! mot qui n'a plus aucun sens dans la langue : on n'apprend plus, on sait.

Toujours j'ai été opiniâtrement opposé à l'immixtion des avocats dans le gouvernement du pays. Ils sautent le barreau, pour siéger trop nombreux à la Chambre sous le nom de députés. C'est là un des grands malheurs de la France. Ce qui n'aurait pas lieu si la politique était une fin au lieu d'être un moyen.

Il est singulier que l'art de gouverner les peuples – sans contredit la science la plus ardue et la plus difficile – soit la seule que tout le monde croit posséder sans l'avoir apprise. Mais en France on veut paraître. Et quand on n'est pas grand, le moyen le plus simple consiste à se jucher sur quelque chose. Le petit Louis Blanc, le petit Thiers, portés au pouvoir par des comparses, ont parié notre pays comme on se renvoie un volant meurtri et déplumé.

> A la fraîche, à la fraîche,
> ma sole tout en vie !
> ma bonne République !
> ma belle botte d'asperges !
> mes bons principes de 89 !

Le Français né malin créa la guillotine. Ou la fausse République. Au billard et aux dominos, on joue et on perd son propre argent – tandis qu'à la politique on joue celui des autres. Ainsi par des phrases longues, vides et sonores, on se hisse vers les sommets. Quel homme ce monsieur Thiers ! Était-il assez fort, était-il assez malin ! Il fallait le nommer président à vie, 1er, 2e, 3e consul – ou mieux roi de la République. Il l'a été. Par la comédie du suffrage universel direct, où la puissance est au nombre. Où deux cailloux valent mieux qu'un diamant, deux crottins valent mieux qu'une rose. Où Cicéron et Montesquieu sont dominés par un ramasseur de bouts de cigare, un pilier d'estaminet et un rôdeur de barrière réunis. Et l'appétit de monsieur Thiers a été rassasié. Il est facile d'aimer une république dont on est le président.

Proposez n'importe quoi, le public se croira obligé de se ranger en bataille pour ou contre. C'est ainsi que se forment les partis. Trois ou quatre se disputent le pouvoir au nom du suffrage dit universel, et sont loin de représenter l'opinion individuelle des Français. On se croit en République, parce que quelques demi-quarterons de farceurs occupent les mêmes places, émargent les mêmes appointements, pratiquent les mêmes abus que ceux qu'on a renversés à leur bénéfice. Ce ne sont, sous des étiquettes différentes, que des conservateurs. J'ai défié qu'on m'opposât une bonne raison contraire à cette définition du parfait conservateur : conserve ce que tu as pris, et tâche de prendre ce que les autres ne conservent pas assez.

Pardon ! revendiquent les partisans du bouleversement social, avec nous le miel, le vin, plus de pauvres ! Les riches au bagne, dans les mines ! A nous le pouvoir !

Prenons garde que, appauvrir les riches, ce n'est pas enrichir les pauvres. On parle au peuple avec des mots au bout des piques, on refait 93. Il n'y a de la flatterie à l'injure, que la différence qui existe entre la mendicité et l'attaque à main armée. Toutes deux ont le même but et ne diffèrent que par les moyens. Les démolisseurs usent des boniments de marchands de poudre à gratter. La révolution, oui, mais alors une seule, la bonne. Pas ces émeutes qui, si elles réussissent, s'appellent révolutions, et sont comme la loterie. Il y a cinq numéros gagnants sur quatre-vingt-dix. Conséquemment, quatre-vingt-cinq veulent recommencer le coup. A leur profit.

Les journalistes ne me démentiront pas, eux qui sont des avocats qui écrivent. Je n'ai peut-être pas été plus clairvoyant que beaucoup d'entre eux. Seulement, grâce à un grand nombre d'indifférences, j'ai été mieux placé pour bien voir. Et je vois bien.

Tout louer ou tout blâmer sans restriction – voilà le secret du journalisme – selon que les actes sont faits par ses alliés ou par des adversaires. N'ai-je pas été traité d'acrobate, de clown, de pitre, pour avoir raillé les républicains ? De réactionnaire, pour m'être tout à fait opposé à l'assassinat des otages, à l'incendie de Paris ?

A part *Le Figaro*, et accidentellement, de loin en loin quelques journaux, on a refusé mes articles. On m'a blâmé d'écrire encore, d'écrire trop longtemps, d'avoir des lecteurs qui me suivent. D'usurper ma place – moi qui n'ai jamais occupé de place. Je commence à soupçonner fortement qu'il faut mener les hommes avec des phrases plus qu'avec des raisons. Triste métier, vraiment, celui de diseur de vérités. Ai-je eu tort de vouloir mourir martyr de quelques axiomes comme : « deux et deux font quatre » ? Peut-être d'y brûler mon âme ? Mon âme !

« Que pensez-vous de l'immortalité de l'âme, M. Karr ?

– Je n'y pense qu'une fois par an pour ne pas devenir fou ou imbécile. J'y ai pensé hier, revenez dans un an. »

MARDI 30 SEPTEMBRE.

Alphonse Karr se réveille. Par la fenêtre il admire le bleu tendre du ciel fondu dans le bleu argent de la mer. Il entend le chuintement des vagues sur la grève. Les parfums mêlés du jardin filtrent jusqu'à son lit. Il se rassure. On n'honore pas assez la vie, quand on a été en péril de la perdre.

Maintenant, il s'en réjouira davantage – avec plus de prudence, voilà tout.

Comme chaque jour depuis une semaine, le docteur Bontems vient faire sa visite. Il est accompagné de M. Hatrel, un ami commun. Messieurs Ortolan et Martin arrivent à leur tour. Tous constatent l'amélioration. Allons, Alphonse Karr lancera encore des traits d'or. Il réplique : « Ce que je sais le mieux, c'est qu'on ne sait rien. » Ces messieurs partent, la fin de la matinée s'avance.

Tout d'un coup, une montée de toux saisit Alphonse Karr. Il ne parvient plus à respirer. Il gémit. Jeanne accourt de la chambre à côté. Le vieillard tousse, toux sèche, déchirante. Quelque chose en lui brûle, se ferme, empêche l'air de pénétrer. Le docteur Bontems est rappelé. A l'examen d'Alphonse Karr, il comprend que le pire est survenu : une paralysie du poumon. Le malade respire de plus en plus mal. Le docteur Bontems se sent impuissant devant cet œdème aigu, compliqué d'une insuffisance brutale du cœur. Tous les symptômes de ce que les médecins appellent « le coup du huitième jour ». Il y avait exactement huit jours que la maladie s'était déclarée. Aujourd'hui on pouvait tout espérer. Ou tout craindre. Jeanne est effondrée. Alphonse Karr vient de perdre connaissance. Un demi-coma, dans lequel il s'enfonce au milieu de sensations éparses. On parle autour de lui.

Alphonse Karr revient faiblement à lui. Beaucoup d'ombres. Il fait l'effort d'ouvrir les yeux. Cette forme tout près ? Sans doute Jeanne. Elle est en pleurs, Jeanne, sa fille tant aimée. Elle se penche, il veut l'embrasser. Elle le serre contre elle. Et les enfants ? On les lui amène l'un après l'autre. Ses lèvres effleurent les joues mouillées. Puis ses yeux se voilent. Il cherche à parler, ses lèvres remuent. Jeanne approche son visage. Alphonse Karr a l'ultime force de murmurer :

« Je sens que je vais mourir. »

Jeanne l'a repris dans ses bras. Les yeux fermés, il a de nouveau perdu connaissance. Il n'émet plus que des râles. Il est douze heures trente lorsqu'il exhale un dernier soupir. Il est mort.

Une demi-heure plus tard, venu par le grand train de Toulon, Jean Aicard s'apprête à entrer, une boutade aux lèvres. Sur le lit Alphonse Karr dort, sous des branches de mimosas, d'eucalyptus, parmi les roses.

Chronologie d'Alphonse Karr

1808 Naissance de Jean-Alphonse Karr, rue de Bondy à Paris. Origine bavaroise par son père Henri Karr, pianiste de talent, et tourangelle par sa mère Louise Verger, nièce du baron Heurteloup, chirurgien en chef des armées de Napoléon.

1810 Naissance d'Eugène, frère d'Alphonse Karr.

1821 Alphonse Karr entre au collège Bourbon, l'actuel lycée Condorcet à Paris. Années d'études tumultueuses.

1825 Idylle dans l'immeuble. Elle se prénomme Camille. Elle marquera la vie et l'œuvre d'Alphonse Karr. Période d'intense écriture.

1828 Alphonse Karr vivote. Pour subsister, il accepte une place de maître d'études dans une pension. Puis il devient professeur suppléant dans son ancien collège Bourbon.

1829 Il continue d'écrire et, le soir, glisse des articles dans la boîte à lettres du tout récent *Figaro*.
Dans le numéro du 9 juillet trois de ses nouvelles sont imprimées.
Voyage à Châlons pour obtenir un emploi. Unique résultat : il tire de l'eau un cuirassier qui se noyait dans la Marne.

1830 Du 27 au 29 juillet, révolution et fuite de Charles X.
Alphonse Karr démissionne de l'enseignement et débute au *Figaro*.
Premières relations.

1831 Il commence un roman : *Sous les tilleuls*, lorsque brusquement il apprend le mariage de Camille.
Alphonse Karr modifie la seconde partie de son livre.

1832 *Sous les tilleuls* paraît en librairie avec un énorme succès.
Année d'amour fou avec la sculpturale Juliette Drouet – qui ensuite devient la maîtresse de Victor Hugo.

1834 Alphonse Karr se laisse marier à Clémentine Renard, fille d'un notaire de Loir-et-Cher.
Sept mois plus tard naissance d'une fille, Thérèse, qu'Alphonse Karr refuse de reconnaître. Ménage mal assorti. Prison pour dettes. Alphonse Karr se réfugie à Étretat, bourgade inconnue.

1835 Alphonse Karr fréquente les salons. Dîners parisiens, intimité avec Hugo, Dumas, Sue, Gautier, Balzac, Nerval...
Liaisons et succès littéraires et journalistiques.

1836 Il est rédacteur en chef du *Figaro*.

1837 Séparation légale des époux Karr aux torts du mari.

1839 En désaccord avec les méthodes du directeur, Alphonse Karr quitte le *Figaro*.
Le 16 novembre, sortie du premier numéro des *Guêpes* qu'il rédige seul. Accueillies avec enthousiasme, elles se vendent à vingt mille exemplaires chaque mois.

1840 Le 12 juillet, suite à un article des *Guêpes* la mettant en cause, Louise Colet donne un coup de couteau qui égratigne Alphonse Karr.

1841 Alphonse Karr se fixe à Sainte-Adresse, près du Havre. Par sa personnalité, ses livres, ses relations, il contribue à la renommée d'Étretat et de Sainte-Adresse.

1842 Duel avec le comte Walewski, qu'il blesse à la main.

1843 En janvier, mort du père d'Alphonse Karr. Tout le numéro de février des *Guêpes* est rédigé bénévolement par les meilleures plumes de l'époque.

1844 Alphonse Karr prend pour compagne discrète sa cousine Henriette Verger.

1845 Alphonse Karr est nommé chevalier de la Légion d'honneur par Louis-Philippe.

1848 Révolution de février. Le Bavarois Alphonse Karr est naturalisé français. Poussé par Lamartine, il pose sa candidature aux élections législatives. Battu, il renonce à se présenter au second tour.
Pour soutenir le général Cavaignac adversaire de Louis Bonaparte, il fonde *Le Journal*.

1851 Deux décembre, le coup d'État.

1852 Naissance le 8 avril à Honfleur de Jeanne Verger, fille naturelle d'Alphonse Karr.
Journaliste politiquement surveillé, Alphonse Karr abandonne Sainte-Adresse.

1853 Il s'installe en Italie avec sa famille, d'abord à Gênes, puis à Nervi, petite localité voisine. A la fin de l'année il part pour Nice, ville italienne des États sardes.

1854 Alphonse Karr loue un vaste jardin où il entreprend en grand la culture et le commerce des fleurs.
Réussite commerciale européenne.

1855-1859 Nombreux articles dans les journaux de Paris, et publication de livres qui connaissent le succès.

1860 Demi-succès de son drame *La Pénélope normande*.
Mort à Cannes de sa mère.

1867 Échec de sa comédie *Les Roses jaunes*.
L'expropriation de ses terrains, la mort de Henriette Verger, les aléas de son entreprise horticole, déterminent Alphonse Karr à quitter Nice.
Il s'installe à Saint-Raphaël, obscur village de pêcheurs.

1870 La France déclare à la Prusse une guerre, qu'Alphonse Karr qualifie dans un article « d'ânerie criminelle ».

1871 Il part jusqu'en Suisse à la recherche de son futur gendre, lieutenant de mobiles à l'Armée de l'Est.

1872 Le Conseil municipal d'Étretat donne le nom d'Alphonse Karr à une rue de la ville.

1873 L'éditeur Michel Lévy signe à Alphonse Karr un contrat d'exclusivité pour l'ensemble de ses œuvres.

1875 L'Académie française lui décerne son premier Prix Vitet, partagé avec son ami Henri Monnier.

1876 Le 1er octobre, ultime parution des *Guêpes*. Avec des interruptions, elles avaient tenu l'air du temps pendant trente-sept années.

1880 Transformation de Saint-Raphaël – dont Alphonse Karr fut le « découvreur » – en station touristique et mondaine.

1881 La ville donne le nom d'Alphonse Karr à la place de la gare.

1882 Mort de sa fille Thérèse Alphonse-Karr.

1884 Mort de son frère, l'ingénieur Eugène Karr.

1887 Le peintre Carolus-Duran fait le portrait officiel d'Alphonse Karr.

1889 Alphonse Karr dédie son dernier roman à ses trois petits-enfants.

1890 Le 30 septembre, il meurt d'une fluxion de poitrine.

1906 En avril, inauguration à Saint-Raphaël de la statue en bronze d'Alphonse Karr.

Bibliographie d'Alphonse Karr

SOUS LES TILLEULS

Une heure trop tard
Fa dièse
Vendredi soir
Le Chemin le plus court
Histoire de Napoléon
Geneviève
Einerley
Les Paysans illustres

LES GUÊPES (1839-1848)

Pour ne pas être treize
En fumant
Hortense
Midi à quatorze heures
Feu Bressier

VOYAGE AUTOUR DE MON JARDIN

Geneviève
La Famille Alain
Les Guêpes hebdomadaires (mars à juillet 1848)
Le Journal (28 juillet au 31 octobre 1848)
Clovis Gosselin
Les Fées de la mer (conte pour enfants)
Raoul Desloges

CONTES ET NOUVELLES

Une vérité par semaine
Agathe et Cécile
Devant les tisons
Les Femmes
Lettres écrites de mon jardin
Une poignée de vérités
Proverbes
Les Soirées de Sainte-Adresse
Les Nouvelles Guêpes
Un Homme fort en thème
Histoire d'un pion
La Main du Diable

LA PÊCHE EN EAU DOUCE ET EN EAU SALÉE

La Pénélope normande
Lettres de mon jardin
Promenades hors de mon jardin
Histoires normandes
Les Animaux nuisibles

HISTOIRE DE ROSE ET JEAN DUCHEMIN

Les Fleurs animées (pour le texte – les dessins étant de Granville)
Encore les Femmes
Les Guêpes (1858-1860)
Sous les orangers
Menus Propos
Roses noires et Roses blanches
La Pénélope normande (drame adapté du roman)
Les Fleurs
Trois cents pages
De loin et de près
Sur la plage
Sur la peine de mort
Les Roses jaunes (comédie en un acte)
Les Guêpes (1869-1876)
L'Auberge de la Vie (drame non représenté)
La Maison close
Les Gaietés romaines
La Queue d'or

LE LIVRE DE BORD (MÉMOIRES D'ALPHONSE KARR)

La Promenade des Anglais
Promenades au bord de la mer
Le Credo du jardinier
Plus ça change
Dieu et Diable
Plus c'est la même chose
L'Art d'être heureux
L'Art d'être malheureux

L'ESPRIT D'ALPHONSE KARR

Notes de voyage d'un casanier
Bourdonnements
Grains de bon sens
Pendant la pluie
A l'encre verte
Les cailloux blancs du Petit Poucet
Les Points sur les i
Sous les pommiers
A bas les masques !
Au soleil
Dans la lune
La Soupe au caillou
Messieurs les Assassins
Roses et chardons ou la politique au jardin
Le Pot aux roses
Hélène
Les Bêtes à bon Dieu
La Maison de l'Ogre

La quasi-totalité de l'œuvre a été éditée chez Michel Lévy.

Ouvrages consultés

Mémoires d'un passant, Philibert Audebrand, C. Lévy, 1893.

La Prose de Jean Aicard, extraits, J. Calvet, Hatier, 1910.

Les Journaux et les Journalistes sous le règne de Louis-Philippe, H. Castille, Sartorius, 1858.

Correspondance de Gustave Flaubert, Librairie de France, 1922-1925.

Lettres parisiennes, Mme Émile de Girardin, M. Lévy, 1857.

Journal, mémoires de la vie littéraire, E. et J. de Goncourt, Flammarion et Fasquelle, 1935-1936.

Souvenirs de jeunesse 1830-1850, Arsène Houssaye, Flammarion, 1896.

Histoire du lycée Bonaparte (collège Bourbon), Charles Lefeuve, 29 rue Croix-des-Petits-Champs, 1852.

Correspondance, Gérard de Nerval, Mercure de France, 1911.

Nice d'antan, notes et souvenirs, L. Sarty, Nice, Isnard, 1921.

Alphonse Karr, sa vie et son œuvre, Derek P. Scales, Librairie Droz-Minard, 1959.

Émile de Girardin, Prince de la Presse, Pierre Pellissier, Denoël, 1987.

Souvenirs et portraits, Alphonse de Lamartine, Hachette, 1874.

Anthologie du journalisme, Paul Ginisty, 1917.

Journal de la Chronique de Nice (1861-1867), Justin Montolivo, 1880.

Délibérations du Conseil municipal de Saint-Raphaël : 1888-1890.

La vie passionnée de Balzac, Léon Thoorens, 1959.

Les amours d'un poète, Louis Barthou, 1919.

Mes mémoires, Alexandre Dumas, 1853.

Stèle pour Alphonse Karr–Louis Virlogeux, Cahier Bourbonnais, Moulins 1975.

Alphonse Karr journaliste et pamphlétaire – et :

Les Amitiés littéraires et politiques d'Alphonse Karr, thèse de Louis Virlogeux.

Articles de presse : *Le Figaro, La Revue des Deux-Mondes, Journal de Rouen, Les Échos de la Côte d'Azur, Annales de la société d'Horticulture et d'Histoire naturelle de l'Hérault, L'Illustration, Le Temps, Le Gaulois, La Revue de Paris et de Saint-Pétersbourg.*

Fonds de Cessole, Musée-Bibliothèque Masséna à Nice.

Bibliothèques municipales de Nice, Fréjus, Draguignan, Blois, Saint-Raphaël.

Table

Je remercie chaleureusement :
les Conservateurs et Personnels des Bibliothèques qui ont mis à ma disposition les ouvrages dont j'avais besoin,
M. Louis Virlogeux
qui m'a ouvert les manuscrits de *Maison close*,
le Maire et la Municipalité de Saint-Raphaël qui ont encouragé la parution de ce livre.

C.A-K.

L'HUMOUR
AU CHERCHE MIDI ÉDITEUR

COLLECTION
« LE SENS DE L'HUMOUR »

TRISTAN BERNARD
Dictionnaire humoristique de A à Z

PHILIPPE BOUVARD
Riez avec les Grosses Têtes

LAURENCE COCHET
Y a-t-il de la place pour deux dans un couple ?

PIERRE DAC
Les Petites Annonces de l'Os à moelle

CHRISTINE DAHMANI
Petit Guide humoristique de la demande d'emploi
« Rires à la lettre »

JAMES DARWEN
Le Meilleur de l'humour anglo-américain

FONT et VAL
Vingt ans de finesse

PHILIPPE HÉRACLÈS
Le Grand Livre de l'humour noir
Illustrations de Kerleroux

Le Petit Macho de poche
Illustrations de Spinga

JEAN RIVOIRE
Vacheries
Dictionnaire des insolences

WOLINSKI
La Morale

« LA BIBLIOTHÈQUE
DU DESSINATEUR »

Petite Encyclopédie du dessin drôle en France
Préface de François Caradec

BOSC
Dessins inédits
Préface de Wolinski

CABU
Les nouveaux beaufs sont arrivés
Préface de Cavanna

CHAVAL
Faites des économies

GÉBÉ
Anarchie douce
dessins et textes

JEAN GOURMELIN
Instants d'espace

À la Mémoire de l'humanité

MOSE
Mose à la mer

PIEM
Petits-enfants, grands-parents mode d'emploi

Bonne santé, mode d'emploi
(Prix de l'humour médical)

Au revoir et encore merci

SINÉ
Siné dans Charlie Hebdo
Siné dans Hara-Kiri Hebdo

TETSU
Toutes les mêmes

TREZ
Les Idées Trez noires
(Prix de l'Humour noir)

NICOLAS VIAL
Touchessacome, ou les aventures d'un cadre au mental d'acier

MICHEL GRANGER
La surface corrigée

Imprimé en France par la Société Nouvelle Firmin-Didot
Dépôt légal : octobre 1994
N° d'édition : 344 - N° d'impression : 28462
ISBN : 2-86274-344-5

Uwe Bergmann

TRAINING
Termumformungen und ihre Anwendungen

8./9. Schuljahr

Lösungsheft

Ernst Klett Verlag
Stuttgart Düsseldorf Leipzig

Satz: Zechnersche Buchdruckerei, Speyer
Druck: W. Röck, Weinsberg
Beilage zu 3-12-922032-1

Inhaltsverzeichnis

I. Das Distributivgesetz und seine Anwendungen

1. Rechnen mit dem Distributivgesetz

1

a) 1050 **b)** 1800

2

a) 1050 **b)** 510 **c)** 4000 **d)** 560 **e)** 1050

f) 1200 **g)** 1800 **h)** 500 **i)** 550 **j)** 1550

3

a) $16x$ **b)** $17z$ **c)** $180a$ **d)** $-1{,}5c$ **e)** $20{,}5a$

f) $1{,}73x$ **g)** $\frac{31}{36}t$ **h)** $5\frac{3}{4}k$ **i)** $7\frac{1}{15}x$ **j)** $-16x$

k) $-0{,}67v$ **l)** $-1310g$ **m)** $7{,}59t$ **n)** $4\frac{49}{100}x$ **o)** $-3\frac{1}{8}a$

4

a) $-5x+21y$ **b)** $115a-7b$ **c)** $146p-135q$

d) $43u+45v$ **e)** $92a+7b+109c$ **f)** $44x-27y-44z$

g) $-3{,}8a-10{,}7b$ **h)** $2f$ **i)** $7{,}35x-3y+10{,}39z$

j) $74a-114b-64c-21d$

k) $2x+1\frac{1}{2}y$ **l)** $7y-1\frac{1}{3}z$ **m)** $3\frac{1}{6}u-\frac{1}{3}v+\frac{5}{6}w$

5

a) $19a+4b-32a+61d-3c+40a+9b+16c-20a+5d-11b$
$=19a-32a+40a-20a+4b+9b-11b-3c+16c+61d+5d$
$=7a+2b+13c+66d$

b) $-1{,}3p+6{,}9q+4{,}1r-10{,}2s$ **c)** $22x-138y+48z$

d) $2\frac{11}{12}a+1\frac{2}{3}b+5\frac{1}{6}c$

6

a) $5a^2+15ab-3b^2$

b) $-15xy+14xz-12yz$

c) $2a+8a^2+3ab$

d) $-0{,}9p^2-4{,}8pq+6{,}8q$

e) $5a^3+5a^2b+3ab^2-b^3$

7

a) $8a+28b$

b) $30x-54$

c) $24a+6ab$

d) $2{,}4x-11{,}2y$

e) $36-96y$

f) a^2b-2ab^2

g) $15x+20y-10z$

h) $6ab-18a+42a^2$

i) a^2b+ab^2-ab

j) $9p+15q-10{,}5r$

k) $8xy^2-18xyz+8y$

l) $1{,}5x-3y+4z$

8

a) $2x-6y+12x-8y=14x-14y$

b) $-22x+31$

c) $27x^2+3xy$

d) $a^2-2ab+b^2$

e) $u-3uv+5v^2$

f) $6a^2b$

g) $41x-xy-20$

h) $7p^2-36pq$

i) $-8a+44ab-7b$

j) $-44x^2+69xy-42xz-12yz$

9

Term	Vorzeichen vorher	Vorzeichen nachher
2b	+	−
4a	+	−
5c	−	+

10

a) $-3x-32y$

b) $5a-4{,}4$

c) $-9a-8a^2$

d) $-y+z$

e) $-8x^2+6xy+xz$

f) a^2+b^2

g) $1\frac{1}{2}x+\frac{1}{4}xy$

h) $p-5q$

i) $-60d$

j) $27a-18b-12c$

k) $a^2+ab+2b^2$

l) $-48xy-207xz+240yz$

m) $3u-17v+8w$

n) $x^2-x^2y+xy^2+y^2$

11

$45x-2[5x-(8x+1)\cdot 4]$ Innere Klammer ausmultiplizieren
$=45x-2[5x-32x-4]$ Zusammenfassen
$=45x-2[-27x-4]$ Äußere Klammer ausmultiplizieren
$=45x+54x+8$ Zusammenfassen
$=\quad 99x+8$

12

a) $50a-23b$ **b)** $48x+53$ **c)** $27p+37q$

d) $47a^2-14ab$ **e)** $-18u^2+34uv$ **f)** $36x-35y-z$

g) $5\cdot\{a\cdot[b\cdot(4-a)+3ab]-6ab\}+35a^2b$ Runde Klammer auflösen
$=5\cdot\{a\cdot[4b-ab+3ab]-6ab\}+35a^2b$ Zusammenfassen
$=5\cdot\{a\cdot[4b+2ab]-6ab\}+35a^2b$ Eckige Klammer auflösen
$=5\cdot\{4ab+2a^2b-6ab\}+35a^2b$ Zusammenfassen
$=5\cdot\{2a^2b-2ab\}+35a^2b$ Geschweifte Klammer auflösen
$=10a^2b-10ab+35a^2b$ Zusammenfassen
$=45a^2b-10ab$

h) $-8m-4n+20$

13

a) richtig **b)** richtig **c)** falsch: $-26s-3t$

d) richtig

14

a) $24x-[35y-2\cdot(10x+17y)]$
$=24x-[35y-20x-34y]$
$=24x-[y-20x]$
$=24x-y+20x$
$=44x-y$

b) $a-[2(a+b)-3b]$
$=a-[2a+2b-3b]$
$=a-[2a-b]$
$=a-2a+b$
$=-a+b$

15

a) ja

b) $11\cdot 1-(5\cdot 1+2)\cdot 3+8=11-7\cdot 3+8=11-21+8=-2$

c) $-4\cdot 1+2=-2$

d) Sie sind gleich.

e) $11 \cdot 2 - (5 \cdot 2 + 2) \cdot 3 + 8 = 22 - 12 \cdot 3 + 8 = -6$
und $-4 \cdot 2 + 2 = -6$ sind gleich.

f) $11 \cdot (-1) - (5 \cdot (-1) + 2) \cdot 3 + 8 = -11 - (-3) \cdot 3 + 8 = 6$
und $-4 \cdot (-1) + 2 = 6$ sind gleich.

16

a) Es ergibt sich jeweils 9.

b) $a = 3$: Es ergibt sich jeweils 69.
$a = -2$: Es ergibt sich jeweils -81.

c) $6a - 15 - 6 + 24a = 30a - 21$

17

a) Es ergibt sich zunächst -61 und dann -41, also unterschiedliche Ergebnisse.

b) Nein, denn es gilt

$$\begin{aligned} & 23x - (11x + 17) \cdot 3 \\ = & 23x - 33x - 51 \\ = & -10x - 51 \neq 10x - 51\,! \end{aligned}$$

18

a) $x = 1$: Der Term ergibt 6, das angegebene Ergebnis -6. Also ist das Ergebnis falsch.
Das richtige Ergebnis lautet $11x - 5$.

b) Das angegebene Ergebnis ist falsch, das richtige Ergebnis lautet $15a - 44$.

c) Das angegebene Ergebnis ist richtig.

d) Das angegebene Ergebnis ist falsch, das richtige Ergebnis lautet $27z - 12$.

19

$6(1 - 4) - 5(3 + 2) = -18 - 25 = -43$ und $-9 - 34 = -43$.

20

a) richtig

b) falsch, richtig ist $-4u + 4v$

c) falsch, richtig ist $11x - 2y$

21

a) $12a$

b) $3a-4(2b-3a)$
$=3a-8b+12a$
$=15a-8b$

22

a) $100a-6[4b-5(a-3b)]$
$=100a-6[4b-5a+15b]$
$=100a-6[19b-5a]$
$=100a-114b+30a$
$=130a-114b$

b) $8\cdot[7y-3(5z+y)+12z]-14z$
$=8\cdot[7y-15z-3y+12z]-14z$
$=8\cdot[4y-3z]-14z$
$=32y-24z-14z$
$=32y-38z$

23

a) $17p+33q-[16+2\cdot(4p-6q)]+12=9p+45q-4$

b) $17p-\{33q+16+2\cdot(4p-6q)+12\}=9p-21q-28$

c) $17p-\{33q-[16-2\cdot(4p-6q)]-12\}=9p-21q+28$

d) $17p+33q+16+2\cdot(4p-6q)-12=25p+21q+4$

24

a) $-27x-6xy$ **b)** $-7a^2+4a$ **c)** $3x^2-y^2$ **d)** $9s+11$

Nur bei Aufgabe a) und c) darf jeweils die eckige Klammer [ ] weggelassen werden, alle anderen Klammern sind notwendig.

25

a) $34\cdot12-34\cdot2=340$
$34\cdot(12-2)=340$

$12\cdot34-2\cdot34=340$
$(12-2)\cdot34=340$

b) jeweils 320

c) $72:8-32:8=5$

$(72-32):8=5$

$8:72-8:32=-\frac{5}{36}$

$8:(72-32)=\frac{1}{5}$

d) $90:15+60:15=10$

$(90+60):15=10$

$15:90+15:60=\frac{5}{12}$

$15:(90+60)=\frac{1}{10}$

26

a) $48xy+30x$ **b)** $3x+4y$ **c)** $a^3b-a^2b^2$

d) $3y-5z$ **e)** $75x^2y-125x^2z$ **f)** $a+b$

g) $x^2-2x^2y+x^2z$ **h)** $6a+2$ **i)** $2p-3q+5$

j) $49u+98v-147w$ **k)** $4-8x+5y$ **l)** $2x^2y-8xy^2+4xy$

27

a) $8a-14ab$ **b)** nicht anwendbar **c)** $2-7b$

d) $8a^2-28a^2b$ **e)** $x^2yz+xy^2z+xyz^2$ **f)** $x-3y$

g) nicht anwendbar **h)** $2p+3q$

28

a) $(8x-12y):4=2x-3y$ **b)** $4x+5y$

c) $c-a$ **d)** $5u^2-6u+9$

e) $2-5x+y$ **f)** $\frac{1}{4}p+\frac{1}{2}q$

29

1. Schritt: $3\cdot5=15$
2. Schritt: $15+5=20$
3. Schritt: $4\cdot20=80$

30

	$\cdot3$	$+5$	$\cdot4$
x	3x	3x+5	(3x+5)·4
2	6	11	44
5	15	20	80
9	27	32	128
−1	−3	2	8
−4	−12	−7	−28
0	0	5	20

31

	$\cdot 6$	-3	$\cdot 2$	$+7$
a	$6a$	$6a-3$	$2(6a-3)$	$2(6a-3)+7$
3	18	15	30	37
6	36	33	66	73
−2	−12	−15	−30	−23
−5	−30	−33	−66	−59
0	0	−3	−6	1

Test

1

a) 2100 **b)** 960 **c)** 810

2

a) $28x-22x^2-xy$ **b)** $7{,}7p-4{,}9q-9{,}7$ **c)** $-\frac{2}{3}a-3\frac{1}{6}a^2+1\frac{1}{4}$

3

a) $5x+27z-9xz$ **b)** $10a^2b-3ab^2$

4

a) $-pq-38q^2$ **b)** $48a-36ab$

5

a) $9u+13v$ **b)** $a^3b-a^2b+ab^2$ **c)** nicht anwendbar

d) $250x^2-125x^2y$

6

$-5x+6$

2. Lineare Gleichungen mit einer Variablen

1

Nein.

2

a) $x=2$ **b)** $x=5$ **c)** $x=12$ **d)** $x=-2$

e) $x=3{,}5$ **f)** $x=0$

3

$$\begin{aligned} 16\cdot 3{,}5-9 &= 5+12\cdot 3{,}5 \\ 56-9 &= 5+42 \\ 47 &= 47 \end{aligned}$$

wahre Aussage

4

a)
$$\begin{aligned} 8x+3 &= 19+4x && \mid -4x \\ 4x+3 &= 19 && \mid -3 \\ 4x &= 16 && \mid :4 \\ x &= 4 \end{aligned}$$

$\mathbb{L}=\{4\}$

b) $\mathbb{L}=\{2\}$ **c)** $\mathbb{L}=\{8\}$ **d)** $\mathbb{L}=\{-1\}$ **e)** $\mathbb{L}=\{3\}$

f) $\mathbb{L}=\{4\}$ **g)** $\mathbb{L}=\{-18\}$ **h)** $\mathbb{L}=\left\{\frac{1}{11}\right\}$

5

a) $\mathbb{L}=\left\{\frac{1}{6}\right\}$ **b)** $\mathbb{L}=\left\{\frac{1}{4}\right\}$ **c)** $\mathbb{L}=\{4\}$ **d)** $\mathbb{L}=\{0\}$

e) $\mathbb{L}=\{7\}$ **f)** $\mathbb{L}=\{-2\}$

6

$$\begin{aligned} 3(3-11)+21 &= 2(3-3)-3 \\ -3 &= -3 \end{aligned}$$

wahre Aussage

7

a) $\mathbb{L}=\{-1\}$ **b)** $\mathbb{L}=\{5\}$ **c)** $\mathbb{L}=\{0{,}5\}$ **d)** $\mathbb{L}=\{-4\}$

8

—

9

a) $18x - 24 + 4 = 2x + 16x - 20$
$18x - 20 = 18x - 20$
$0 = 0$

b) $x = 1$: $3(6-8) + 4 = 2 + 4(4-5)$
$-6 + 4 = 2 - 4$
$-2 = -2$ wahre Aussage

Es ergeben sich immer wahre Aussagen ($16 = 16$; $70 = 70$; $-20 = -20$; $-74 = -74$).

10

$10x - 5 - 3x = 7x - 14 + 9$
$7x - 5 = 7x - 5$

Für jede Einsetzung von x ergibt sich eine wahre Aussage.

11

Ja.

12

a) $\mathbb{L} = \mathbb{Q}$ **b)** $\mathbb{L} = \{-3\}$ **c)** $\mathbb{L} = \mathbb{Q}$ **d)** $\mathbb{L} = \mathbb{Q}$

13

$16x - 4x - 9 = 12x + 30$
$12x - 9 = 12x + 30 \quad | -12$
$-9 = 30$ falsche Aussage

14

$-1 = 1$ falsche Aussage

15

a) keine Lösung, $\mathbb{L} = \{\ \}$

b) keine Lösung, $\mathbb{L} = \{\ \}$

c) $\mathbb{L} = \left\{-\frac{11}{4}\right\}$

d) keine Lösung, $\mathbb{L} = \{\ \}$

e) $\mathbb{L} = \{0\}$

f) keine Lösung, $\mathbb{L} = \{\ \}$

16

a) $\mathbb{L}=\{-0{,}3\}$ **b)** $\mathbb{L}=\{\ \}$ **c)** $\mathbb{L}=\{0\}$

d) $\mathbb{L}=\left\{\frac{14}{17}\right\}$ **e)** $\mathbb{L}=\left\{\frac{1}{4}\right\}$ **f)** $\mathbb{L}=\mathbb{Q}$

17

a) 15 c) und e) sowie 16 a), c), d) und e)

b) 16 f)

c) 15 a), b), d) und f) sowie 16 b)

18

a) $\mathbb{L}=\left\{-\frac{1}{8}\right\}$ **b)** $\mathbb{L}=\left\{\frac{7}{3}\right\}$ **c)** $\mathbb{L}=\mathbb{Q}$

d) $\mathbb{L}=\{\ \}$ **e)** $\mathbb{L}=\left\{\frac{8}{5}\right\}$ **f)** $\mathbb{L}=\{\ \}$

19

a) $\mathbb{L}=\{-6\}$ **b)** $\mathbb{L}=\left\{\frac{1}{3}\right\}$ **c)** $\mathbb{L}=\{\ \}$

d) $\mathbb{L}=\mathbb{Q}$ **e)** $\mathbb{L}=\{\ \}$ **f)** $\mathbb{L}=\left\{\frac{3}{4}\right\}$

g) $\mathbb{L}=\left\{\frac{4}{9}\right\}$ **h)** $\mathbb{L}=\left\{\frac{3}{5}\right\}$

20

a) Das Ergebnis ist in beiden Fällen 3.

b)

x	$3x+2(x-1)$	$3(x+1)+2x-5$
2	8	8
5	23	23
−1	−7	−7
−3	−17	−17
0	−2	−2

c) $3x+2(x-1)=3x+2x-5=5x-2$
$3(x+1)+2x-5=3x+3+2x-2=5x-2$

21

Ja.

22

Es ergibt sich in beiden Fällen für $x=1$: -9, für $x=3$: -7, für $x=8$: -2, für $x=-1$: -11, für $x=-2$: -12 und für $x=0$: -10.

3. Lineare Ungleichungen mit einer Variablen

1

$7>3$ w	$-8\leq 4$ w	$0>-1$ w	$17\geq 35$ f
$0{,}5\geq \frac{1}{2}$ w	$6+3>9$ f	$6+3\leq 9$ w	$6\leq 9$ w
$8\cdot 4>-32$ w	$-7<-1$ w	$-7\leq -1$ w	$-7\geq -1$ f

2

a) $3\cdot 1+5<20$
$8<20$ w

b) wahre Aussagen bei 3, -1, -5 und 0
falsche Aussagen bei 7 und 12

3

x	1	2	6	-1	-4	0
a) $7x+3\geq 4$	w	w	w	f	f	f
b) $6x+1<4x+3$	f	f	f	w	w	w
c) $2\leq 5x-7$	f	w	w	f	f	f
d) $0>3x-6$	w	f	f	w	w	w

4

a) Ja, denn $5+9=14>3+9=12$.

b) Ja, denn $5-9=-4>3-9=-6$.

5

a) $23 > 1$ w **b)** $-7 \leq 5$ w **c)** $-3 > -25$ w

d) $-10 < -4$ w **e)** $-14 < -4$ w **f)** $6 \geq -4$ w

g) $-19 \leq -3$ w **h)** $-16 \leq 0$ w **i)** $-54 < -38$ w

6

a) Ja, denn $5 \cdot 4 = 20 > 3 \cdot 4 = 12$.

b) Nein, denn $5 \cdot (-6) = -30 > 3 \cdot (-6) = -18$ ist falsch!

7

a) Ja, $30 > -6$. **b)** Nein, $-30 \not> 6$. **c)** Nein, $120 \not\leq 55$.

d) Ja, $-55 \geq -120$. **e)** Ja, $9 \geq 6$. **f)** Nein, $-9 \not\geq -6$.

8

a) erlaubt **b)** nicht erlaubt

9

a) — **b)** z. B. $x = 0$ oder $x = 1$ oder $x = 2$

c) Es sind alles Lösungen von b). **d)** Ja.

10

a) $-5 \geq x$ **b)** $x > -7$ **c)** $x > 4$

d) $x \geq \frac{1}{2}$ **e)** $-\frac{3}{4} < x$ **f)** $x > 0$

11

a) $-2, -1, 0, 1$ **b)** unendlich viele **c)** nein

12

a) $\{x \in \mathbb{Q} \mid x \leq 3\}$ **b)** $\{x \in \mathbb{Q} \mid x > 6\}$ **c)** $\{x \in \mathbb{Q} \mid x \leq -0,7\}$

d) $\{x \in \mathbb{Q} \mid x \geq -1\}$ **e)** $\{x \in \mathbb{Q} \mid x > -14\}$ **f)** $\left\{x \in \mathbb{Q} \mid x < \frac{1}{2}\right\}$

13

a) $\mathbb{L} = \{x \in \mathbb{Q} \mid x \geq 0{,}8\}$

b)

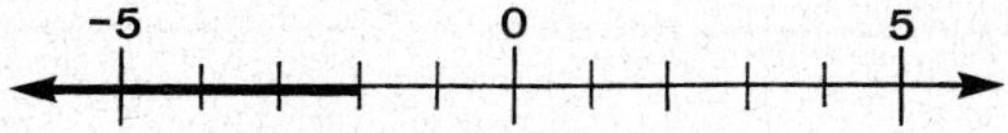

c) $\mathbb{L} = \left\{x \in \mathbb{Q} \mid x > \frac{1}{2}\right\}$

d)

14

a) $\mathbb{L} = \{x \in \mathbb{Q} \mid x \leq -5\}$

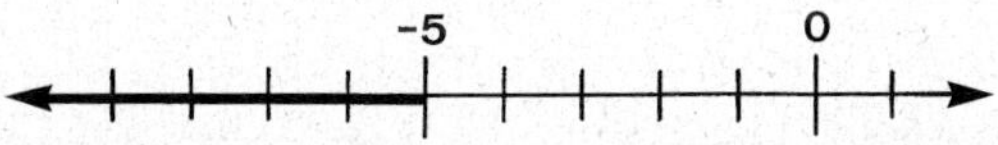

b) $\mathbb{L} = \{x \in \mathbb{Q} \mid x > -7\}$

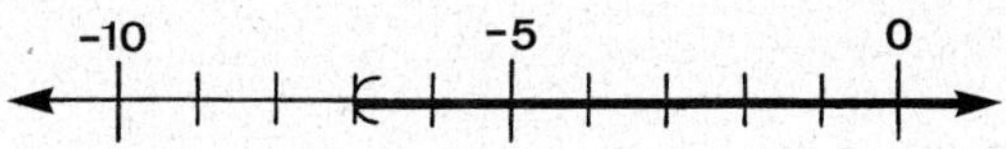

c) $\mathbb{L} = \{x \in \mathbb{Q} \mid x > 4\}$

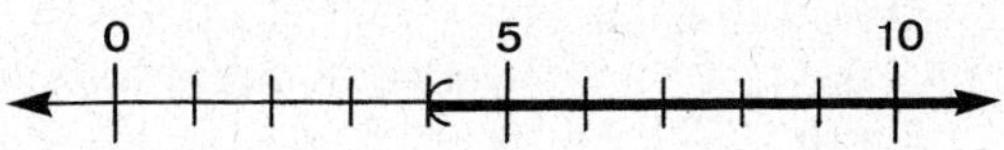

d) $\mathbb{L} = \left\{x \in \mathbb{Q} \mid x \geq \frac{1}{2}\right\}$

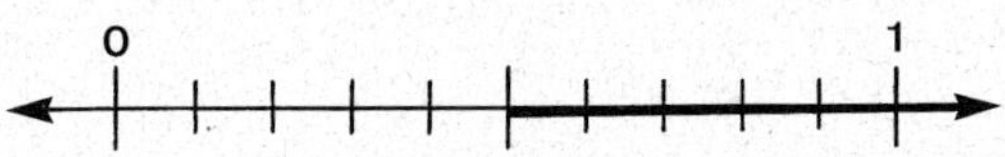

e) $\mathbb{L} = \left\{x \in \mathbb{Q} \mid x > -\frac{3}{4}\right\}$

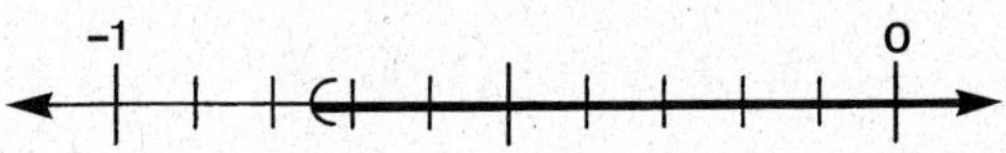

f) $\mathbb{L} = \{x \in \mathbb{Q} \mid x > 0\}$

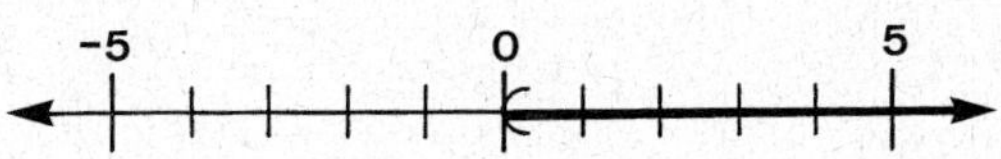

15

a)

$$\begin{aligned} 3x - 10 &< 4 - 4x && \mid +4x \\ 7x - 10 &< 4 && \mid +10 \\ 7x &< 14 && \mid :7 \\ x &< 2 \end{aligned}$$

$\mathbb{L} = \{x \in \mathbb{Q} \mid x < 2\}$

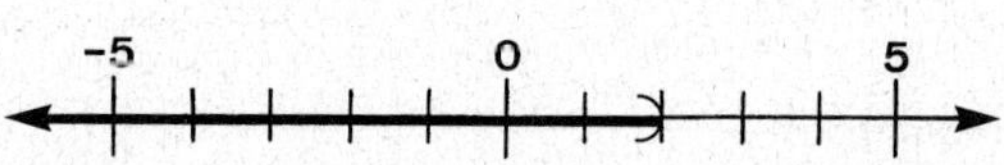

b) $\mathbb{L} = \left\{x \in \mathbb{Q} \mid x \geq -\frac{1}{2}\right\}$

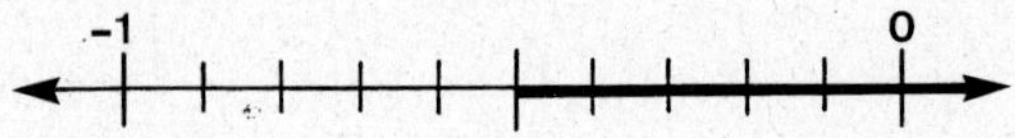

c) $\mathbb{L} = \{x \in \mathbb{Q} \mid x < 0\}$

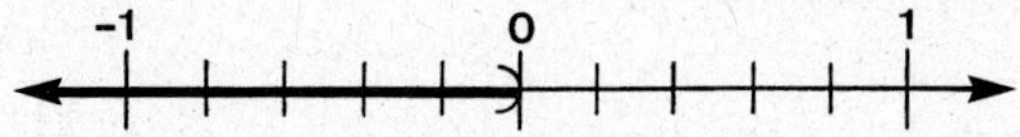

d) $\mathbb{L} = \{x \in \mathbb{Q} \mid x \geq 0\}$

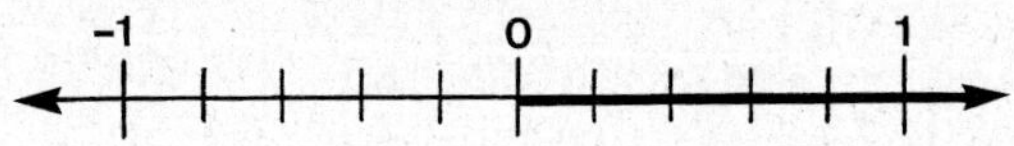

e) $\mathbb{L} = \left\{x \in \mathbb{Q} \mid x \leq \frac{1}{5}\right\}$

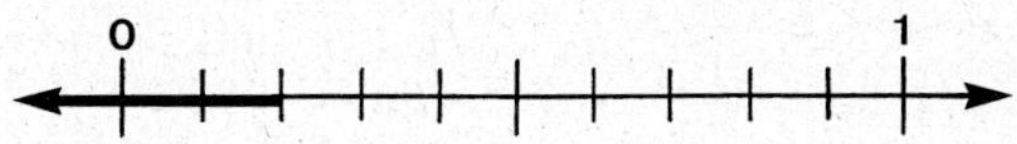

f) $\mathbb{L} = \{x \in \mathbb{Q} \mid x > 2{,}5\}$

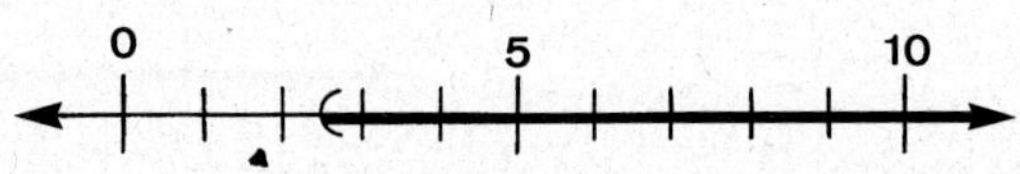

16

$9x + 6 - 2 \geq 10x + 4 - x$
$9x + 4 \quad \geq 9x + 4$ wahre Aussage für alle $x \in \mathbb{Q}$
$\mathbb{L} = \mathbb{Q}$

17

a) $12 + 4x + 3 > 8 + 6x - 2x$
$15 + 4x > 8 + 4x$
$15 > 8$ $\mathbb{L} = \mathbb{Q}$

b) $\mathbb{L} = \mathbb{Q}$

c) $\mathbb{L} = \{\ \}$

d) $\mathbb{L} = \mathbb{Q}$

e) $\mathbb{L} = \mathbb{Q}$

f) $\mathbb{L} = \{\ \}$

18

a) $\mathbb{L} = \{x \in \mathbb{Q} \mid x < -21\}$

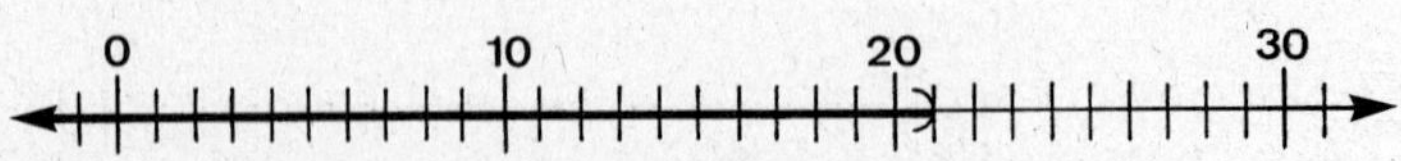

b) $\mathbb{L} = \{x \in \mathbb{Q} \mid x \leq 6\}$

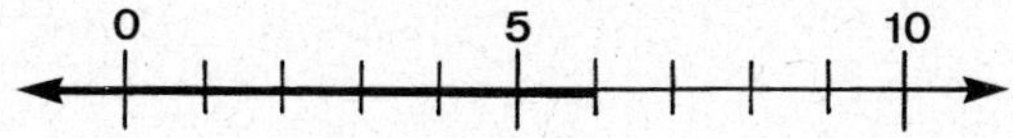

c) $\mathbb{L} = \{\ \}$

d) $\mathbb{L} = \{x \in \mathbb{Q} \mid x > 1{,}5\}$

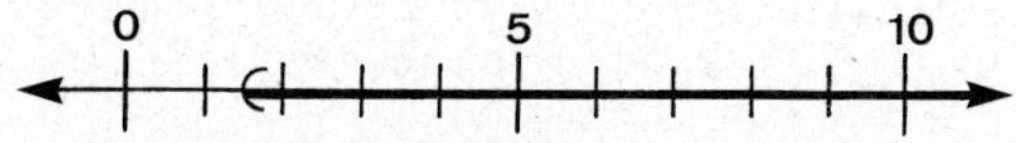

e) $\mathbb{L} = \{x \in \mathbb{Q} \mid x > 21\}$

f) $\mathbb{L} = \mathbb{Q}$

g) $\mathbb{L} = \{x \in \mathbb{Q} \mid x \geq 1\}$

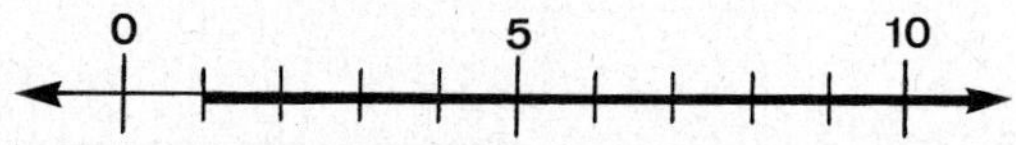

h) $\mathbb{L} = \{\ \}$

Test

1

Äquivalenzumformung	Gleichung	Ungleichung
Addition eines beliebigen Terms	ja	ja
Subtraktion eines beliebigen Terms	ja	ja
Multiplikation mit a) einer positiven Zahl b) einer negativen Zahl c) Null	 ja ja nein	 ja nein nein
Division durch a) eine positive Zahl b) eine negative Zahl	 ja ja	 ja nein

2

a) $\mathbb{L}=\{-11\}$ **b)** $\mathbb{L}=\{\ \}$ **c)** $\mathbb{L}=\{-3\}$

d) $\mathbb{L}=\left\{\frac{2}{3}\right\}$ **e)** $\mathbb{L}=\mathbb{Q}$ **f)** $\mathbb{L}=\left\{-\frac{1}{3}\right\}$

3

a) $\mathbb{L}=\{x\in\mathbb{Q} \mid x\leq -5\}$

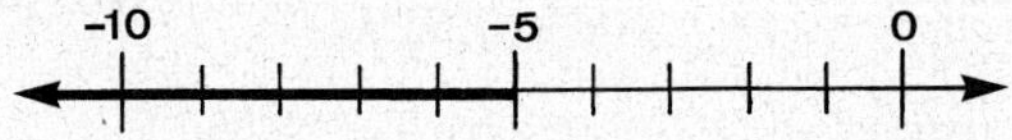

b) $\mathbb{L}=\left\{x\in\mathbb{Q} \mid x<\frac{1}{2}\right\}$

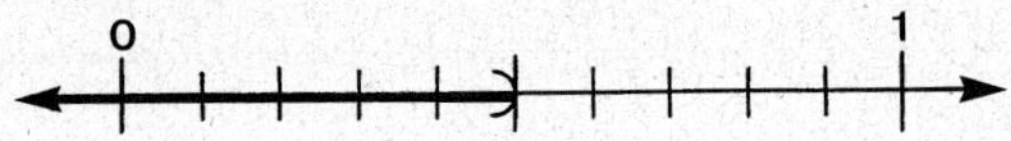

c) $\mathbb{L}=\mathbb{Q}$

d) $\mathbb{L}=\{x\in\mathbb{Q} \mid x<12\}$

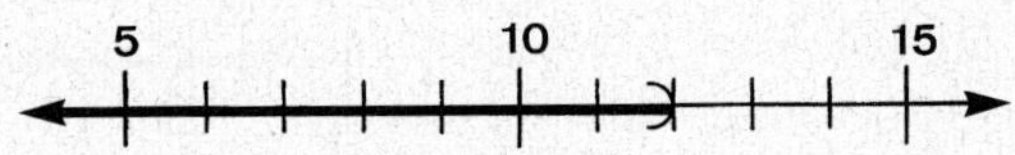

e) $\mathbb{L}=\{x\in\mathbb{Q} \mid x\geq -1\}$

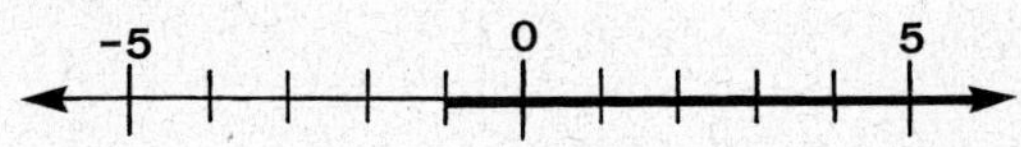

f) $\mathbb{L}=\{\ \}$

II. Die binomischen Formeln und ihre Anwendungen

1. Multiplizieren von Klammern

1

a) $tc+td$

b) $(a+b)\cdot c+(a+b)\cdot d=ac+bc+ad+bd$

c) —

2

a) $ac-ad+bc-bd$

b) $ac+ad-bc-bd$

c) $pr+ps+qr+qs$

d) $xy-xz-2y+2z$

3

a) $ac-ad-bc+bd$

b) $ac-ad+bc-bd$

c) $ac+ad-bc-bd$

4

a) $xy+2x+3y+6$

b) $eh-eg-fh+fg$

c) $2a-2ac+b-bc$

d) $6b+2+24ab+8a$

e) $pq+3p-5q-15$

f) $x^2+4x-xy-4y$

g) $40h-16h^2-5+2h=-16h^2+42h-5$

h) $s^2+3st+2t^2$

i) $15ac+18ad+20bc+24bd$

5

a) falsch, richtig ist $uw+ux+vw+vx$

b) falsch, richtig ist $6+2b-3a-ab$

c) richtig

d) falsch, richtig ist $2u^2-u+6u-3=2u^2+5u-3$

6

a) $ad+ae+bd+be+cd+ce$

b) $ac-ad-ae-bc+bd+be$

c) $3x+2x^2-6xy+15y-20$

d) $20r^2-24rs-11rt+18st-3t^2$

e) $x^2+2xz-y^2+z^2$

f) $19a+3a^2-5ab+11b-2b^2-14$

g) $rs+3rt+s^2+2st+2su-3t^2+6tu$

h) $8a+2a^2+19{,}5ab-12ac-18b-54b^2+27bc$

7

a) x^3-x^2-2x+8

b) $2x^4+x^3-7x^2-x+5$

c) $6x^5+x^4-10x^3-7x^2+3x+4$

d) x^4-1

e) x^4-2x^2+1

f) $-5x^5-6x^4+6x^3+18x^2+27x$

8

a) $(a+b)(c+d+e)=ac+ad+ae+bc+bd+be$

b) 6

c) 6

9

a) $3\cdot 2=6$

b) $2\cdot 4=8$

c) $3\cdot 3=9$

10

a) 4: $8xy-2xz+24y-6z$

b) 6: $8xy-2xz+12y^2-3yz+24y-6z$

c) 6: $8xy-2xz-10x+24y-6z-30$

d) 9: $8xy-2xz-10x+12y^2-3yz-15y+24y-6z-30$

11

a) $4a+3a^2+6ab-22ac-30bc-20c+35c^2$

b) $p^2-q^2+2qr-r^2$

c) a^4-2a^3+2a-1

d) $2x+3x^2-20{,}1xy-12{,}4y+9{,}3y^2$

e) $85u^2-45uv+122uw-9vw+21w^2$

f) $16x^2+40xy-12xz+25y^2-15yz-18z^2$

g) $a^2+ad-b^2+2bc-bd-c^2+cd$

2. Rechnen mit den binomischen Formeln

1

a) $a^2+2ab+b^2$ **b)** $x^2+2xy+y^2$ **c)** $a^2+2ab+b^2$

d) $a^2-2ab+b^2$ **e)** $x^2-2xy+y^2$ **f)** $a^2-2ab+b^2$

g) a^2-b^2 **h)** x^2-y^2

2

a) I. $y^2+2yz+z^2$ **b)** II. $u^2-2uv+v^2$ **c)** II. $s^2-2st+t^2$

d) III. c^2-d^2 **e)** I. $q^2+2pq+p^2$ **f)** III. g^2-h^2

g) I. a^2+4a+4 **h)** III. b^2-9 **i)** II. $25-10z+z^2$

3

$a=7x,\ b=5y$

4

a) $9a^2+30ab+25b^2$ **b)** $81x^2-121$ **c)** $36y^2-12yz+z^2$

d) $225-16s^2$ **e)** $6{,}25u^2-20uv+16v^2$ **f)** $100c^2+260cd+169d^2$

g) $k^2-\frac{4}{3}k+\frac{4}{9}$ **h)** $\frac{1}{4}a^2+\frac{1}{2}ab+\frac{1}{4}b^2$ **i)** $4x^2-9y^2$

5

a) falsch, richtig ist $64x^2+80xy+25y^2$

b) falsch, richtig ist $4a^2-36ab+81b^2$

c) falsch, richtig ist $9g^2-289$

d) falsch, richtig ist $144s^2-49t^2$

e) richtig

6

a) 8091 **b)** $8100-9=8091$ **c)** III.

7

a) $58\cdot 62=(60-2)\cdot(60+2)=3600-4=3596$

b) 4899 **c)** 875 **d)** 9984

8

a) $31^2 = (30+1)^2 = 900 + 60 + 1 = 961$

b) $57^2 = (60-3)^2 = 3600 - 360 + 9 = 3249$

c) 7225 **d)** 1764

9

a) 891 **b)** 2704 **c)** 6084 **d)** 9999

e) 1296 **f)** 3584 **g)** 4225 **h)** 6396

10

a) $a^2 + 2ab + b^2 - (a^2 - 2ab + b^2) = 4ab$

b) $13x^2 - 36xy + 25y^2$ **c)** $2x^2 - 4xz - 12z^2$ **d)** $2pq$

e) $-108u^2 + 36uv + 34v^2$ **f)** $15a^2 - 214ab + 56b^2$

11

a) $17(x^2 + 2xy + y^2) = 17(x+y)^2$ **b)** $4(p-q)^2$

c) $a(b-c)^2$ **d)** $5u(v+w)(v-w)$ **e)** $y(x-z)^2$

f) $2(h+g)^2$ **g)** $9(s+t)(s-t)$ **h)** $6x(y+x)^2$

12

a) $7a^2 + 14ab + 7b^2 = 7(a^2 + 2ab + b^2) = 7(a+b)^2$

b) $5x(y-z)^2$ **c)** $(7-3p)(7+3p)$ **d)** $(4u-v)^2$

e) $26(k+1)(k-1)$ **f)** $b(a+c)^2$

13

a) nicht möglich **b)** $\left(\frac{1}{2}a - b\right)^2$ **c)** $4(u-v)^2 = (2u-2v)^2$

d) $(2u+v)^2$ **e)** $4(u^2 + 2uv - v^2)$, nicht weiter faktorisierbar

f) $(6z+1)(6z-1)$ **g)** $\frac{1}{2}(x+y)^2$ **h)** $9(p^2 + pq + q^2)$

14

a) $(x+y)^2 - 2(x+y)z + z^2 = x^2 + 2xy - 2xz + y^2 - 2yz + z^2$

b) $x^2-2xy-2xz+y^2+2yz+z^2$

c) $a^2+2ab+b^2-6a-6b+9$

d) $4a^2-20a+4ax-10x+x^2+25$

e) $((a+b-c)+d)^2=(a+b-c)^2+2(a+b-c)d+d^2$
$=(a+b)^2-2(a+b)c+c^2+2ad+2bd-2cd+d^2$
$=a^2+2ab+b^2-2ac-2bc+c^2+2ad+2bd-2cd+d^2$

f) $x^2+2x+1-2xy-2y+y^2$

g) $x^2+2xy+y^2-z^2$

h) $4p^2-4pq+q^2-9r^2$

i) u^2-v^2+2v-1

j) $x^2-4xy+6xz-8x+16y+4y^2-12yz-24z+9z^2+16$

15

a) $x^2+2xy+y^2$

b) $x^3+3x^2y+3xy^2+y^3$

16

a) $a^3-3a^2b+3ab^2-b^3$

b) z^3+3z^2+3z+1

c) $p^3+6p^2q+12pq^2+8q^3$

d) $8x^3+36x^2y+54xy^2+27y^3$

17

a) $(a+b)^2(a+b)^2=a^4+4a^3b+6a^2b^2+4ab^3+b^4$

b) $x^4-4x^3y+6x^2y^2-4xy^3+y^4$ und $u^4+8u^3v+24u^2v^2+32uv^3+16v^4$

18

a) $a+b$

b) $(a+b)^2=A$

c)

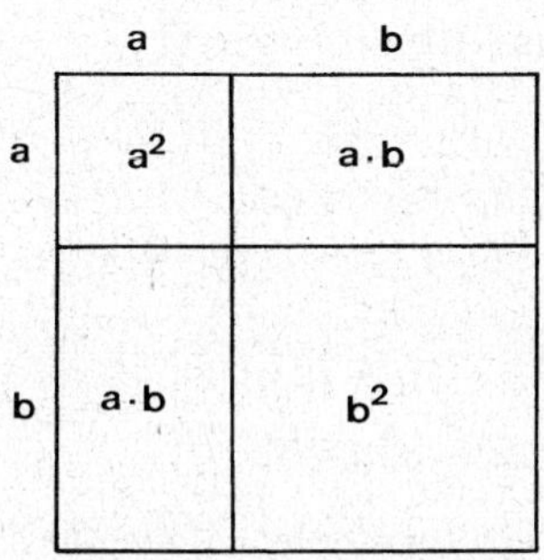

d) $(a+b)^2=a^2+ab+ab+b^2$
$=a^2+2ab+b^2$ I. binom. Formel

19

a)

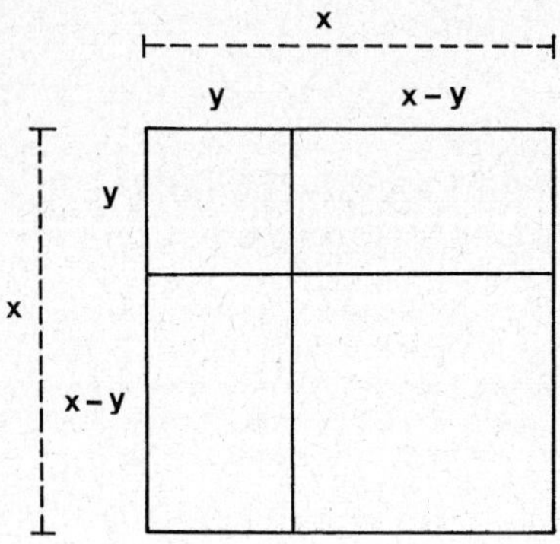

b) $(x-y)^2$

c) —

d) $(x-y)^2 = x^2 - xy - xy + y^2$
$= x^2 - 2xy + y^2$ II. binom. Formel

20

a) $(a-b)(a+b)$

b) $a^2 - b^2$

c) $a^2 - b^2 = (a-b)(a+b)$

III. binom. Formel

Test

1

a) $3x^2 + xy + 6xz - 4y^2 + 8yz$

b) $a^3 + 3a^2 - 9a - 27$

c) $6d - 2d^2 + 24de - 72e$

d) $a^2 - a + 2ab - ac - b + b^2 - bc + c$

2

I. $(s+t)^2 = s^2 + 2st + t^2$
II. $(s-t)^2 = s^2 - 2st + t^2$
III. $(s+t)(s-t) = s^2 - t^2$

3

a) 2499 **b)** 6391 **c)** 3844 **d)** 9801

4

a) $90x^2 - 36x + 52$

b) $-2uv - 2v^2$

c) $1 + 2x + x^2 - 4y - 4xy + 4y^2$

d) $p^2 + 2pq + q^2 - r^2$

5

a) $5(x+2)^2$ **b)** $5(x^2+4x-4)$ **c)** $5(x+2)(x-2)$

d) $5(x-2y)^2$ **e)** $0{,}5(a-2b)^2$ **f)** nicht möglich

3. Bruchterme

1

a) $\frac{17}{ab}$, $\frac{17}{a+b}$, $\frac{a+b}{17a}$, $\frac{2}{a}$

b) $\frac{x^2+3x}{x}$, $\frac{x^2+3x}{3x}$, $\frac{3x}{x^2-3x}$, $\frac{3}{x^2+3x}$

2

a) $\frac{2u+1}{u+v}$, $\frac{2u+1}{4v}$, $\frac{u+v}{2u+1}$, $\frac{u+v}{4v}$, $\frac{4v}{2u+1}$, $\frac{4v}{u+v}$

b) 6

Erweitern und kürzen

3

a) $\frac{12}{15}$, $\frac{20}{25}$, $\frac{32}{40}$, $\frac{48}{60}$, $\frac{80}{100}$ **b)** $\frac{2}{24}$, $\frac{4}{48}$, $\frac{7}{84}$, $\frac{9}{108}$, $\frac{15}{180}$

c) $\frac{12}{18}$, $\frac{14}{21}$, $\frac{22}{33}$, $\frac{26}{39}$, $\frac{32}{48}$ **d)** $\frac{21}{27}$, $\frac{28}{36}$, $\frac{35}{45}$, $\frac{56}{72}$, $\frac{98}{126}$

4

$\frac{2}{5}=\frac{4}{10}=\frac{6}{15}=\frac{10}{25}=\frac{16}{40}$, $\frac{4}{11}=\frac{8}{22}=\frac{12}{33}=\frac{20}{55}=\frac{32}{88}$

$\frac{3}{7}=\frac{6}{14}=\frac{9}{21}=\frac{15}{35}=\frac{24}{56}$, $\frac{20}{3}=\frac{40}{6}=\frac{60}{9}=\frac{100}{15}=\frac{160}{24}$

$\frac{5}{4}=\frac{10}{8}=\frac{15}{12}=\frac{25}{20}=\frac{40}{32}$, $\frac{12}{13}=\frac{24}{26}=\frac{36}{39}=\frac{60}{65}=\frac{96}{104}$

$\frac{7}{10}=\frac{14}{20}=\frac{21}{30}=\frac{35}{50}=\frac{56}{80}$

5

a) $\frac{30}{60}, \frac{16}{60}, \frac{160}{60}, \frac{42}{60}, \frac{65}{60}, \frac{36}{60}, \frac{27}{60}, \frac{34}{60}, \frac{45}{60}, \frac{110}{60}$

b) $\frac{60}{144}, \frac{504}{144}, \frac{64}{144}, \frac{135}{144}, \frac{48}{144}, \frac{50}{144}, \frac{66}{144}, \frac{120}{144}, \frac{54}{144}, \frac{52}{144}, \frac{108}{144}, \frac{69}{144}, \frac{56}{144}$

6

a) $\frac{3}{6}$ und $\frac{4}{6}$ **b)** $\frac{15}{20}$ und $\frac{28}{20}$ **c)** $\frac{42}{77}$ und $\frac{44}{77}$

d) $\frac{2}{15}$ und $\frac{10}{15}$ **e)** $\frac{30}{9}$ und $\frac{8}{9}$ **f)** $\frac{8}{42}$ und $\frac{15}{42}$

g) $\frac{3}{24}$ und $\frac{14}{24}$ **h)** $\frac{36}{80}$ und $\frac{25}{80}$

7

a) $\frac{3}{5}$ **b)** $\frac{7}{10}$ **c)** $\frac{6}{7}$ **d)** $\frac{7}{15}$ **e)** $\frac{2}{5}$ **f)** $\frac{2}{7}$

g) $\frac{11}{17}$ **h)** $\frac{1}{3}$ **i)** $\frac{3}{5}$ **j)** $\frac{4}{7}$

8

a) $\frac{3}{5}$ **b)** $\frac{12}{19}$ **c)** $\frac{7}{9}$ **d)** $\frac{5}{11}$ **e)** $\frac{1}{9}$ **f)** $\frac{1}{2}$

g) $\frac{33}{50}$ **h)** $\frac{1}{2}$ **i)** $\frac{5}{3}$ **j)** $\frac{7}{9}$ **k)** $\frac{34}{35}$ **l)** $\frac{1}{3}$

9

a) $\frac{7}{10}$ **b)** $\frac{1}{4}$ **c)** $\frac{11}{13}$ **d)** nicht kürzbar **e)** nicht kürzbar

f) $\frac{7}{11}$ **g)** $\frac{2}{3}$ **h)** nicht kürzbar **i)** nicht kürzbar

j) $\frac{5}{19}$ **k)** $\frac{2}{9}$ **l)** $\frac{5}{3}$

10

a) $2\frac{6}{7}, 3\frac{3}{4}, 2\frac{7}{12}, 3\frac{2}{5}, 4\frac{1}{2}, 2\frac{3}{10}, 5\frac{5}{8}, 3\frac{3}{11}$

b) $\frac{19}{3}, \frac{22}{5}, \frac{3}{2}, \frac{51}{10}, \frac{39}{8}, \frac{29}{3}, \frac{72}{7}, \frac{35}{6}$

Addition und Subtraktion

11

a) 24 **b)** 10 **c)** 14 **d)** 36 **e)** 48

f) 60 **g)** 12 **h)** 20

12

a) $\frac{7}{10}$ und $\frac{6}{10}$ **b)** $\frac{12}{20}$ und $\frac{15}{20}$ **c)** $\frac{5}{16}$ und $\frac{8}{16}$

d) $\frac{50}{72}$ und $\frac{45}{72}$ **e)** $\frac{88}{56}$ und $\frac{21}{56}$ **f)** $\frac{27}{48}$ und $\frac{20}{48}$

13

a) $\frac{10}{7} = 1\frac{3}{7}$ **b)** $\frac{12}{14} = \frac{6}{7}$ **c)** $\frac{6}{6} = 1$ **d)** $\frac{14}{10} = \frac{7}{5} = 1\frac{2}{5}$

e) $\frac{7}{15}$ **f)** $\frac{12}{16} = \frac{3}{4}$ **g)** $\frac{3}{9} = \frac{1}{3}$ **h)** $\frac{5}{25} = \frac{1}{5}$

i) $\frac{10}{8} = \frac{5}{4} = 1\frac{1}{4}$ **j)** $\frac{10}{5} = 2$ **k)** $\frac{20}{12} = \frac{5}{3} = 1\frac{2}{3}$

14

a) $\frac{3}{6} + \frac{2}{6} = \frac{5}{6}$ **b)** $\frac{11}{8} = 1\frac{3}{8}$ **c)** $\frac{31}{36}$ **d)** $\frac{14}{15}$

e) $\frac{10}{12} - \frac{3}{12} = \frac{7}{12}$ **f)** $\frac{1}{12}$ **g)** $\frac{13}{45}$ **h)** $\frac{5}{20} = \frac{1}{4}$

15

a) $1\frac{2}{4} + \frac{3}{4} = 1\frac{5}{4} = 2\frac{1}{4}$ **b)** $2\frac{4}{6} + 5\frac{5}{6} = 7\frac{9}{6} = 8\frac{3}{6} = 8\frac{1}{2}$

c) $4\frac{9}{21} - 1\frac{7}{21} = 3\frac{2}{21}$ **d)** $6\frac{3}{8} - 2\frac{4}{8} = 5\frac{11}{8} - 2\frac{4}{8} = 3\frac{7}{8}$

e) $5\frac{1}{12} + 3\frac{3}{12} = 8\frac{4}{12} = 8\frac{1}{3}$ **f)** $1\frac{1}{10}$ **g)** $2\frac{1}{12}$ **h)** $\frac{37}{55}$

Multiplikation und Division

16

a) $\frac{4}{3}, \frac{5}{2}, \frac{10}{17}, \frac{4}{9}, 3, \frac{11}{2}, \frac{1}{3}, \frac{8}{15}$

b) $\frac{2}{3}, \frac{4}{11}, \frac{5}{21}, \frac{9}{56}, \frac{4}{41}, \frac{7}{37}$

17

a) $\frac{6 \cdot 14}{7 \cdot 15} = \frac{4}{5}$ **b)** $\frac{1}{3}$ **c)** $\frac{8}{15}$ **d)** $\frac{15}{28}$ **e)** $\frac{2}{3}$

f) $\frac{10}{9} = 1\frac{1}{9}$ **g)** $\frac{27}{32}$ **h)** 2

18

a) $\frac{8}{3} \cdot \frac{9}{2} = 12$ **b)** $\frac{19}{5} \cdot \frac{15}{38} = \frac{3}{2} = 1\frac{1}{2}$ **c)** $\frac{7}{5} = 1\frac{2}{5}$ **d)** 10

e) $\frac{2}{3}$ **f)** 6 **g)** $1\frac{1}{3}$ **h)** $\frac{3}{40}$

19

a) $\frac{2}{12} + \frac{1}{12} = \frac{3}{12} = \frac{1}{4}$ **b)** $\frac{2}{5}\left(\frac{3}{2} - \frac{3}{4}\right) = \frac{2}{5} \cdot \frac{3}{4} = \frac{3}{10}$

c) $\frac{1}{2}$ **d)** $\frac{1}{2}$ **e)** $-\frac{2}{3}$ **f)** $4\frac{1}{2}$

Erweitern und kürzen von Bruchtermen

20

$\frac{2}{2a}, \frac{a}{a^2}, \frac{b}{ab}, \frac{a+b}{a(a+b)} = \frac{a+b}{a^2+ab}, \frac{2a-b}{2a^2-ab}$

21

	3	x	$x-y$	$2x^2$	$4x+y^2$
$\frac{x}{y}$	$\frac{3x}{3y}$	$\frac{x^2}{xy}$	$\frac{x^2-xy}{xy-y^2}$	$\frac{2x^3}{2x^2y}$	$\frac{4x^2+xy^2}{4xy+y^3}$
$\frac{2}{x+1}$	$\frac{6}{3x+3}$	$\frac{2x}{x^2+x}$	$\frac{2x-2y}{x^2+x-xy-y}$	$\frac{4x^2}{2x^3+2x^2}$	$\frac{8x+2y^2}{4x^2+4x+xy^2+y^2}$
$\frac{3x-2}{y}$	$\frac{9x-6}{3y}$	$\frac{3x^2-2x}{xy}$	$\frac{3x^2-2x-3xy+2y}{xy-y^2}$	$\frac{6x^3-4x^2}{2x^2y}$	$\frac{12x^2-8x+3xy^2-2y^2}{4xy+y^3}$
$\frac{x+3}{y-2}$	$\frac{3x+9}{3y-6}$	$\frac{x^2+3x}{xy-2x}$	$\frac{x^2+3x-xy-3y}{xy-2x-y^2+2y}$	$\frac{2x^3+6x^2}{2x^2y-4x^2}$	$\frac{4x^2+12x+xy^2+3y^2}{4xy-8x+y^3-2y^2}$
$\frac{1}{1+x^2}$	$\frac{3}{3+3x^2}$	$\frac{x}{x+x^3}$	$\frac{x-y}{x+x^3-y-x^2y}$	$\frac{2x^2}{2x^2+2x^4}$	$\frac{4x+y^2}{4x+4x^3+y^2+x^2y^2}$

22

a) $\frac{b}{ab}, \frac{a^2}{ab}$ **b)** $\frac{2x}{x^2}, \frac{1}{x^2}$ **c)** $\frac{xy+y}{xy}, \frac{x^3}{xy}$

d) $\frac{a}{a^2+ab}, \frac{2ab+2b^2}{a^2+ab}$ **e)** $\frac{2p-p^2}{4q-2pq}, \frac{2q^2}{4q-2pq}$ **f)** $\frac{3a^2-3ab}{a^2-b^2}, \frac{3ab+3b^2}{a^2-b^2}$

23

a) $\frac{2}{x}$ **b)** $\frac{3}{c}$ **c)** $\frac{z}{4}$ **d)** $\frac{1}{a^2}$ **e)** $\frac{4x}{3z}$

24

a) Ja, aber nicht so, wie er dasteht. **b)** $\frac{2b}{a+b}$

25

a) Nein. **b)** $\frac{9}{5}=\frac{1}{-3}$ falsche Aussage

26

a) $\frac{2ab}{2(a-b)}=\frac{ab}{a-b}$ **b)** $\frac{x+2}{3y}$ **c)** $\frac{2-3b}{5a}$

d) $\frac{3(x+2)}{y(x+2)}=\frac{3}{y}$

27

a) Im Zähler kann man nicht ausklammern; Nenner: $a(a+b)$.

b) $(a+b)(a-b)$ **c)** $\frac{a-b}{a}$

28

$\frac{2(x+y)}{(x+y)^2}=\frac{2}{x+y}$

29

a) $\frac{a(b-1)}{b(b-1)}=\frac{a}{b}$ **b)** $\frac{3(x-y)}{(x-y)^2}=\frac{3}{x-y}$ **c)** $\frac{s-t}{s+t}$

d) $\frac{x-2}{4}$ **e)** $\frac{x+1}{x}$ **f)** $\frac{3}{2x-1}$

30

a) richtig

b) falsch, richtig ist $\frac{(a+b)(a-b)}{(a+b)^2}=\frac{a-b}{a+b}$

c) falsch, richtig ist $\frac{3(x-3)}{(x-3)^2}=\frac{3}{x-3}$ **d)** richtig

e) falsch, richtig ist $\frac{s(s+1)}{s(s+t)}=\frac{s+1}{s+t}$

31

a) ab **b)** xy **c)** $x(x+1)=x^2+x$

d) $10a^2$ **e)** $t(s+2)=st+2t$ **f)** $(x+y)(x-y)=x^2-y^2$

Bemerkung: Bei c), e) und f) ist es häufig günstiger, den Hauptnenner in faktorisierter Form aufzuschreiben, da man später leichter kürzen kann.

32

a) $\frac{a^2+1}{ab}$ **b)** $\frac{2x^2-3y}{xy}$ **c)** $\frac{2x+x+1}{x(x+1)}=\frac{3x+1}{x(x+1)}$

d) $\frac{5a-6ab}{10a^2}=\frac{a(5-6b)}{10a^2}=\frac{5-6b}{10a}$ **e)** $\frac{-s+2t-2}{t(s+2)}$

f) $\frac{x^2+y^2}{(x+y)(x-y)}$

33

a) Hauptnenner: abc; $\frac{bc+ac-ab}{abc}$ **b)** HN: $x(x+1)$; $\frac{x^2-2}{x(x+1)}$

c) HN: $(a+b)(a-b)$; $\frac{9a-6b}{(a+b)(a-b)}$ **d)** HN: $2q(p+3)$; $\frac{pq-p-5q-3}{2q(p+3)}$

e) HN: $(s+1)^2$; $\frac{2s^2-3s-1}{(s+1)^2}$ **f)** HN: $ab(a+b)$; $\frac{-a^3-a^2b+ab+ab^2+b^3}{ab(a+b)}$

34

a) $\frac{a+b-a+b+2ab}{(a+b)(a-b)} = \frac{2b+2ab}{(a+b)(a-b)} = \frac{2b(1+a)}{(a+b)(a-b)}$ nicht kürzbar

b) $\frac{x^2+x+xy-y^2}{xy}$ **c)** $\frac{9}{z(z-3)}$ **d)** $\frac{a^2c+ab^2-bc^2}{abc}$

e) $\frac{2x^2+2y^2}{(x+y)(x-y)}$ **f)** $\frac{-4p+q}{2(p+q)}$

35

a) $\frac{1-5x}{x+1}$ **b)** $\frac{2a^2-2ab+b^2}{ab(b-a)}$ **c)** $\frac{2s^2+3s-15}{2s(s-3)}$

d) $\frac{x^2+2xy-x^2y+xy^2+y^2}{xy(x+y)}$ **e)** $\frac{11ac-a^2b-6a^2+3c^2}{6ac}$ **f)** $\frac{2a^2+3b^2}{(a+b)(a-b)}$

36

a) $\frac{3a\cdot 2c}{4c\cdot 9a^2} = \frac{1}{6a}$ **b)** $\frac{6xy^2\cdot 9z^2}{7z\cdot 8x^2y} = \frac{27yz}{28x}$ **c)** $1\frac{8}{17}$

d) $\frac{x}{y^3z^3}$ **e)** $\frac{a}{b}$ **f)** $\frac{5u^2}{9v}$

37

a) $\frac{2y}{3}$ **b)** $\frac{3a^2+4a+3ab+4b}{2} = 1{,}5a^2+2a+1{,}5ab+2b$

c) $\frac{1-z}{4z}$ **d)** $\frac{s}{s+t}$ **e)** $\frac{(a+b)ab}{(a-b)^3}$ **f)** $\frac{6xy}{x-2}$

38

a) $\frac{12xy(y-x)y}{x(y-x)16x^2} = \frac{3y^2}{4x^2}$ **b)** $\frac{b}{a}$ **c)** $\frac{5(1-x)}{6z}$ **d)** $\frac{4r(r-s)}{27s^2}$

e) $\frac{1}{3p}$ **f)** $\frac{2ab}{(a-b)(a^2+b^2)}$

39

a) $\frac{a+b}{4ab} : \frac{a-b}{6a^2} = \frac{(a+b)6a^2}{(a-b)4ab} = \frac{3a(a+b)}{2b(a-b)}$ **b)** $\frac{6}{x}$

c) $\frac{r^2+s^2}{(r+s)^2}$ **d)** $\frac{3x(x+1)}{4y}$ **e)** u^2 **f)** $\frac{1}{(a+b)^2}$

40

a) $\frac{c}{b} + \frac{b}{a} = \frac{ac+b^2}{ab}$ **b)** $\frac{1}{y} - \frac{1}{z} = \frac{z-y}{yz}$ **c)** $\frac{z-1}{z^2(z+1)}$

d) $\frac{2a^2}{a-b}$ **e)** $\frac{5}{2y^2}$ **f)** $\frac{5ab}{a-b}$

g) $\frac{2u}{w}$ **h)** $\frac{x(4-y)}{(x+z)(x-z)}$

Test

1

a) $\frac{2a^3b}{a^2(a+b)}, \frac{3ab+3b^2}{a^2(a+b)}$ **b)** $\frac{12q^2}{10p^2q}, \frac{9p^2}{10p^2q}$

c) $\frac{z^2}{(z+2)^2}, \frac{z^2+2z}{(z+2)^2}$ **d)** $\frac{x^2+x}{x(x-1)}, \frac{x^2-1}{x(x-1)}$

e) $\frac{3rs}{(r+s)(r-s)}, \frac{r^2-rs}{(r+s)(r-s)}$

2

a) $\frac{5x}{3z}$ **b)** $\frac{2}{a}$ **c)** $\frac{x+y}{x-y}$ **d)** $\frac{r+1}{r}$ **e)** $\frac{u}{u-v}$

3

a) $\frac{5x-3y^2}{x^2y}$ **b)** $\frac{a^2c-ab^2+bc^2}{abc}$ **c)** $\frac{s^2-5s-3}{s(s+1)}$

d) $\frac{5u-2v}{(u+v)(u-v)}$ **e)** $\frac{2a^2-3a-2}{a(a+2)}$

4

a) $\frac{9a^2}{2c}$ **b)** $\frac{3y}{2x}$ **c)** $\frac{2q}{p}$ **d)** $\frac{u+v}{u-v}$ **e)** $\frac{2}{(2x+y)^2}$

5

a) $\frac{b-ac}{c}$ **b)** $\frac{3x^2-1}{x+2}$ **c)** $\frac{u-v}{2v}$

4. Lösen von Bruchgleichungen

1

a) Bei $x=3$, denn $\frac{1}{3-3}=\frac{1}{0}$ ist nicht definiert.

b) Nein.

2

a) $x=-1$ und $x=2$, dann wird jeweils einer der Bruchterme im Nenner gleich Null.

b) —

3

$\mathbb{D}=\mathbb{Q}\setminus\{-1; 2\}$

4

a) $\mathbb{D}=\mathbb{Q}\setminus\{-4\}$ **b)** $\mathbb{D}=\mathbb{Q}\setminus\{0; -1\}$ **c)** $\mathbb{D}=\mathbb{Q}\setminus\{3\}$

d) $\mathbb{D}=\mathbb{Q}\setminus\{-5; 0\}$ **e)** $\mathbb{D}=\mathbb{Q}\setminus\{3\}$ **f)** $\mathbb{D}=\mathbb{Q}\setminus\{-0{,}5; 0\}$

5

a) $\mathbb{D}=\mathbb{Q}\setminus\{0; -1\}$ **b)** $\mathbb{D}=\mathbb{Q}\setminus\{1; 0\}$ **c)** $\mathbb{D}=\mathbb{Q}\setminus\{-3; 0\}$

d) $\mathbb{D}=\mathbb{Q}\setminus\{2; -2\}$ **e)** $\mathbb{D}=\mathbb{Q}\setminus\{3; -3; 4\}$ **f)** $\mathbb{D}=\mathbb{Q}\setminus\{1\}$

6

a) $\frac{x-3}{x-3}=2(x-3)$ **b)** 1 **c)** $1=2x-6$

d) $x=3{,}5$ **e)** Ja.

f) $\frac{1}{3{,}5-3}=2$; $\frac{1}{0{,}5}=2$ wahre Aussage

7

a) 1. $\mathbb{D} = \mathbb{Q} \setminus \{-2\}$
2. $2x + 1 = 5(x+2)$
3. $x = -3$
4. $-3 \in \mathbb{D}$
5. $\frac{-5}{-1} = 5$ wahre Aussage
6. $\mathbb{L} = \{-3\}$

b) $\mathbb{D} = \mathbb{Q} \setminus \{1{,}5\}$, $\mathbb{L} = \{5\}$

c) $\mathbb{D} = \mathbb{Q} \setminus \{2\}$, $\mathbb{L} = \{-2\}$

d) $\mathbb{D} = \mathbb{Q} \setminus \{1\}$, $\mathbb{L} = \{3\}$

e) $\mathbb{D} = \mathbb{Q} \setminus \{4\}$, $\mathbb{L} = \{6\}$

f) $\mathbb{D} = \mathbb{Q} \setminus \{0\}$, $\mathbb{L} = \{-2\}$

8

a) $\mathbb{D} = \mathbb{Q} \setminus \{2\}$, $x = 2$, aber $2 \notin \mathbb{D}$, also $\mathbb{L} = \{\ \}$

b) $\mathbb{D} = \mathbb{Q} \setminus \{2\}$, $2x - 4 = 2x - 4$ wahre Aussage für alle $x \in \mathbb{D}$, also $\mathbb{L} = \mathbb{D} = \mathbb{Q} \setminus \{2\}$.

c) $\mathbb{D} = \mathbb{Q} \setminus \{-3\}$, $\mathbb{L} = \{-4\}$

d) $\mathbb{D} = \mathbb{Q} \setminus \{0{,}5\}$, $10x^2 + x - 3 = 10x^2 + x - 3$ wahre Aussage für alle $x \in \mathbb{D}$, also $\mathbb{L} = \mathbb{D} = \mathbb{Q} \setminus \{0{,}5\}$.

9

a) $\mathbb{D} = \mathbb{Q} \setminus \{-2; 1\}$

b) $(x+2) \cdot (x-1)$

c) $4x(x-1) - x(x+2) = 3(x+2)(x-1)$

d) $4x^2 - 4x - x^2 - 2x = 3x^2 + 3x - 6$

$$x = \frac{2}{3}$$

e) Ja, $\frac{2}{3} \in \mathbb{D}$

f) $\mathbb{L} = \left\{\frac{2}{3}\right\}$

10

a) 1. $\mathbb{D} = \mathbb{Q} \setminus \{4; 0\}$
2. Hauptnenner ist $(x-4) \cdot x$
3. $x = 3$
4. $3 \in \mathbb{D}$
5. —
6. $\mathbb{L} = \{3\}$

b) $\mathbb{D} = \mathbb{Q} \setminus \{-0{,}5;\ 1{,}5\}$, $\mathbb{L} = \{1\}$

c) $\mathbb{D} = \mathbb{Q} \setminus \left\{-3;\ \frac{5}{3}\right\}$, $\mathbb{L} = \left\{\frac{11}{8}\right\}$

d) $\mathbb{D} = \mathbb{Q} \setminus \left\{3;\ \frac{5}{3}\right\}$, $\mathbb{L} = \left\{\frac{7}{3}\right\}$

e) $\mathbb{D} = \mathbb{Q} \setminus \{-3{,}5;\ 0{,}25\}$, $\mathbb{L} = \{-1\}$

f) $\mathbb{D} = \mathbb{Q} \setminus \{-2{,}5;\ 1{,}25\}$, $\mathbb{L} = \{-10\}$

11

a) $\mathbb{D} = \mathbb{Q} \setminus \left\{0;\ \frac{1}{2}\right\}$, $2x^2 + 3x - 2 = 2x^2 + 3x$ falsche Aussage, $\mathbb{L} = \{\ \}$

b) $\mathbb{D} = \mathbb{Q} \setminus \{0;\ 2\}$, $\mathbb{L} = \{1\}$

c) $\mathbb{D} = \mathbb{Q} \setminus \{-3\}$, $\mathbb{L} = \{1\}$

d) $\mathbb{D} = \mathbb{Q} \setminus \{1;\ -2\}$, $\mathbb{L} = \{3\}$

e) $\mathbb{D} = \mathbb{Q} \setminus \{3\}$, aber $3 \notin \mathbb{D}$, also $\mathbb{L} = \{\ \}$

f) $\mathbb{D} = \mathbb{Q} \setminus \left\{-\frac{1}{3};\ 1\right\}$, $\mathbb{L} = \{-11\}$

5. Einfache Bruchungleichungen

1

a) $\mathbb{D} = \mathbb{Q} \setminus \{-2\}$

b) $\frac{-2}{1} < 3$ wahre Aussage

c) 0: $\frac{-1}{2} < 3$ wahr 1: $\frac{0}{3} < 3$ wahr 2: $\frac{1}{4} < 3$ wahr

d) -4: $\frac{-5}{-2} < 3$ wahr -5: $\frac{-6}{-3} < 3$ wahr -6: $\frac{-7}{-4} < 3$ wahr

e) -3: $\frac{-4}{-1} < 3$ falsche Aussage

f) Nein, man müsste noch unendlich viele weitere Zahlen ausprobieren, z. B. auch Brüche.

2

a) $\frac{-5}{-2} < 3$ **b)** $-5 > -6$ Das Ungleichheitszeichen muss umgedreht werden.

c) $\frac{1}{4} < 3$ **d)** $1 < 12$ nein

e) Positiv für $x > -2$, negativ für $x < -2$.

3

a) 1. Fall: $2x-3>0$, d.h. $x>1{,}5$
$x-3 \leq 10x-15$
$\frac{4}{3} \leq x$

2. Fall: $2x-3<0$, d.h. $x<1{,}5$
$x-3 \geq 10x-15$
$\frac{4}{3} \geq x$

b) 1. Fall: $x>-3$
$2x>x+3$
$x>3$

2. Fall: $x<-3$
$2x<x+3$
$x<3$

c) 1. Fall: $x>-4$
$5<2x+8$
$x>-1{,}5$

2. Fall: $x<-4$
$5>2x+8$
$x<-1{,}5$

d) 1. Fall: $x>1$
$2x-4 \geq 10x-10$
$\frac{3}{4} \geq x$

2. Fall: $x<1$
$2x-4 \leq 10x-10$
$\frac{3}{4} \leq x$

4

a) $-4, -1$

b) -4: $\frac{-5}{-2} < 3$ wahr -3: $\frac{-4}{-1} < 3$ falsch

-2: $\frac{-3}{0} < 3$ nicht definiert -1: $\frac{-2}{1} < 3$ wahr

c) z.B. $-5, 0, 1$

5

a) $\mathbb{D} = \mathbb{Q} \setminus \{1\}$

b) 1. Fall: $x-1>0$, d.h. $x>1$
$x+1<2x-2$
$3<x$

2. Fall: $x<1$
$x+1>2x-2$
$3>x$

c) 1. Fall:

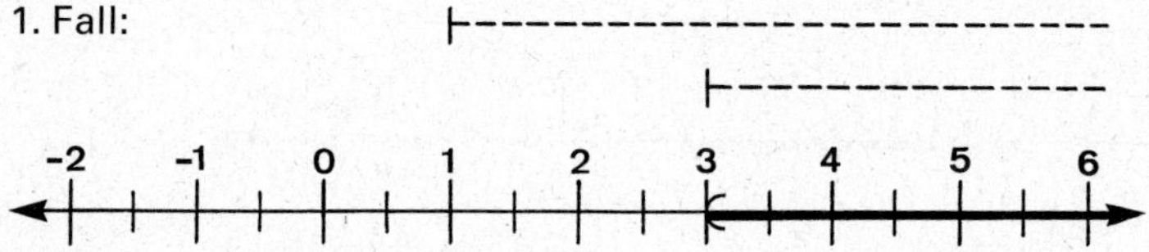

$x>1$ und

$x>3$ ergibt

$x>3$

2. Fall:

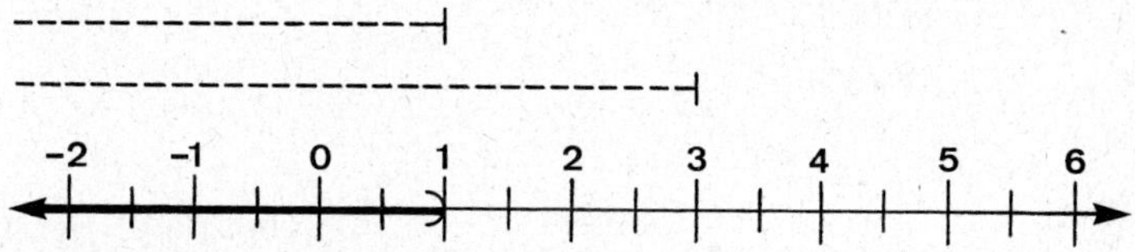

$x<1$ und

$x<3$ ergibt

$x<1$

Ergebnis:

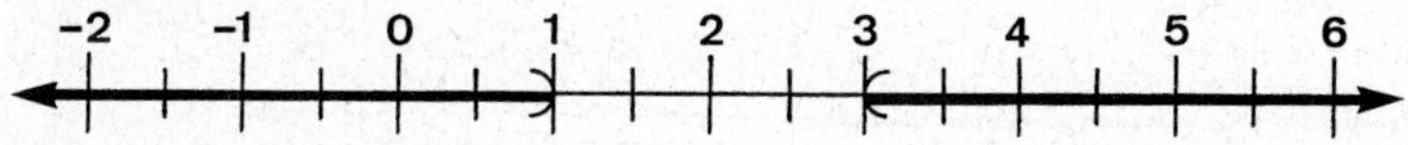

d) $\mathbb{L}=\{x\in\mathbb{Q} \mid x>3 \text{ oder } x<1\}$

6

a) $\mathbb{D}=\mathbb{Q}\setminus\left\{\frac{1}{3}\right\}$

b) 1. Fall: $x>\frac{1}{3}$

$2x+1>3x-1$

$2>x$

2. Fall: $x<\frac{1}{3}$

$2x+1<3x-1$

$2<x$

c) 1. Fall:

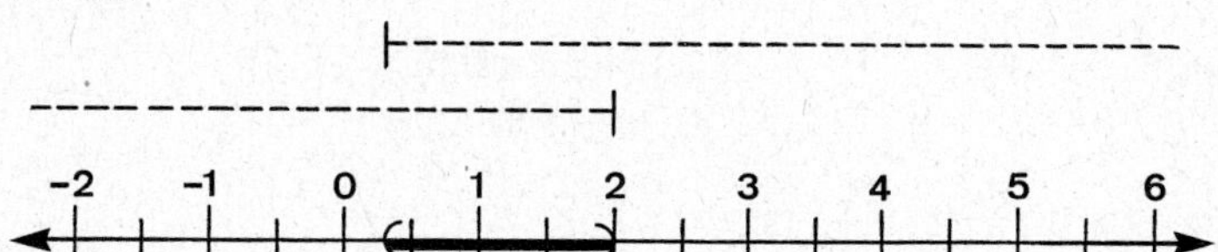

$x>\frac{1}{3}$ und

$x<2$ ergibt

$\frac{1}{3}<x<2$

2. Fall:

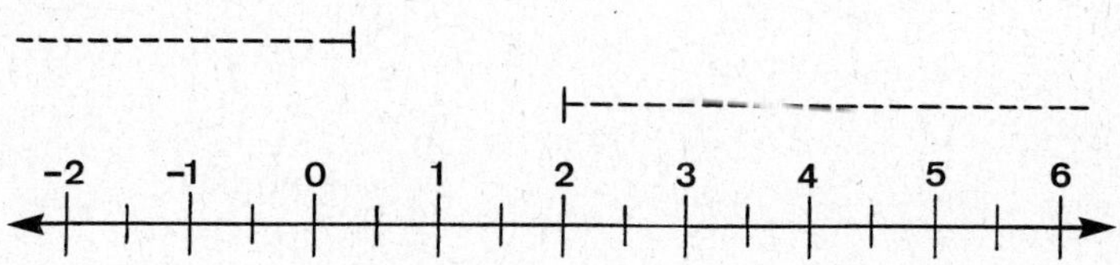

$x<\frac{1}{3}$ und

$x>2$ ist unmöglich

Ergebnis:

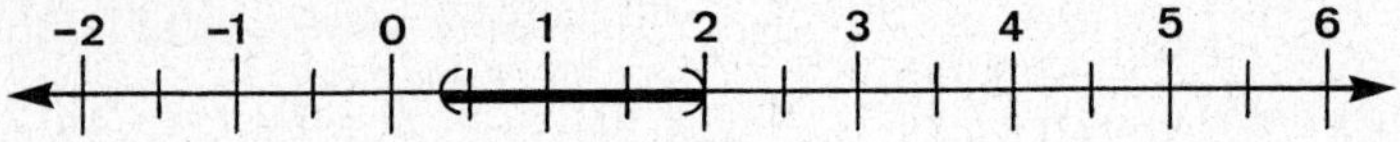

d) $\mathbb{L} = \left\{ x \in \mathbb{Q} \mid \frac{1}{3} < x < 2 \right\}$

7

a) $\mathbb{D} = \mathbb{Q} \setminus \{-1{,}5\}$

1. Fall: $x > -1{,}5$ und $x \leq 3$

2. Fall: $x < -1{,}5$ und $x \geq 3$ } unmöglich

Ergebnis:

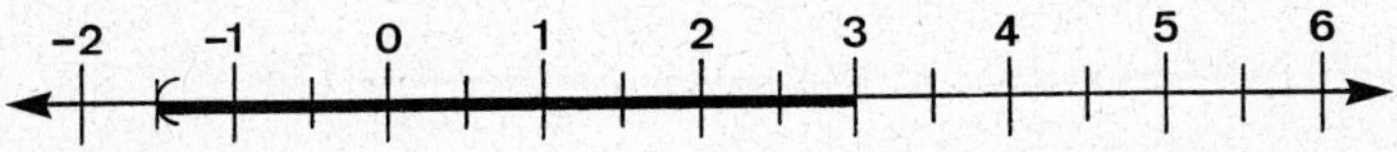

$\mathbb{L} = \{x \in \mathbb{Q} \mid -1{,}5 < x \leq 3\}$

b) $\mathbb{D} = \mathbb{Q} \setminus \{4\}$

1. Fall: $x > 4$ und $x < -1{,}5$ } unmöglich

2. Fall: $x < 4$ und $x > -1{,}5$

Ergebnis:

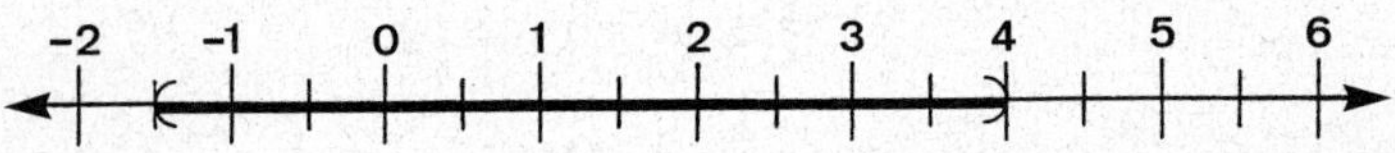

$\mathbb{L} = \{x \in \mathbb{Q} \mid -1{,}5 < x < 4\}$

c) $\mathbb{D} = \mathbb{Q} \setminus \{0{,}5\}$

1. Fall: $x > 0{,}5$ und $x \geq 3$

2. Fall: $x < 0{,}5$ und $x \leq 3$

Ergebnis:

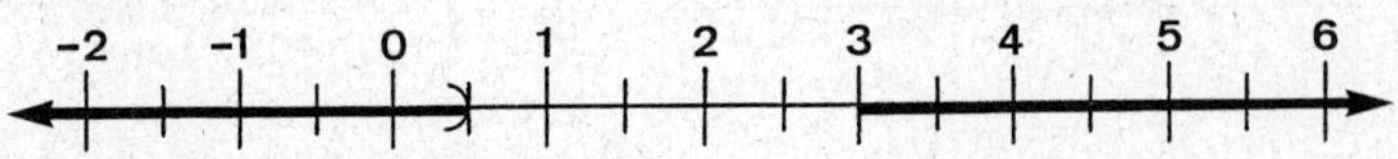

$\mathbb{L} = \{x \in \mathbb{Q} \mid x < 0{,}5 \text{ oder } x \geq 3\}$

d) $\mathbb{D} = \mathbb{Q} \setminus \{0\}$

1. Fall: $x > 0$ und $x < \frac{1}{3}$

2. Fall: $x < 0$ und $x > \frac{1}{3}$ } unmöglich

Ergebnis:

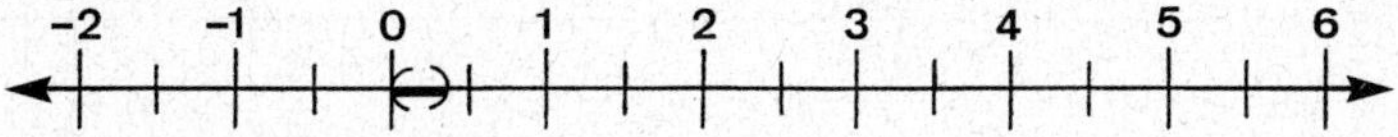

$\mathbb{L} = \left\{x \in \mathbb{Q} \mid 0 < x < \frac{1}{3}\right\}$

e) $\mathbb{D} = \mathbb{Q} \setminus \left\{\frac{4}{3}\right\}$ $\quad \mathbb{L} = \left\{x \in \mathbb{Q} \mid x > 16 \text{ oder } x < \frac{4}{3}\right\}$

f) $\mathbb{D} = \mathbb{Q} \setminus \{-3\}$ $\quad \mathbb{L} = \{x \in \mathbb{Q} \mid x \geq 3 \text{ oder } x < -3\}$

g) $\mathbb{D} = \mathbb{Q} \setminus \left\{\frac{3}{4}\right\}$ $\quad \mathbb{L} = \left\{x \in \mathbb{Q} \mid -\frac{3}{5} < x < \frac{3}{4}\right\}$

h) $\mathbb{D} = \mathbb{Q} \setminus \left\{-\frac{1}{3}\right\}$ $\quad \mathbb{L} = \left\{x \in \mathbb{Q} \mid x > -\frac{1}{3} \text{ oder } x \leq -2{,}5\right\}$

Test

1

a) $\mathbb{D} = \mathbb{Q} \setminus \{0\}$

b) $\mathbb{D} = \mathbb{Q} \setminus \{-3; 3\}$

c) $\mathbb{D} = \mathbb{Q} \setminus \{0; -2\}$

d) $\mathbb{D} = \mathbb{Q} \setminus \left\{\frac{3}{4}\right\}$

e) $\mathbb{D} = \mathbb{Q} \setminus \{2{,}5; 1; -1\}$

f) $\mathbb{D} = \mathbb{Q} \setminus \{0; -4\}$

2

a) $\mathbb{D} = \mathbb{Q} \setminus \{-4\}$, $\mathbb{L} = \{1\}$

b) $\mathbb{D} = \mathbb{Q} \setminus \{1; 2\}$, $\mathbb{L} = \{0\}$

c) $\mathbb{D} = \mathbb{Q} \setminus \left\{-\frac{1}{2}; \frac{2}{3}\right\}$, $\mathbb{L} = \{-1\}$

d) $\mathbb{D} = \mathbb{Q} \setminus \left\{\frac{2}{3}; -4\right\}$, $\mathbb{L} = \left\{\frac{3}{8}\right\}$

3

a) $\mathbb{D} = \mathbb{Q} \setminus \{3\}$ $\quad \mathbb{L} = \left\{x \in \mathbb{Q} \mid x > \frac{14}{3} = 4\frac{2}{3} \text{ oder } x < 3\right\}$

b) $\mathbb{D} = \mathbb{Q} \setminus \left\{\frac{1}{3}\right\}$ $\quad \mathbb{L} = \left\{x \in \mathbb{Q} \mid x > \frac{1}{3} \text{ oder } x \leq 0\right\}$

c) $\mathbb{D} = \mathbb{Q} \setminus \{-1{,}5\}$ $\quad \mathbb{L} = \{x \in \mathbb{Q} \mid x > 1 \text{ oder } x < -1{,}5\}$

d) $\mathbb{D} = \mathbb{Q} \setminus \{2\}$ $\quad \mathbb{L} = \{x \in \mathbb{Q} \mid x > 2 \text{ oder } x < 2\}$
$= \mathbb{Q} \setminus \{2\} = \mathbb{D}$

III. Terme quadratischer oder höherer Ordnung

1. Faktorisieren quadratischer Ausdrücke

1

a) $x(x-3)$ **b)** $(x+3)^2$ **c)** $(x+1)(x-1)$

2

Nicht mit einer der Methoden aus 1, da weder Ausklammern noch Anwenden einer binomischen Formel möglich ist.

3

x^2+6x+5

4

a) $x=3$ oder $x=0$

b) $(x+3)^2=0$, folglich $x+3=0$, also $x=-3$

c) $x=1$ oder $x=-1$

5

zu b): siehe 4 b)
zu c): $(x+1)(x-1)=0$, folglich $x+1=0$, also $x=-1$
oder $x-1=0$, also $x=1$

6

a) $x(x+3)=0 \rightarrow x=0$ oder $x=-3$

b) $2x(x-4)=0 \rightarrow x=0$ oder $x=4$

c) $(x+2)(x-2)=0 \rightarrow x=-2$ oder $x=2$

d) $(x+1)^2=0 \rightarrow x=-1$

e) $x(1-x)=0 \rightarrow x=0$ oder $x=1$

f) $2(x+2)^2=0 \rightarrow x=-2$

7

a)

x	$(x-4)(x+1)$	x^2-3x-4
0	$(-4)\cdot 1=-4$	$0-0-4=-4$
1	$(-3)\cdot 2=-6$	$1-3-4=-6$
2	$(-2)\cdot 3=-6$	$4-6-4=-6$
3	$(-1)\cdot 4=-4$	$9-9-4=-4$
4	$0\cdot 5=0$	$16-12-4=0$
5	$1\cdot 6=6$	$25-15-4=6$
-1	$(-5)\cdot 0=0$	$1+3-4=0$
-2	$(-6)\cdot(-1)=6$	$4+6-4=6$

b) Ja, denn $(x-4)(x+1)=x^2-4x+x-4=x^2-3x-4$

c) $x=4$ oder $x=-1$

d) Aus der Gleichung $(x-4)(x+1)=0$.

8

a)

x	$(x-3)(x-5)$	$x^2-8x+15$
0	15	15
1	8	8
2	3	3
3	0	0
4	-1	-1
5	0	0

b) $x=3$ oder $x=5$

9

a)

x	$x^2-3x-10$
0	-10
1	-12
2	-12
3	-10
4	-6
5	0
-1	-6
-2	0

b) $x=5$ oder $x=-2$

c) $(x-5)(x+2)=0$

10

a) -15

b) $1, -1, 3, -3, 5, -5, 15, -15$

c) Ja, die Lösungen sind $x=3$ oder $x=-5$.

11

a) $1, -1, 2, -2, 4, -4, 8, -8$ sind die Teiler, davon sind $x=2$ oder $x=4$ die Lösungen.

b) $(x-2)(x-4)=0$

12

a) $x^2+x-6=0$, Lösungen: $x=2$ oder $x=-3$
$x^2+x-6=(x-2)(x+3)$

b) $(x+7)(x+2)$ **c)** $(x+1)(x-2)$

d) $(x-6)(x-4)$ **e)** $(x+5)(x-2)$ **f)** $(x+1)(x-8)$

13

a) $x=2$ oder $x=-3$

b) $2\cdot(-3)=-6$. Es handelt sich um das absolute Glied.

c) Die Beobachtung trifft immer zu.

14

a) $x(x^2-5x+6)=x(x-3)(x-2)$

b) $x^2(x^2+12x+27)=x^2(x+9)(x+3)$

c) $x(x^2+7x-30)=x(x+10)(x-3)$

d) $x^3(x^2-11x-12)=x^3(x-12)(x+1)$

2. Quadratwurzeln

1

a) $(x+2)(x-2)$

b) $x=-2$ oder $x=2$

2

a) $x=4$ oder $x=-4$

b) $x=15$ oder $x=-15$

c) $x=5$ oder $x=-5$

d) $x=6$ oder $x=-6$

e) $x=\frac{3}{2}$ oder $x=-\frac{3}{2}$

f) $x=5$ oder $x=-5$

3

Nein. 1 ist zu klein, 2 ist zu groß.

4

$\sqrt{2} \approx 1{,}4142$

5

$x=\sqrt{2}$ oder $x=-\sqrt{2}$

6

$x=\sqrt{3} \approx 1{,}7321$ oder $x=-\sqrt{3} \approx -1{,}7321$

7

a) $x=\sqrt{7} \approx 2{,}6458$ oder $x=-\sqrt{7}$

b) $x=\sqrt{5} \approx 2{,}2361$ oder $x=-\sqrt{5}$

c) $x=\sqrt{6} \approx 2{,}4495$ oder $x=-\sqrt{6}$

d) $x=\sqrt{0{,}5} \approx 0{,}7071$ oder $x=-\sqrt{0{,}5}$

e) $x=\sqrt{8} \approx 2{,}8284$ oder $x=-\sqrt{8}$

f) $x=\sqrt{1{,}6} \approx 1{,}2649$ oder $x=-\sqrt{1{,}6}$

8

$5\sqrt{2}+3\sqrt{2}=8\sqrt{2} \approx 11{,}3137$

$5\sqrt{2}-3\sqrt{2}=2\sqrt{2} \approx 2{,}8284$

9

a) $15\sqrt{7}$ **b)** $2\sqrt{3}$ **c)** $7\sqrt{a}$ **d)** $11\sqrt{2}+6\sqrt{3}$

e) $-3\sqrt{5}+3\sqrt{7}$ **f)** $-3\sqrt{x}$ **g)** $-2\sqrt{u}+\sqrt{v}+2\sqrt{w}$

h) $3\sqrt{5}+\sqrt{10}$

10

a) 6 **b)** Ebenfalls 6.

11

Jeweils 2.

12

a) $5\cdot 2=10$ **b)** $\sqrt{36}=6$ **c)** $\sqrt{xy}$

d) 6 **e)** $4a$ **f)** z^2

g) $\frac{7}{4}=1\frac{3}{4}$ **h)** 5 **i)** $\frac{1}{2}$ **j)** 3

k) $\sqrt{\frac{4a+4b}{a+b}}=\sqrt{\frac{4(a+b)}{a+b}}=\sqrt{4}=2$ **l)** a **m)** $0{,}6p$

13

a) x **b)** $2x$ **c)** xy **d)** nicht möglich

e) nicht möglich **f)** $\sqrt{(x+y)^2}=x+y$

14

a) jeweils $\approx 3{,}4641$ **b)** jeweils $\approx 8{,}6603$

15

$\sqrt{75}=\sqrt{25\cdot 3}=\sqrt{25}\cdot\sqrt{3}=5\cdot\sqrt{3}$

16

a) $4\sqrt{3}$ **b)** $6\sqrt{2}$ **c)** $10\sqrt{5}$ **d)** $8\sqrt{2}$

e) $7\sqrt{3}$ **f)** $3\sqrt{15}$ **g)** $a\sqrt{b}$ **h)** $5\sqrt{z}$

i) $y\sqrt{7x}$ **j)** $x\sqrt{x}$ **k)** $3bd\sqrt{2acd}$ **l)** $4\sqrt{2p}$

17

a) $\sqrt{9(x-y)}=3\sqrt{x-y}$ **b)** $2\sqrt{x^2+y^2}$ **c)** $a\sqrt{a-1}$

d) $\sqrt{3(x^2-2xy+y^2)}=\sqrt{3(x-y)^2}=(x-y)\sqrt{3}$

e) $b\sqrt{a+c}$ **f)** $2\sqrt{1-2s}$

18

$\sqrt{\frac{1}{2}}=\frac{1}{\sqrt{2}}=\frac{1}{2}\sqrt{2}\approx 0{,}7071$

19

a) $\frac{2}{3}\sqrt{3}$ **b)** $\frac{2\sqrt{3}}{12}=\frac{1}{6}\sqrt{3}$ **c)** $2\sqrt{5}$

d) $\frac{1}{3}\sqrt{2}$ **e)** $\sqrt{7}$ **f)** $4\sqrt{6}$

g) $\frac{\sqrt{2}+1}{2-1}=\sqrt{2}+1$ **h)** $\frac{\sqrt{2}(4-\sqrt{2})}{16-2}=\frac{4\sqrt{2}-2}{14}=\frac{2}{7}\sqrt{2}-\frac{1}{7}$

i) $\frac{2\sqrt{5}+2\sqrt{3}}{5-3}=\sqrt{5}+\sqrt{3}$

j) $\frac{a(a+\sqrt{b})}{a^2-b}=\frac{a^2+a\sqrt{b}}{a^2-b}=$

$\frac{a^2}{a^2-b}+\frac{a}{a^2-b}\sqrt{b}$

k) $\frac{(\sqrt{3}+\sqrt{2})(\sqrt{6}+\sqrt{2})}{6-2}=\frac{3\sqrt{2}+\sqrt{6}+2\sqrt{3}+2}{4}=\frac{1}{2}+\frac{3}{4}\sqrt{2}+\frac{1}{4}\sqrt{6}+\frac{1}{2}\sqrt{3}$

l) $\frac{12(2\sqrt{2}+\sqrt{5})}{8-5}=8\sqrt{2}+4\sqrt{5}$

20

a) $\sqrt{12}-\sqrt{18}=2\sqrt{3}-3\sqrt{2}$

b) $\sqrt{16}+\sqrt{25}-\sqrt{100}=4+5-10=-1$

c) $2\sqrt{3}+5\sqrt{2}-3\sqrt{3}-4\sqrt{2}=\sqrt{2}-\sqrt{3}$

d) $8-2\sqrt{16}+2=10-8=2$

e) $1+2\sqrt{3}+3=4+2\sqrt{3}$

f) $4-5=-1$

g) $\frac{\sqrt{6}+\sqrt{2}}{6-2}+\frac{\sqrt{2}}{4}=\frac{\sqrt{6}+2\sqrt{2}}{4}=\frac{1}{4}\sqrt{6}+\frac{1}{2}\sqrt{2}$

h) $\frac{5\sqrt{2}-3\sqrt{5}}{10-9}-\frac{4\sqrt{2}+2\sqrt{6}}{4-3}=\sqrt{2}-3\sqrt{5}-2\sqrt{6}$

21

a) $a\sqrt{b}+b\sqrt{a}$

b) $\sqrt{xy}+y-\sqrt{y}$

c) $-a\sqrt{bc}$

d) $2z+2\sqrt{24z^2}+12z=14z+4z\sqrt{6}$

e) $p-6\sqrt{p}+9$

f) $r-s$

g) $\frac{a-\sqrt{a}}{a-1}+\frac{\sqrt{a}+1}{a-1}=\frac{a+1}{a-1}$

h) $\frac{\sqrt{x}-\sqrt{2x}}{x-2x}-\frac{2\sqrt{x}}{x}=\frac{\sqrt{2x}-\sqrt{x}}{x}-\frac{2\sqrt{x}}{x}=\frac{\sqrt{2x}-3\sqrt{x}}{x}$

3. Die Lösungsformel für quadratische Gleichungen

1

a) $x^2=3$, folglich $x=\sqrt{3}$ oder $x=-\sqrt{3}$.

b) $(x-\sqrt{3})\cdot(x+\sqrt{3})$

c) —

2

Nein, denn $x^2=-3$. Man kann keine Wurzel aus einer negativen Zahl ziehen.

3

a) $x^2+8x=20$

b) 16

c) $x^2+8x+16=36$

d) $(x+4)^2=36$

e) —

f) $x=2$ oder $x=-10$

g) —

h) $x^2+8x-20=(x-2)(x+10)$

4

$$\begin{aligned} x^2-6x+2&=0 \quad &|-2 \\ x^2-6x&=-2 \quad &|+9 \\ x^2-6x+9&=7 \\ (x-3)^2&=7 \end{aligned}$$

$x-3=\sqrt{7}$ oder $x-3=-\sqrt{7}$
$x=3+\sqrt{7}$ oder $x=3-\sqrt{7}$

$\mathbb{L}=\{3+\sqrt{7};\ 3-\sqrt{7}\}$

5

a) $x^2-8x=20$
$x^2-8x+16=36$
$(x-4)^2=36$

$x-4=6$ oder $x-4=-6$
$x=10$ oder $x=-2$

$\mathbb{L}=\{10;\ -2\}$

b) $\mathbb{L}=\{3;\ 9\}$ **c)** $\mathbb{L}=\{-11;\ 1\}$ **d)** $\mathbb{L}=\{3;\ -6\}$

6

$x^2-8x+18=0$
$x^2-8x+16=-2$
$(x-4)^2=-2$

Aus -2 kann man keine Wurzel ziehen!
$\mathbb{L}=\{\ \}$

7

$$x^2+px+q=0$$
$$x^2+px=-q$$
$$x^2+px+\left(\frac{p}{2}\right)^2=\left(\frac{p}{2}\right)^2-q$$
$$\left(x+\frac{p}{2}\right)^2=\frac{p^2}{4}-q$$

$x+\frac{p}{2}=\sqrt{\frac{p^2}{4}-q}$ oder $x+\frac{p}{2}=-\sqrt{\frac{p^2}{4}-q}$

$x=-\frac{p}{2}+\sqrt{\frac{p^2}{4}-q}$ oder $x=-\frac{p}{2}-\sqrt{\frac{p^2}{4}-q}$

8

Gleichung	p	q	$\frac{p^2}{4} - q$	Lösungen
$x^2+8x-20=0$	8	−20	36	$x=2$ oder $x=-10$
$x^2-12x+27=0$	−12	27	9	$x=3$ oder $x=9$
$x^2+3x-18=0$	3	−18	$\frac{81}{4}$	$x=3$ oder $x=-6$
$x^2-8x+18=0$	−8	18	−2	keine Lösung
$x^2+5x+12=0$	5	12	$-\frac{23}{4}$	keine Lösung
$x^2-6x+10=0$	−6	10	−1	keine Lösung
$x^2-6x+9=0$	−6	9	0	$x=3$
$x^2+10x+25=0$	10	25	0	$x=-5$
$x^2-3x+2{,}25=0$	−3	2,25	0	$x=1{,}5$

9

a) $p=-14,\ q=-32$ $\quad x_{1,2}=7\pm\sqrt{49+32}=7\pm\sqrt{81}=7\pm 9$
$\mathbb{L}=\{16;\ -2\}$

b) $p=9,\ q=-22$ $\quad \mathbb{L}=\{-11;\ 2\}$

c) $\mathbb{L}=\{-6\}$ **d)** $\mathbb{L}=\{8;\ -6\}$ **e)** $\mathbb{L}=\{\ \}$

f) $\mathbb{L}=\{-5+\sqrt{50};\ -5-\sqrt{50}\}=\{-5+5\sqrt{2};\ -5-5\sqrt{2}\}$

g) $\mathbb{L}=\{\ \}$ **h)** $\mathbb{L}=\{0{,}5\}$ **i)** $\mathbb{L}=\{\ \}$

j) $\mathbb{L}=\{-0{,}5;\ 3{,}5\}$ **k)** $\mathbb{L}=\{\ \}$

l) $\mathbb{L}=\left\{-\frac{1}{4}\right\}$ **m)** $\mathbb{L}=\{\ \}$ **n)** $\mathbb{L}=\left\{\frac{1}{2}+\frac{1}{2}\sqrt{2};\ \frac{1}{2}-\frac{1}{2}\sqrt{2}\right\}$

10

a) $x^2-6x-7=0$ $\quad x_{1,2}=3\pm\sqrt{9+7}=3\pm 4$
$x_1=7,\ x_2=-1$ $\quad x^2-6x-7=(x-7)(x+1)$

b) $x_1=3+\sqrt{2},\ x_2=3-\sqrt{2}$ $\quad x^2-6x+7=(x-3-\sqrt{2})(x-3+\sqrt{2})$

c) $(x+7)(x-1)$ **d)** $(x+6)(x+1)$

e) $(x+7)^2$ **f)** $(x+7-7\sqrt{2})(x+7+7\sqrt{2})$

g) Nicht faktorisierbar, da die Gleichung $x^2+14x+50=0$ keine Lösungen besitzt.

h) $(x-7-3\sqrt{11})(x-7+3\sqrt{11})$ **i)** $(x+7-3\sqrt{11})(x+7+3\sqrt{11})$

11

a) $x^2-4x+5=0$ $\mathbb{L}=\{\ \}$

b) $x^2+\frac{1}{2}x+\frac{1}{4}=0$ $\mathbb{L}=\{\ \}$

c) $x^2-2x+1=0$ $\mathbb{L}=\{1\}$

d) $x^2-3x-4=0$ $\mathbb{L}=\{-1;4\}$

e) $x^2-2x+20=0$ $\mathbb{L}=\{\ \}$

f) $x^2+4x+4=0$ $\mathbb{L}=\{-2\}$

g) $x^2-4x+4=0$ $\mathbb{L}=\{2\}$

h) $x^2-2x-\frac{1}{2}=0$ $\mathbb{L}=\{1+\sqrt{1,5};\ 1-\sqrt{1,5}\}$

12

a) $x(x^2+10x+21)=x(x+3)(x+7)$

b) $2x^2(x^2-7x+10)=2x^2(x-2)(x-5)$

c) $-35x(x^2-4x-6)=-35x(x-2-\sqrt{10})(x-2+\sqrt{10})$

d) $x^2(x^2+x+1)$ Der Term in der Klammer lässt sich nicht weiter faktorisieren, da die zugehörige Gleichung keine Lösung besitzt.

e) $\frac{1}{4}x^2(x^2-6x+9)=\frac{1}{4}x^2(x-3)^2$

f) $-\frac{2}{5}x\left(x^2-\frac{5}{2}x-\frac{3}{2}\right)=-\frac{2}{5}x(x-3)\left(x+\frac{1}{2}\right)$

g) $3x\left(x^2+\frac{2}{3}x+\frac{1}{9}\right)=3x\left(x+\frac{1}{3}\right)^2$

h) $\frac{1}{6}x^2(x^2-2x+3)$ nicht weiter faktorisierbar

Test

1

a) 8 **b)** $15-5\sqrt{5}-3\sqrt{3}+\sqrt{15}$ **c)** 48

d) $-\sqrt{5}-\sqrt{6}$ **e)** $\frac{4}{3}\sqrt{7}+\frac{7}{3}$ **f)** $\sqrt{3}+\frac{1}{3}\sqrt{30}$

2

a) $\mathbb{L}=\{-4+\sqrt{21};\ -4-\sqrt{21}\}$ **b)** $\mathbb{L}=\{-4,5\}$

c) $\mathbb{L}=\{1;5\}$ **d)** $\mathbb{L}=\{\ \}$

e) $\mathbb{L}=\{-3+3\sqrt{2};\ -3-3\sqrt{2}\}$ **f)** $\mathbb{L}=\{-7+\sqrt{47};\ -7-\sqrt{47}\}$

3

a) $(x-10-6\sqrt{5})(x-10+6\sqrt{5})$

b) $x^2(x+3{,}5)^2$

c) $60x\left(x^2-\frac{1}{2}x+\frac{1}{4}\right)$

d) $-27x^2\left(x-\frac{1}{3}\right)\left(x+\frac{1}{3}\right)$ oder $-3x^2(3x-1)(3x+1)$

e) $2x^2(x^2+6x+21)$

f) $17x(x^2+2)$

g) $\frac{1}{2}x(x-3)(x+2)$

h) $5x^2(x+4)(x-1)$